PIERLUIGI ROMEO DI COLLOREDO MELS

LE GUERRE SANNITICHE
343- 290 A.C.

*Il conflitto tra Romani e Sanniti
nella narrazione di Tito Livio*

Pierluigi Romeo di Colloredo Mels è archeologo professionista e storico militare; laureato e specializzato in Archeologia orientale, collabora con la Soprintendenza Archeologica per il Lazio ed è consulente del Nucleo Tutela BBCC dell'Arma dei Carabinieri; autore di numerosi articoli scientifici e saggi storici, ha pubblicato, tra gli altri, *Il trionfo di Vespasiano*, Roma 2015, *Roma contro Roma. Le due battaglie di Bedriacum, 69 d.c.*, Bergamo 2018; *I Vichinghi in Italia. Dalla distruzione di Luni a Harold Hardrada*, Roma 2019; *Amazzoni. Leggenda e realtà delle donne guerriere dai miti graci ai kurgan sciti*, Roma 2020. Nella foto è con una panoplia sannitica del IV sec- a.C. recuperata dai Carabinieri e da lui studiata e pubblicata..

STORIA

ISBN: 9788893276498 prima edizione settembre 2020
SPS-069-LE GUERRE SANNITICHE *Il conflitto tra Romani e Sanniti*
nella narrazione di Tito Livio. by Pierluigi Romeo di Colloredo Mels
Editor: **Luca Stefano Cristini Editore per i tipi di Soldiershop serie Storia-** Cover & Art Design: L. S. Cristini e P. Romeo di Colloredo Mels
L'autore afferma di aver ottenuto i diritti dalla casa editrice olandese in merito alla riproduzione delle tavole dei guerrieri sanniti in quanto trattasi di testo a fini di saggio storico. In ogni caso lo stesso si assume la responsabilità della sua scelta redazionale.

INDICE.

PREMESSA pag. 5

I SANNITI NELLA STORIOGRAFIA ANTICA pag. 7

IL POPOLO DI *MAMERS* pag. 11

L'ESERCITO SANNITA NEL PERIODO DELLE GUERRE CONTRO ROMA pag. 17

L'ESERCITO ROMANO DEL IV SECOLO A.C. pag. 35

I *SOCII* ITALICI pag. 39

LA PRIMA GUERRA SANNITICA (343- 341 a.C.) pag. 43

LA SECONDA GUERRA SANNITICA (326- 394 a.C.) pag. 61

LE FORCHE CAUDINE pag. 67

LA REAZIONE ROMANA pag. 77

LA TERZA GUERRA SANNITICA (298- 290 a.C.) pag. 99

SENTINUM, LA "BATTAGLIA DELLE NAZIONI" pag. 103

LA *LEGIO LINTEATA* E LA BATTAGLIA DI AQUILONIA pag. 121

EPILOGO: DALLA PACE DEL 290 ALLA BATTAGLIA DI PORTA COLLINA pag. 139

APPENDICI:

FASTI CONSULARES AC TRIUMPHALES (350- 280 a.C.) pag. 191

I SANNITI DESCRITTI DA STRABONE (*GEOGRAPHIKA* V, 4, 12.) pag. 203

APPIANO ALESSANDRINO, FRAMMENTI DEL III LIBRO DELLA STORIA ROMANA Pag. 205

CRONOLOGIA DELLE GUERRE SANNITICHE (344- 290 A.C.) Pag. 215

BIBLIOGRAFIA pag. 217

Et Romani fatebantur nunquam cum pertinaciore hoste conflictum, et Samnites, cum quaereretur quaenam prima causa tam obstinatos mouisset in fugam, oculos sibi Romanorum ardere visos aiebant vesanosque uoltus et furentia ora

I Romani ammettevano di non aver mai combattuto con un nemico più tenace, mentre i Sanniti, essendo loro stato domandato che cosa li avesse spinti, nella loro determinazione, alla fuga, dicevano di aver visto il fuoco negli occhi dei Romani, e un folle furore nei loro sguardi.

Tito Livio, *Ab Urbe Condita,* VII, 32.

PREMESSA:

Per narrare le guerre combattute tra i Romani ed i Sanniti abbiamo ritenuto di integrare la narrazione degli eventi che di tali campagne e della battaglie combattute tra i due popoli italici fa Tito Livio nei libri dal VII al X della sua storia *Ab Urbe Condita*, e che, seppure dibattuta e a volte da prendere *cum grano salis*, presenteremo con un inquadramento basato sulle odierne conoscenze archeologiche e storiche che aiutino il lettore ad inquadrare ed ad apprezzare ancora di più la prosa liviana, senza appesantire con soverchie note a pie' di pagina, rimandando alla bibliografia in appendice. Per completare il quadro, abbiamo riportati in appendice i Fasti Consulari e tronfali relativi alle imprese contro i Sanniti, e i passi di Scribone sul Sannio e i frammenti del III libro dedicato ai Sanniti della *Storia Romana* di Appiano.

Le guerre sannitiche furono uno dei momenti decisivi della storia di Roma e quindi d'Europa e del mondo.

Lo stesso Livio, iniziando la narrazione delle guerre contro il Sannio (VII, 29) scrisse che

> "Maiora iam hinc bella et uiribus hostium et vel longinquitate regionum uel temporum spatio quibus bellatum est dicentur.
> Namque eo anno aduersus Samnites, gentem opibus armisque ualidam, mota arma; Samnitium bellum ancipiti Marte gestum Pyrrhus hostis, Pyrrhum Poeni secuti.
> Quanta rerum moles. Quotiens in extrema periculorum uentum, ut in hanc magnitudinem quae uix sustinetur erigi imperium posset".

> "Da questo momento bisogna parlare di conflitti di ben altre proporzioni sia per le forze messe in campo dai nemici sia per la lontananza della loro terra di provenienza e per la durata di quelle guerre.
> Nel corso dell'anno si presero infatti le armi contro i Sanniti, un popolo potente per risorse e per dotazioni militari. Dopo la guerra, dall'esito incerto, con i Sanniti, si combatté contro Pirro e dopo di lui fu la volta dei Cartaginesi.
> Quale serie di formidabili eventi! Quante volte i Romani giunsero a rischiare il massimo perché lo Stato potesse essere innalzato alla grandezza che ora a stento si regge".

Anche uno storico contemporaneo come R. H. Cowen nel suo libro sulla conquista romana dell'Italia, primo volume della serie dedicata alle conquiste dei Romani è, duemila anni dopo, dello stesso parere, considerando anzi i Sanniti come la minaccia più seria affrontata da Roma in tutta la propria storia:

> "Rome's conquest of peninsular Italy took so long because her legions were battled every inch of the way by the ferocious warrior nations of Italy, above all the Sabellian Samnites. The German tribal groups and mercenaries that

brought down the western provinces, including the ancient *patria* ('fatherland') of Italy, during the course of the fifth century AD are usually cited as Rome's most dangerous opponents, but that crown really belongs to the Samnites. If the Samnites – who also claimed descent from Mars – had won their epic duel with the Romans for the domination of Italy, which lasted until 269 BC, there simply would not have been a Roman Empire and the course of European and World history would have been very different[1]".

Andrea Frediani nel suo bel saggio dedicato a *Le grandi guerre di Roma. L'età repubblicana* bene inquadra il quadro generale in cui maturò il conflitto tra Romani e Sanniti: all'inizio del IV secolo a.C. termina con la vittoria la prima grande sfida sostenuta da Roma agli albori del suo espansionismo.
Veio è espugnata, gli etruschi ridimensionati, il fronte settentrionale consolidato.
Adesso l'Urbe, senza più la spina nel fianco della grande città situata a meno di una ventina di chilometri dalle sue mura, può procedere a imporre la sua egemonia sui popoli della lega latina e su quelli con cui viene man mano in contatto, Ernici, Volsci, Equi, Tiburtini e tanti altri.
Con le spalle più coperte, può ampliare anche la sua espansione verso sud, avvicinandosi sempre di più all'area campana, in Abruzzo e Molise, dove si trova la sua immagine speculare: i Sanniti infatti, popolo di lingua osca emerso tra i sabelli (così come i Romani erano emersi tra i Latini), non hanno nulla da invidiare ai capitolini quanto ad attitudine bellica, tradizione, determinazione, fierezza.
E anche come cultura, almeno in parte: se i capitolini sono stati forgiati dal lungo contatto con una civiltà più antica quale quella degli Etruschi, i Sanniti hanno potuto attingere a piene mani dalla Magna Grecia, appena più a sud, inglobandone alcuni dei centri più importanti, come Capua nel 438 a.C. (Diodoro, XII, 31, 76; secondo Livio, IV, 37,44, ciò avvenne nel 423) e Cuma nel 421. In più, la loro espansione, che ha raggiunto il Piceno, l'Apulia, la Lucania e la Campania, li ha portati a dominare un territorio perlomeno triplo rispetto a quello controllato dalla nascente federazione romano-latina, sebbene le loro tribù, dagli Irpini ai Pentri, dai Carecini ai Caudini, riunitesi in una lega, non siano altrettanto coese e organizzate. I Sanniti dominavano inoltre uno scacchiere aspro, facile da difendere e difficilmente accessibile per delle colonne di invasori[2], come i Romani avrebbero imparato a proprie spese. Fu l'urto feroce e decisivo tra due popoli giovani, in fase di espansione, di pari forza; soltanto uno di essi sarebbe sopravvissuto come potenza.
Si tratta quindi di un argomento tanto importante quanto le guerre puniche o le guerre di conquista di Cesare, anche se non altrettanto noo; ma sicuramente segnò l'Italia per i secoli a venire e sino ai giorni nostri quanto e più di quegli eventi.
-Il lettore noterà come abbiamo dedicato forse più spazio ai Sanniti: ciò perché indubbiamente il mondo romano è assai meglio conosciuto, e su di esso esiste un'abbondante bibliografia facilmente accessibile al lettore italiano, mentre sui Sanniti la documentazione è molto meno ricca; del resto la narrazione fatta da Livio e basata sulle fonti annalistiche romane è già di per sé -centrata sul punto di vista latino degli avvenimenti.

---

[1] R. H. Cowan, *Roman Conquests. Italy*, London 2012, pp. 19-20. dell'ed.elettronica.
[2] A. Frediani, *Le grandi guerre di Roma. l'età repubblicana*, Roma 2018, pp. 130-131-

I SANNITI NELLA STORIOGRAFIA ANTICA

Nella letteratura antica, oltre alla completa assenza di una letteratura di produzione sannita, le vicende dei Sanniti vengono riportate dagli autori classici in maniera marginale, quasi sempre in occasione di descrizioni più ampie dove la loro figura viene relegata a ruoli accessori o, comunque, non di primo piano.
I testi letterari che sono giunti fino ai nostri tempi riguardanti i popoli italici (tra il V ed il IV secolo a.C.) descrivono avvenimenti per lo più incentrati sulle vicende di Roma, menzionando altre popolazioni solo se attinenti alla storia dell'Urbe.
Tra i primi a portare alla ribalta storica i Sanniti furono gli scrittori greci e, conoscendo la loro meticolosità nel descrivere la realtà dell'epoca, sicuramente quello che ci è pervenuto è inferiore alla reale consistenza della loro produzione letteraria. Molti testi sono andati perduti e probabilmente anche molte descrizioni sugli usi e costumi dei popoli italici. Tra i testi pervenutici, molti sono frammentari, come quelli dell'undicesimo libro della *Storia della Sicilia* di Filisto, tramandati da Stefano di Bisanzio, e le menzioni nel Periplo, attribuito al navigatore Scilace di Carianda.
Una tendenza rilevabile prettamente dalle prime fonti greche è quella di aggregare le varie comunità di derivazione sannita stanziate nell'Italia centro-meridionale sotto un'unica nozione etnografica. In seguito, quando i Sanniti iniziarono a dominare gran parte dell'Italia centrale, gli scrittori greci apparvero più precisi nel descrivere questa popolazione all'epoca egemone del proprio destino ma anche di quello di altri, e l'etnico verrà utilizzato solo per descrivere le comunità preminenti, cioè quelle dei Pentri, dei Carricini, dei Caudini e degli Irpini (e qualche volta anche i Frentani).
Le descrizioni dei Sanniti nelle fonti romane e filoromane tendono a distinguere nettamente tutte le popolazioni ad essi collegate, differenziando gli aspetti peculari di ognuna comunità, come la bellicosità dei Pentri, l'autonomia dei Caudini ed Irpini, la marginalità dei Carricini, l'instabilità comunitaria dei Frentani, la volubilità dei Campani oppure l'incostanza dei Lucani.
La documentazione storica e letteraria degli autori dell'epoca è funzionale alla politica di romanizzazione del Sannio.
Questa operazione si collegava al processo di disfacimento della società sannita perpetuato dai Romani fin dall'ultimo periodo delle Guerre Sannitiche, quando iniziarono a presidiare il Sannio con la fondazione di colonie romane (314 a.C. *Luceria* - 291 a.C. *Venusia* - 268 a.C. *Beneventum* - 263 a.C. *Aesernia*). I Sanniti erano una federazione di popolazioni etnicamente affini ma fu proprio questa peculiarità socio-governativa a facilitare i Romani nella separazione delle comunità attuata per ottimizzarne il controllo.
Autori come Fabio Pittore giustificarono le azioni dei Romani contro le popolazioni italiche come imparziali e legittime, rielaborando gli scritti degli autori greci trasformandoli in una realtà tutta favorevole a Roma, sistemando in maniera opportuna ciò che avrebbero potuto scrivere Duride di Samo, Geronimo di Cardia, Filisto di Siracusa, Lico di Reggio e Timeo di Tauromenio.

La fonte principale sulle Guerre Sannitiche è costituita dai libri VII-X della Storia di Roma *Ab Urbe Condita* di Tito Livio.

Livio pone alla base delle sue narrazioni gli elenchi dei *Fasti Consolares e Triumphales* come fossero appunti di una trama da seguire. Interseca questi dati con gli archivi sacerdotali e con quelli delle grandi *gentes* dell'Urbe, cercando di filtrare quest'ultime da esagerazioni e superfetazioni. Infine consulta i lavori degli annalisti che lo hanno preceduto, cercando di far quadrare le cose bilanciando verità e compiacenze. Il risultato è una narrazione epica della storia di Roma che ha contribuito, col tempo, ad enfatizzare e mitizzare la grandezza dell'Urbe.

Flavio Eutropio, nel suo B*reviarium ab Urbe condita* non fa altro che sintetizzare l'opera di Livio come anche Florio e Orosio reinterpretano la stessa opera.

Testimonianze sulle vicende relative ai Sanniti sono presenti nei lavori di Dionigi di Alicarnasso, di Cassio Dione e di Appiano di Alessandria. Nella *Biblioteca storica* di Diodoro Siculo sono presenti notizie relative all'ultimo periodo della seconda guerra sannitica.

Dopo le guerre contro Roma, le testimonianze sui Sanniti diventano saltuarie ed occasionali, molto frammentarie e provenienti da molteplici autori.

Nella guerra contro Pirro, la loro collocazione nello svolgersi dei fatti può essere ricostruita cercando di aggregare testimonianze presenti nei lavori di Cassio Dione, di Plutarco e di Tito Livio che fornisce anche notizie durante la Guerra Punica, insieme a Polibio e Silio Italico.

Dopo queste vicende e fino all'inizio del I secolo a.C. non abbiamo notizie riguardanti i Sanniti che, per altro, persero forse la loro primitiva identità genetica a causa delle massicce deportazioni che i Romani effettuarono per spezzare ogni velleità di rivolta, come quella dei Liguri Apuani presso *Beneventum* nel 180 ad opera dei proconsoli C. Cornelio Cetego e M. Bebio Panfilo.

Inoltre i territori del Sannio furono ripopolati da genti di altre zone d'Italia che subirono la stessa onta delle deportazioni, mescolando così nel tempo e nei luoghi il sangue di quegli antichi guerrieri.

La maggior parte delle fonti antiche sulle quali facciamo affidamento per la conoscenza di questo periodo sono state scritte alcuni secoli dopo gli eventi accaduti e devono essere utilizzate con molta cautela. Livio, che è la nostra fonte primaria per le Guerre Sannitiche e che seguiremo nella narrazione degli eventi, avverte che

> "Non è facile scegliere tra le varie versioni e i diversi autori. Ho l'impressione che i fatti siano stati alterati dagli elogi funebri o da false iscrizioni collocate sotto i busti, dato che ogni famiglia cerca di attribuirsi il merito di gesta gloriose con menzogne che traggono in inganno.
> Da quella pratica discendono sicuramente sia le confusioni nelle gesta dei singoli individui, sia quelle relative alle documentazioni pubbliche; per quegli anni non disponiamo di autori contemporanei agli eventi, sui quali ci si possa quindi basare con certezza"[3].

Comunque sia, è da tener conto che gli avvenimenti narrati sono sempre in riferimento alla cronologia romana, basata sul calcolo derivante dal potere

---

[3] Liv., VIII,40

succedutosi a capo della Repubblica, i .*Fasti Consulares,* e *Triumphales,* cioè il tributo che il Senato romano concedeva al console che aveva svolto in quell'anno l'impresa bellica più importante

Va ricordato come Appiano Alessandrino dedicò il III libro della sua Storia Romana alle guerre sannitiche, intitolando significativamente il libro *Saunitiké* (ή); ne restano solo pochi frammenti, il più lungo dei quali relativo al discorso di Erennio Ponzio dopo le Forche Caudine.[4]

I Sanniti compaiono nella storia con la discesa in Campania, chiamati o no dagli abitanti, e favoriti dal decadere della potenza etrusca dopo la seconda battaglia di Cuma del 474.

La conquista di Capua risale. secondo Livio (IV, 37) al 421, secondo Diodoro Siculo (XII, 31) al 438; dopo Capua, in anno non precisato, i Sanniti s'impadroniscono di Cuma (greca), gli abitanti superstiti della quale riparāno a Neapolis. Dell'occupazione delle altre città non si ha notizia diretta: sono nomi senza dubbio sannitici quello dell'antica *Moera*, cambiato in A*bella*, e quello di Pompei, *Pompaios*. Città nuove sembrano *Casilinum* (Capua), il cui nome si confronta con *Casilas*, nome di una curia di Gubbio, Atella e Nocera Alfaterna, che ha alcuni paralleli in territorio osco-umbro; Nocera Camellaria, nel territorio degli Umbri, e Nocera Terinese, nel territorio dei Bruzî.

Intorno a questo tempo si delinea il movimento unitario sannita che riunisce in modo effettivo il territorio sopra descritto. I limiti di questa unificazione, come scrisse Giacomo Devoto, sono tre.

La conquista della Campania non significa senz'altro per i Sanniti aumento di potenza. L'ambiente della pianura ha influito notevolmente sulla mentalità dei conquistatori; la lingua sannita ha subito influssi da parte degli Opici, come hanno mostrato gli studî di A. Braun;. particolarità dialettali dell'osco di Campania si sono diffuse in gran parte del Sannio (p. es., i cosiddetti fenomeni di anaptissi). Ma con tutto questo l'unità sannitica non viene attenuata per quanto concerne la lingua.

Diversa è la situazione dal lato economico, nel senso che gli abitatori della pianura campana, d'origine sannitica o no, venivano a trovarsi in condizioni di privilegio rispetto a quelli dei monti: e perciò il loro interesse a conservare e a difendere il loro benessere era pari all'aspirazione dei Sanniti dei monti a raggiungere e a dividere i loro beni.

La seconda limitazione è data dalla costituzione della federazione lucana che occupa un territorio di circa 14.000 kmq., corrispondente all'odierna Lucania e, nonostante l'affinità d'origine, ha interessi e aspirazioni differenti verso il mezzogiorno e verso il Golfo di Taranto.

.La terza limitazione, per Devoto, è la più forte ed è quella a settentrione. Nulla avrebbe impedito che i cosiddetti Sabelli, Marsi, Peligni, Marrucini accedessero con vantaggio alla federazione sannitica. Come scrive ancora Devoto, l'atteggiamento tipico dei montanari che temono più del vicino sia pure affine, che del lontano sia pure straniero, ha fatto sì che nessuna autonomia locale, a cominciare dalle lievi particolarità dialettali, venisse sacrificata all'interesse generale. E ben presto, per paura della nuova idea federale, essi divennero inconsciamente potenti sostenitori dell'azione romana.

---

[4] I frammenti del III libro di Appiano relativi ai Sanniti sono riportati in appendice al presente volume, nella traduzione milanese del 1829.

I rapporti intercorsi con le colonie greche dell'Italia meridionale e con le popolazioni etrusche durante le lotte che caratterizzarono il V secolo a.C. per il controllo dell'Agro Campano favorirono la crescita sociale e culturale dei Sanniti tanto da incoraggiarli nella ricerca di nuove fonti di guadagno e quindi alla riorganizzazione della loro economia di mercato. Le conseguenze furono l'ampliamento della propria sfera di influenza militare sui territori limitrofi al Sannio e, intorno agli inizi del IV secolo a.C., la frequentazione di nuove aree di scambio dove commerciare manufatti e bestiame ed il controllo di importanti giacimenti metalliferi per la produzione di utensili e soprattutto di armi.

Con il tempo furono occupate porzioni sempre maggiori di territori contigui, attuando una vera e propria espansione tramite conquista.

Non ci è noto come la Lega Sannitica spartisse le terre annesse tra le comunità che la componevano, ma che si sia trattato di violente conquiste è fuor di dubbio.

I guerrieri della Lega non si accontevano di effettuare incursioni al solo scopo di razzia. I Sanniti, avendo bisogno di buoni pascoli per le loro greggi, miravano al controllo del territorio e ad una costante presenza su di esso, operando una vera e propria colonizzazione. Erano particolarmente attratti dalle pianure dell'Apulia, dalla vallata del Liri dominata dai Volsci, e dalla terra più fertile e ricca di tutte: la Campania

I Sanniti si spinsero ad est, verso l'Apulia, stabilendo il proprio controllo su *Luceria* che, anche se non proprio sannita, era certamente in termini d'amicizia con essi. Ad ovest, verso la Campania, si insediarono saldamente su entrambe le sponde del medio e alto Volturno: *Cubulteria, Trebula e Venafrum*, a ovest del fiume, rimasero tutte sannite per gran parte del periodo delle guerre contro Roma.

A nord-ovest andarono inoltrandosi sempre più verso il bacino del Liri scontrandosi più volte con gli abitanti Volsci: *Atina e Casinum* divennero città sannite.

Ciò portò i Sanniti pericolosamente vicini al Lazio dove, alla metà del IV secolo a.C., i Romani avevano acquisito il predominio politico del territorio conquistandolo con le armi e controllando i flussi di gente e mercanzie mediante colonie ed alleanze con cittadine amiche.

Le segnalazioni di continue incursioni ben oltre il fiume Liri iniziarono a giungere all'Urbe con regolare ed inquieta cadenza tanto da spingere le autorità ad inviare osservatori.

Prima o poi lo scontro tra i due popoli doveva inevitabilmente accadere.

IL POPOLO DI *MAMERS*

Per lungo tempo la conoscenza dei Sanniti è stata legata solamente alla fama del duro e prolungato conflitto che li vide opposti ai Romani in piena espansione nella penisola italica. Alla visione romanocentrica delle fonti letterarie si è accompagnata la scarsezza dei dati archeologici su tutte quelle popolazioni che occupavano l'Italia centromeridionale e che a poco a poco furono inglobate dalla potente macchina politica e militare di Roma. Solo a partire dalla fine degli anni Sessanta ricerche sempre più sistematiche hanno permesso di conoscere in modo più approfondito la civiltà e la cultura sannitiche

La popolazione conosciuta come Sanniti era un popolo di ceppo italico che abitava il Sannio e le regioni adiacenti, costituito da un certo numero di tribù più strettamente legate fra loro (Carecini, Pentri, Caudini, Irpini) e da alleati più o meno affini (Frentani e Larinati a nord-est, Alfaterni a sud ovest).

La cultura sannitica si può considerare formata a partire dal V sec. a.C., quando è attestata un'organizzazione sociopolitica con le tribù storicamente note

Tuttavia, anche se il mondo sannitico appare compiutamente definito solo in tale epoca, il territorio tra Lazio interno, Molise e Campania ha restituito testimonianze di culture singolari in tempi ben più antichi: ne sono prova l'insediamento sviluppatosi nel Bronzo finale (IX sec. a.C.) a Campomarino (Cb), prospiciente il litorale adriatico in prossimità della foce del Biferno, e la necropoli di Montesarchio (*Caudium*) nella Campania settentrionale, databile tra VIII e VII sec. a.C., che documenta una precoce articolazione sociale all'interno delle comunità locali.

Nel periodo della loro massima espansione. ai primi del sec. IV a. C. i Sanniti confinavano a nord con Marsi, Peligni, Marrucini, ad est col mare Adriatico, a sud con gli Apuli, i Lucani, il Golfo di Salerno, ad ovest con la federazione campana e federazioni minori, con i Sidicini, con i Volsci e gli Ernici nel bacino del Liri. Erano città sannitiche fra le altre: dei Carecini *Aufidena* (Alfedena); dei Pentri *Bovianum Vetus* (presso Pietrabbondante?), *Bovianum Novum* (Boiano), *Tereventum* (Trivento), *Aesernia* (Isernia), *Venafrum* (Venafro); dei Caudini *Allifae*, *Caudium* e *Saticula* (S. Agata dei Goti), *Telesia*, *Combulteria*, *Trebula*, *Caiatia*, non lontano dal Volturno; degl'Irpini *Abellinum* (Avellino), *Maloentum* (Benevento) e *Akudunnia* (Aquilonia).

Secondo la tradizione riportata da Strabone, i Sanniti erano dei Sabini che, in seguito a un *Ver sacrum*, la "primaverā sacra", erano giunti, guidati da un toro animale sacro a Mamers (il greco Ares), nel paese degli Opici.

> "Un'altra leggenda che riguarda i Sanniti riporta che i Sabini, secondo una tradizione che appartiene ai popoli greci, essendo da lungo tempo in guerra con gli Umbri, avevano stabilito di consacrare tutti i prodotti dell'anno e, avendo ottenuto la vittoria, sacrificarono una parte del raccolto offrendo la parte rimanente alle divinità. Essendo sopravvenuta una carestia qualcuno fece il voto di consacrare anche i figli. Così fu fatto, dedicando ad Ares i figli nati in quell'anno.

Quando questi divennero adulti, furono inviati fuori della loro terra guidati da un toro. Il toro si fermò per riposarsi nella terra degli Opici che vivevano in villaggi sparsi.
Essi, dopo averli attaccati, si posero in quel territorio e sacrificarono il toro di Ares che li aveva guidati, secondo quanto avevano stabilito gli indovini[5]".

Anche Sesto Pompeo Festo nel *De verborum significatione* (519) conferma l'usanza del *Ver sacrum*:

"Gli Italici, in occasione di grandi calamità, ebbero per costume di votare agli dèi tutti nascituri della prossima primavera. Ma poiché si convinsero della crudeltà che fanciulli e fanciulle innocenti venissero uccisi, usavano spingerli fuori dalle loro terre dopo averne velato il capo "

La tradizione è degna di fede non solo nella parte essenziale dell'emigrazione dal nord, generalmente ammessa, ma anche nel particolare che riguarda il paese degli Opici che venne respinto da molti studiosi.
E' dunque piuttosto probabile che popolazioni sabelliche si siano stanziate nella regione che avrebbe preso il nome di Sannio a causa di un *Ver sacrum*, una manifestazione divinatoria attuata dalle popolazioni antiche e basata su emigrazioni forzate. Che vi sia stata all'inizio un'impostazione sacrale di tali riti è indubbio, ma in seguito questa prassi si rivelò anche un ottimo metodo per diminuire la pressione demografica in talune zone della penisola favorendo la colonizzazione delle aree limitrofe.
Analizzando le procedure dei riti dedicati alle divinità del *pantheon* italico è possibile intuire come venissero a formarsi le singole comunità sabelle, grazie anche alla tradizione tramandataci dagli scrittori antichi, che descrissero come questo rituale religioso, il *Ver Sacrum* appunto, spingesse i popoli di lingua osca ad inoltrarsi sempre più lungo gli Appennini, discendendo periodicamente verso terre sconosciute dove fondare nuove comunità.
Secondo le tradizioni, il rito arcaico prendeva forma nel momento in cui avversità di carattere fisico, come malattie e pestilenze, oppure psicologico, come il succedersi di avvenimenti negativi, spingessero una determinata comunità a sacrificare i primogeniti nati nel periodo primaverile al dio Mamers (Marte) affinchè venisse loro in aiuto.
il sacrificio consisteva nel rendere *Sacrati* coloro che dovevano essere sacrificati, ovvero offrire agli dèi qualcosa in più del mero sacrificio, adottando una forma che rispettasse sia il concetto del gesto estremo dell'offerta della vita umana e sia le esigenze, non meno importanti, di crescita della comunità stessa. In questo modo i *sacrati* vivevano nella propria famiglia fino all'età adulta come elementi distinti consapevoli di avere un destino già segnato. L'obbligo era di lasciare il proprio gruppo di appartenenza per cercare nuove terre dove insediarsi, allontanandosi dai luoghi natii seguendo il peregrinare di un animale sacro alla divinità, assumendolo come intermediario dei voleri divini.
Questa *guida* poteva essere impersonata da un animale totemico, quale un toro, un

---

[5] V, 12

lupo (*hirpus*, da cui *Hirpini*) oppure da un cervo o un uccello, come il picchio (*picus*) per i *Picaeni* e i *Picenti*, ed il gruppo migrante lo seguiva nel suo errare per poi stabilirsi nel luogo in cui, interpretando i segni che la divinità manifestava attraverso l'animale, pensavano avesse indicato.

A compiere questo genere di migrazioni furono in modo particolare quei guerrieri-pastori, di cui abbondano le tradizioni; si pensi ai seguaci Remo e Romolo nel mito della fondazione di Roma. Anche l'animale guida ha i suoi equivalenti: la sua esistenza è nota presso altre comunità indoeuropee.

L'origine remota di tale pratica si può forse ricercare anche in qualche cerimonia connessa con la migrazione stagionale delle greggi. E' molto probabile che con il passare del tempo non si facesse più ricorso ad un animale reale ma i *Sacrati* marciassero sotto un vessillo su cui l'animale era raffigurato.

Nelle tradizioni dei popoli osco-umbri, l'inizio dei *Veria sacra*, cioè il punto geografico da cui partivano i *Sacrati* per colonizzare altri territori, era da identificarsi in un luogo della Sabinia in cui dimorava un oracolo nei pressi di una zona ricca di acque solfuree, probabilmente l'attuale Paterno tra Città Ducale e Antrodoco. In quelle terre una volta vi era stato un grande lago determinato dall'allargarsi del letto del fiume Velino, in mezzo al quale esisteva una verde isola galleggiante che era stata indicata anticamente da quell'oracolo ai profughi provenienti da Dodona, in Grecia, come il luogo dove fondare la nuova città di Cutilia.

Il piccolo lago sacro di Cutilia, legato al culto profetico di *Mefitis*, venerato per la sua isoletta natante e ritenuto dagli antichi come l'ombelico d'Italia, fu quindi il luogo da cui, secondo Festo, partirono 7000 Sabini con a capo Comio (o Comino) Castronio, guidati da un toro, l'animale sacro a Mamers- Marte che avrebbe indicato la strada da percorrere.

Interpretando i segni divini che il toro, influenzato da Mamers avrebbe manifestato, i *Sacrati*, dopo un lungo cammino, si fermarono nella terra degli Opici, presso il colle denominato *Samnium* (forse da *Saunium*, giavellotto) in un'area pianeggiante molto fertile e ricca d'acqua. Sempre secondo Festo, i Sanniti avrebbero tratto il proprio nome da quel colle:

> "Samnites ab hastis appellati sunt, quas Graeci appellant; has enim fuere adsueti erant; sive a colle Samnio ubi ex Sabinis adventantes consederunt"

La figura di Comio Castronio che guidò i primi Sanniti nel loro futuro territorio acquisì con il passare del tempo l'aureola della miticità, tanto che l'immagine iconografica del condottiero-sacerdote che veglia il bove a riposo venne raffigurata nel I secolo a.C. come simbolo etnico sulle coniazioni della guerra sociale.

Questi *veria sacra* della prima età del ferro non erano naturalmente spostamenti di masse di genti, ma, probabilmente, di piccoli gruppi di lavoratori stagionali, artigiani o di guerrieri safini che si inoltravano nel Lazio sia per la possibilità d'assunzione nei lavori agricoli ed artigianali, sia a scopo d'iniziale mercenariato al servizio dei re laziali. La loro presenza nel Lazio già nel pieno VII secolo è suggerita dalla presenza di un disco-corazza in lamina di bronzo con decorazione geometrica di produzione fucense rinvenuto nella campagna fra Anagni e Ferentino, mentre oggetti metallici e vasellame di produzione safina di VII-VI secolo sono presenti in una stipe votiva d'Anagni, scavata nel 1993 da Sandra Gatti.

Dai Sabini i Sanniti avrebbero derivato, sempre secondo Strabone, il nome di Sabelli, come confermerebbero i termini *safinum nerf* e *safinas tutas* (corrispondenti rispettivamente al latino *Sabinorum princeps*, 'principe dei Sabini' e *Sabinae civitatis*, 'di cittadinanza sabina') su tre stele di Penna Sant'Andrea, in Abruzzo, e *safinim* (termine con cui i Sanniti chiamavano la propria nazione, ossia 'terra dei Sabini') attestato su un'iscrizione proveniente dal santuario di Pietrabbondante, forse *Bovianum Vetu*s, in Molise, e sulle monete coniate durante la guerra sociale del 91-89 a.C.che recano *Safinim*, che deriva da un tema s*afnio*.

Poiché i Greci ignoravano a quel tempo il suono *F*, l'adattamento normale è rappresentato dalla forma dello Pseudo- Scilace Σαυνῖται, col suffisso derivativo del tutto greco. I Romani dicendo *Samnites* hanno ristabilito il contatto con il nome latino dei luoghi, *Samnium*, ma hanno mantenuto la finale greca.

Il significato ultimo della parola è oscuro.

Esiste anche una forma derivata per mezzo del suffisso *-li*, *Sabelli*, che presso gli antichi non ha un valore preciso, ma che oggi è opportunamente adoperata per indicare le tribù intermedie fra Umbri e Sabini da una parte e Sanniti dall'altra.

Una definizione linguistica dei Sanniti non può essere data se non in senso generico: essi costituiscono il gruppo meridionale della famiglia osco-umbra, che comprende, oltre ai Sanniti, i popoli che ne sono derivati, Campani, Lucani e Bruzî. Questa unità linguistica così compatta ed estesa è chiamata osca, denominazione in certo senso ingiustificata poiché è la lingua dei Sanniti che, diffusa fra gli Opici, ha dato origine alla lingua "osca" e non viceversa: ma giustificata dall'importanza che ha avuta la Campania nel diffondere l'alfabeto, di origine etrusca, e la cultura, in genere di origine greca. Nonostante l'unità linguistica, l'alfabeto non si è diffuso in Lucania, dove le iscrizioni in lingua osca adoperano l'alfabeto greco fino a tanto che con la prevalenza romana non si è introdotto quello latino. Inoltre l'uso dell'alfabeto decade assai prima della lingua, come mostrano le iscrizioni in alfabeto latino, quando ancora la lingua osca era vitale. L'unità linguistica d'altra parte è nata, o meglio si è conservata, anche per ragioni non linguistiche in parte dipendenti dal Sannio: il senso dell'unità nazionale che si diffondeva progressivamente presso i Sanniti ha agito favorevolmente sull'unità linguistica: la quale è stata così assicurata dai due fattori associati, dalla penetrazione di una cultura uniforme dalla Campania verso il Sannio, e dall'aspirazione a un'unità nazionale irradiante dal Sannio.

Archeologicamente, il territorio sannitico è ancora relativamente poco esplorato malgrado le recenti esplorazione di siti quali Pietrabbondante, Alife etc..

Famosi sono stati gli scavi di L. Mariani ad Alfedena, nella valle del Sangro, nel territorio dei Carecini. Notevoli risultati hanno dato i già citati scavi di Pietrabbondante, iniziati ancora sotto il regno borbonico, ma non proseguiti che in anni recenti sotto la guida di Adriano La Regina.

I materiali trovati fanno valere una doppia influenza civile: quella apula, più antica, senza traccia di monete e quindi legata alle migrazioni dei pastori dal Sannio all'Apulia, che si sono continuate fino ai giorni nostri; e quella, più recente e brillante, dalla Campania, come attestano le tombe dipinte ad Alife, a Paestum, a Nola, etc.

Il rito funebre praticato in area sannita era sempre quello dell'inumazione.

La tradizione ci conserva notizie sopra usi sannitici come i giuochi di gladiatori, e sopra le armi: scudo ovale, corazza detta *spongia*, dischi di bronzo (tutte nettamente distinte da quelle lucane), schinieri sulla sola gamba sinistra, elmi chiomati (Livio, X, 34). Un certo numero di monete, di Combulteria, Alife, Isernia, Telesia (Caudini), Aquilonia (Irpini), ecc., è arrivato fino a noi.

Iscrizioni in lingua osca e alfabeto nazionale sono state trovate ad Agnone, Boiano, Isernia, Venafro, Sepino, Nacchia Valfortore, Vasto, Lanciano.

Particolarmente importante la tavola di Agnone, del sec. III, che conserva un lungo elgnco di divinità più o meno legate a Cerere.

Fra i culti, è da ricordare quello di Mamars o Mamers, ossia Mamerte, corrispondente a quello di Marte dei Latini.

L'ordinamento cittadino si fonda anche presso i Sanniti sui *Meddices* (singolare *Meddix*), documentati oltre che tra gli Oschi anche nel Sannio proprio a Boviano; in questo quindi non si distinguono i Sanniti da tutti gli altri popoli della famiglia, dai Sabelli fino ai Mamertini di Messina. Sarebbe viceversa interessante sapere se esistevano magistrature con sovranità estesa oltre la città, e se si trattava in questo caso di magistrature straordinarie, come il dittatore lucano, capo federale dell'esercito. Ma questo presso i Sanniti lo vediamo in pratica quando compare qualche "imperatore" (*Embratur*): nessuna fonte diretta lo attesta direttamente, poiché l'ipotesi che il *Meddix* fornito dell'attributo di *tuticus* fosse un magistrato federale non appare fondata. Il titolo dei comandanti in capo dell'esercito come detto era quello, documentato dalle coniazioni dell'epoca della Guerra sociale, di *Embratur*, corrispondente al latino *Imperator*, ed era con molta probabilità un titolo elettivo.

I rapporti dei Sanniti con Roma, scrive dunque Devoto, cominciarono già nella prima metà del sec. IV culminando nelle guerre sannitiche, di cui la tradizione conserva un ricordo confuso e che per essere ricostruite nei loro singoli elementi pongono bene spesso problemi disperati; è persino dubbio se davvero siano state tre e se tutte le volte che si parla di Sanniti si debbano intendere davvero i Sanniti o i Sabini.

Riassumiamo qui solo alcuni momenti salienti di queste lotte: le quali hanno questo di particolare, che pongono di fronte, ai loro inizî, non un popolo giovane contro un decadente, ma due popoli in via d'espansione per due strade opposte.

La prima notizia riguarda un trattato d'alleanza con Roma nel 354; (Liv., VII, 19; Diod., XVI, 45). Contatti fra Sanniti e Romani erano possibili solo attraverso le valli del Liri e i territorî ernici e volsci. Nel 343 un'aggressione dei Sanniti ai Sidicini determinò un intervento romano che si concluse con una nuova alleanza fra Sanniti e Romani, ma come conseguenze reali portò: nel 334 una colonia latina a *Cales*, presso il territorio sidicino; intorno al 330 la cittadinanza romana senza suffragio a Capua. Dunque una frontiera praticamente comune non solo nel bacino del Liri, ma poco lontano dal Volturno, a ovest e a sud-ovest del territorio sannitico: frontiera che nel 330 venne rafforzata da Roma nella zona del Liri con la fondazione della colonia latina di *Fregellae*.

Nel 325 si ebbe il fatto decisivo che arrestò l'espansione sannitica: l'intervento dei Romani in Apulia con il passaggio liberamente concesso da Marsi, Peligni, Marrucini nei loro territorî.

Le lotte che si succedettero fino verso la fine del secolo comprendono questi momenti salienti: vittoria sannita a *Caudium* nel 321 con l'umiliazione dei Romani prigionieri sotto il giogo; la battaglia vittoriosa di *Lautulae* (315); fla ondazione della colonia di *Luceria* (315 o 314); nuove sconfitte; la deduzione della colonia latina di

Saticula (305); la fondazione d'una colonia latina a Sora (305) e la rinunzia all'alleanza con i Frentani. La federazione sannitica in questo secondo periodo venne accerchiata da tre parti dai Romani; mentre dal quarto lato i Lucani si disinteressarono completamente di quanto avveniva a settentrione.

Il terzo periodo comprende un tentativo di riscossa preparato nei primi anni del III-secolo con gli Umbri e gli Etruschi, in occasione di una scorreria dei galli Senoni. L'episodio culminante fu la battaglia di *Sentinum* del 295 in cui i Romani furono vincitori e i Sanniti furono costretti a ripercorrere le zone montuose dei Sabini e dei Sabelli, per rientrare nel Sannio. Il successo dei Romani era consacrato dalla colonia di Venosa (291) e dalla conquista delle città di Venafro e Alife sul Volturno.

Nel quarto periodo si ebbe l'intervento dei Lucani, che nel miraggio delle ricche colonie greche e in particolare di Taranto, s'erano alleati nel 303 con Roma. Una unione lucano-sannitica avrebbe potuto ancora stabilizzare la situazione e salvare l'indipendenza di entrambi i popoli; la politica contraddittoria delle città greche era però fonte di turbamenti, per cui nel 282-280 era già aperta ai Romani la strada per l'Apulia attraverso la Lucania. La guerra di Pirro non dava nessun risultato. Nel 272-268 si compì la sottomissione dei Sanniti attraverso paci separate con gl'Irpini, i Pentri e le città del territorio caudino. La colonia di *Beneventum* (268) separò gl'Irpini dai Pentri e assicurò una terza strada, la più breve, verso l'Apulia.

La deduzione della colonia latina d'*Aesernia* nel 263 e larghe annessioni di territorio nel bacino del Sangro separarono i Pentri dai Sabelli.

Durante la Seconda guerra punica, mentre Capua fu un centro di ribellione che resisté per anni all'assedio romano, il Sannio rimase relativamente tranquillo. Nel 225 a. C., all'inizio della Seconda guerra punica, secondo i dati di Polibio (II, 24), il Sannio aveva messo a disposizione dei Romani 70.000 fanti e 7000 cavalieri[6].

Nell'anno 180, almeno quarantamila Liguri Apuani vennero condotti nell' *ager Taurasinus*, a oriente di Beneventum, nel territorio che era stato annesso nel 268 dai proconsoli C. Cornelio Cetego e M. Bebio Panfilo, prendendo i nomi di *Corneliani* e *Baebiani*; altri settemila ne deportarono nel Sannio, lo stesso anno, i consoli Aulo Postumio e Quinto Fulvio. Nella guerra sociale i Sanniti compaiono insieme con i Frentani e con gli Irpini (Appiano, I, 39) nella lista dei popoli ribelli; dapprima gli avvenimenti principali si svolsero in territorio sabellico; solo quando le cose si misero male a settentrione, si trasferì la capitale federale da *Corfinium* a *Aesernia* nell' 88, che divenne nuovo centro di resistenza. Dopo che con le sostanziali concessioni romane la guerra si poteva considerare finita, i Sanniti, insieme con i Lucani, si trovarono coinvolti nelle lotte interne fra partigiani di Silla e di Mario, legati a quest'ultimo. Così nella battaglia decisiva di *Praeneste* (anno 83) i Sanniti al comando di G. Ponzio Telesino ebbero una parte preponderante: ma, sconfitti a Porta Collina, furono sterminati sotto le mura di Roma.

Era la fine della nazione sannitica[7].

---

[6] Così Devoto: in realtà Polibio si riferisce alla campagna contro i galli del 225, ma non c'è motivo di pensare che le cifre del 218 fossero diverse rispetto a sette anni prima.

[7] G. Devoto, "Sanniti", *Enciclopedia Italiana*, X, Roma 1936, s.v.

L'ESERCITO SANNITA
NEL PERIODO DELLE GUERRE CONTRO ROMA[8]

La tradizione, sebbene inesatta, riportata da Festo voleva che i Sanniti derivassero il loro nome dall'arma nazionale, una sorta di giavellotto, che i Greci assimilavano al loro *saunion*.
Fin dai corredi più antichi in area sannitica sono attestati vari tipi di giavellotto ed è impossibile ravvisare fra essi il *saunion*.
Virgilio (Aen. VII, 730) ricorda invece come tipiche degli Osci le *teretes aclydes*, le lance munite di una appendice lungo l'asta (l'*amentum*) che ricorrono già nel corredo del Guerriero di Capestrano.
Polibio (VI, 23 2-3) considera lo *scutum* romano erede di quello sannitico, la cui forma doveva essere a volte rettangolare - i Greci lo paragonavano ad una porta chiamandolo *thyreos* - a volte trapezoidale. Livio, in un celebre- e discusso- passo (IX, 40, 2) descrive l'armamento sannita. :

> "Poco tempo dopo i Romani corsero un pericolo analogo, riportando però un successo altrettanto netto contro i Sanniti i quali, oltre agli altri preparativi militari, avevano fatto sì che le loro armate fossero più splendenti grazie a una nuova e brillante armatura. Gli eserciti erano due: uno aveva lo scudo (*scutum*)cesellato in oro, l'altro in argento.
> La forma dello scudo era questa: più largo in alto per coprire il petto e le spalle, il bordo livellato e, sul fondo, fatto a cuneo per renderlo più maneggevole. A protezione del torace avevano una spongia, mentre per la gamba sinistra c'era uno schiniere. Gli elmi erano dotati di cresta, per accrescere l'imponenza delle persone. Le tuniche dei soldati provvisti di scudo dorato erano di varie tinte, mentre quelle dei soldati con lo scudo d'argento erano di lino bianchissimo".

Che lo *scutum* fosse caratteristico delle genti sabelliche è confermato concordemente dalla tradizione che lo riteneva introdotto a Roma, già dall'epoca di Romolo, dai Sabini o, molto più verosimilmente, dai Sanniti.
Livio parla della *spongia* (spugna) come della difesa del petto nell'armatura del guerriero sannita.
Si è supposto che il termine designasse un tipo di corazza (*kardiophylax*) nella quale una spugna attutiva il contatto fra il metallo e l'epidermide; il termine non distinguerebbe pertanto una forma particolare, quanto un accorgimento tecnico; che poi da esso venisse designata la caratteristica corazza sannitica, è probabile, ma non è dato di accertare. Livio parla anche, per altro in modo categorico, dell'unico schinie-

---

[8] Il testo è in parte tratto da V. Cianfarani, L. Franchi Dell'Orto, A. La Regina *Culture adriatiche antiche di Abruzzo e di Molise,* Roma 1978

re posto a difesa della gamba sinistra, documentato invero anche archeologicamente, per esempio su una cista prenestina del IV secolo oggi a Berlino, uso che Polibio attribuisce ai legionari romani, e continuato nel costume gladiatorio secondo varie testimonianze, e degli *elmi muniti di creste che aggiungevano imponenza alle stature.*

In altra occasione lo stesso autore (IX, 38, 13), dopo aver narrato che i giovani appartenenti alla *Legio Linteata* erano stati muniti di elmi crestati per emergere sugli altri combattenti.

Le statuette bronzee di guerrieri da Roccaspinalveti non offrono l'immagine stereotipa di Mamers quale, con poche varianti, si ritrova nelle stipi votive, bensì riproducono costumi assai chiaramente caratterizzati; per il luogo del ritrovamento saranno da ravvisarvi guerrieri Frentani o appartenenti alla tribù dei Carricini.

Una di esse indossa un elmo, tendenzialmente a calotta emisferica, che si arrotonda al bordo in una leggera falda e si rialza anteriormente in un frontale. E' munito di paragnatidi e presenta i tre fori già osservati nell'altro. Sono tuttavia da osservare, attorno al foro centrale, quattro forellini minori e una impronta che denotano una diversa complessità del cimiero. La corazza è liscia con un gonnellino frangiato, di un tipo piuttosto comune a partire dal IV secolo a.C., che si è supposto fosse di cuoio. Per quanto riguarda i corredi funerari, per l'epoca delle guerre contro Roma la maggior messe di informazioni ci viene dalla necropoli di Alfedena, che con le sue tombe più recenti giunge al III secolo a.C.; dalle tombe rinvenute a Chieti in contrada Sant'Anna, che possono essere assegnate ad epoca compresa fra il III d il II secolo a.C.; dalle tombe italiche di Villafonsina e Villamagna, in provincia di Chieti; da quelle di Pretoro, alle falde della Maiella, e dal notevole complesso di armamenti di bronzo e di ferro riportati alla luce negli scavi del santuario di Pietrabbondante.

Scarso è invece l'apporto della necropoli di Corfinio e purtroppo totalmente scomparso da tempo il materiale di una vasta necropoli scoperta, all'inizio del secolo, presso Guardiagrele in contrada Comino; a differenza dai periodi precedenti, gli elmi copaiono con una certa frequenza nei comprensori delle tribù sabelliche. Esemplari se ne hanno in area frentana (Comino di Guardiagrele, Orsogna), in area marrucina (Chieti, Pretoro, Villamagna) e nell'area dei Sanniti Pentri (Pietrabbondante)

Le tipologie per lo più sono quali si rinvengono anche in altre regioni, sicché ad essi non può essere attribuito carattere locale nè relativamente al Sannio, né, tantomeno, ai singoli comprensori tribali. Qualche elemento ornamentale riferibile, a quanto sappiamo dalle fonti letterarie e figurate, al costume del guerriero sannita, è da ritenere aggiunto in loco.

Il tipo di elmo cosiddetto montefortino, ma non necessariamente da collegare alle tribù celtiche dell'Italia centrale e settentrionale data la sua vastissima diffusione anche in aree in cui non si ha notizia di Galli, è un elmo a calotta emisferica nel quale l'orlo discende posteriormente a formare una breve difesa della nuca. Un bellissimo esemplare proviene dalla necropoli di Porta Sant'Anna a Chieti e per esso restano documentate in una vecchia fotografia paragnatidi, ora scomparse, di forma trilobata singolarmente analoga alla forma della corazza sannitica.

Di non facile definizione è un elmo a calotta, tendenzialmente conica proveniente da Orsogna, cioè da area frentana (IV secolo a.C.). Così come si presenta questo elmo appare una fusione di elementi pertinenti a vari tipi: l'elmo a calotta conica, l'elmo con paranuca e l'elmo attico. La sua singolarità impedisce di accertarne la genesi, così come impedisce di comprendere pienamente il significato di tutte le sue parti. L'esecuzione assai accurata ne postula la produzione in un centro di notevole tradizione artigianale

Elmi di tipo attico provengono infine da Pretoro e da Pietrabbondante.

Esempi di elmi sanniti sono nella Collezione Leopardi di Penne e due vengono dagli scavi di Pietrabbondante con conservate le paragnatidi che definiremmo a pelta, simili a quelle degli elmi attici. In uno dei due esemplari esse sono decorate da una figura femminile vestita di chitone, seduta, e sollevante nella destra un elmo di tipo attico; ai suoi piedi è un delfino. Possiamo in essa ravvisare Tetide con le armi di Achille.

Da una tomba di Campovalano proviene l'unico schiniere che fino ad ora possa attribuirsi al periodo preso in esame. Di lamina bronzea assai robusta, esso, che è pertinente alla gamba sinistra, conserva un gancio e le tracce di altri tre per l'accostamento sul polpaccio dei due lembi della lamina mediante una stringa. Lungo l'orlo che va dal polpaccio al ginocchio corre una sottile decorazione incisa.

Caratteristica di questo elemento è la poderosa volumetria e il forte rilievo dato al muscolo gemello interno. Le circostanze del ritrovamento escludono nel modo più categorico che un secondo schiniere sia andato perduto, pertanto potrebbe supporsi che già in epoca così antica si usasse proteggere la sola gamba sinistra secondo il costume documentato dalle fonti per epoche posteriori.

Nel corso dello scavo eseguito nella necropoli di Capestrano fu rinvenuta una coppia di calzari di legno e bronzo.

Ben diversi da quelli indossati dalla celeberrima statua del Guerriero, oggi a Chieti, si componevano di una suola lignea rigida, bordata da una fascetta bronzea, che si alzava dal suolo mediante otto ramponi aguzzi e rostrati. Calzari analoghi a questi di Capestrano provengono dalla necropoli scavata in contrada Fiorano di Loreto Aprutino. Anch'essi sono costituiti da una suola rigida sul cui spessore è inchiodata una fascetta bronzea. La suola poggia su un complesso sistema di ramponi, che la tengono alta sul suolo. Anche la necropoli di Campovalano ha restituito calzari analoghi ai precedenti, seppure i ramponi che sporgono dalla suola per quasi cinque centimetri siano costituiti solo da lunghi chiodi.

Questi calzari denunciano un uso accertato in un'area ben definita, che i ritrovamenti attuali porterebbero a comprendere fra il territorio "pretuzio" - cioè la provincia di Teramo - e il corso del Pescara. Una spiegazione del loro impiego potrebbe esservi in elementi, presumibilmente analoghi, rinvenuti a Belmonte Piceno su un carro, ma oggi purtroppo scomparsi a causa delle vicende belliche alle quali soggiacque il Museo di Ancona. Il catalogo del Dall'Osso, del 1915, parlava di elementi di ferro a forma di sandali "con grossi perni di ferro, disposti in giro presso l'orlo e ribaditi nel piano del carro" e ipotizzava che "questa specie di sandali probabilmente serviva al guerriero per appoggiare i piedi e mantenersi saldo sul piano del carro".

In Abruzzo carri sono stati accertati nella necropoli di Campovalano unitamente a elementi dei finimenti equini, e in una tomba a San Giovanni al Mavone ma indubbiamente essi sono comparsi anche altrove, come dimostra la presenza di cerchioni di ferro pertinenti a ruote in tutto simili a quelle dei ritrovamenti sopracitati e che si conservano nell'Antiquario di Corfinio

la tipica corazza trilobata, riprodotta in numerose figurazioni vascolari e tombali dell'Italia meridionale, è nota in originale attraverso numerosi esemplari, di forma più o meno elaborata, più o meno arricchiti di ornamenti e perfino di figurazioni, ma riconducibili essenzialmente ad un unico tipo.

Essa era composta di due semicorazze, *pectorale* e *humerale* di lamina di bronzo di eguale forma e dimensione, su ciascuna delle quali erano rilevati tre dischi a formare un trilobo, con il disco singolo posto in basso. La lamina, per così dire, di fondo è tagliata superiormente in linea retta, mentre sui lati, fra la coppia di dischi e il disco inferiore, si incurva a semicerchio. Due spallacci, costituiti ciascuno da una coppia di lastrine rettangolari curve e incernierate, e due fiancali consistenti in una sola lastra anche essa curva, congiungono le semicorazze mediante un sistema di ganci.

Tuttavia chi scrive ha avuto modo di esaminare una panoplia sannitica in bronzo databile al IV- III secolo a.C. proveniente da un sequestro da parte dell'Arma dei Carabinieri in cui il *pectorale* era la tipica corazza trilobata, mente l'*humerale* era un disco singolo (*kardiophylax*).

Tipicamente sannita è il cinturone bronzeo che serra alla vita la tunica dei guerrieri nei vasi campani, negli affreschi pestani e della Campania e che vedemmo riprodotta in un bronzetto di Roccaspinalveti, è presente in originale in gran numero nelle tombe di Alfedena e in altre sporadiche o raggruppate in necropoli soprattutto dell'Abruzzo citeriore. Questo elemento è costituito da una fascia di lamina di bronzo estremamente flessibile ed elastica. Ad una estremità, mediante chiodini di ferro, è fissata una coppia di fermagli a gancio, ma in qualche esemplare i fermagli sono ottenuti dalla stessa lamina lasciata di maggiore spessore, mentre all'altra sono due o tre coppie di asole per il graduale inserimento dei ganci. Lungo tutto l'orlo della fascia una serie continua di forellini testimonia l'esistenza di una fodera di stoffa o di cuoio, cucita o fermata mediante bulloncini.

La decorazione delle cinture si riduce quasi solo ai fermagli; rarissimi sono infatti gli esemplari che hanno qualche motivo ornamentale o qualche figura incisi o a sbalzo lungo la fascia.

I fermagli hanno dato luogo ad un repertorio decorativo abbastanza vario tanto nelle parti da far aderire alla lamina quanto nei ganci: quelle hanno rappresentazioni di arieti affrontati, decorazioni a palmette, a foglie, a figurine umane (Ercole, Vittoria ecc.); i ganci sono a lancia e a testa di lupo.

Le testimonianze letterarie e figurate assegnano concordemente ai guerrieri sanniti, come loro caratteristiche, le armi d'asta. Avarissime sono invece nel citare le cosiddette armi bianche, abbondantemente esemplificate per epoche più antiche.Accanto ad una serie numerosissima di "ferri di lancia", ben pochi sono i ritrovamentidi spade, daghe, pugnali. La stessa necropoli di Alfedena, la sola fino ad ora in cui siano state sistematicamente esplorate anche tombe del periodo sabellico, ha restituito pochissimi esemplari di armi bianche, che per la forma possono essere datate a questo periodo.

Le armi d'asta non mostrano sostanziali differenze da quelle che le genti sabelliche avevano ricevuto dalle più antiche tribù abitatrici della regione. Unico tipo che presenta una indubbia originalità è una sorta di ferro di lancia falcato, con inserto a cannone e tagliente nella sola parte concava; è stato rinvenuto esclusivamente a Pietrabbondante in due esemplari. Quanto allo scudo sannitico ricordato dalla tradizione, non ne è stato rinvenuto alcun esemplare, né sono stati accertati elementi quali il rinforzo dell'orlo e l'umbone, che necessariamente avrebbero dovuto essere metallici, anche se gli scudi fossero stati di materia deperibile.

Va notato il rinvenimento di un singolare oggetto rinvenuto anch'esso a Pietrabbondante e che, almeno stando alle nostre cognizioni, non trova riscontro nell'ambiente italico.

E' la figura acefala di un gallo con la coda composta di varie lamine metalliche lavoratemartello e congiunte mediante bulloncini secondo la tecnica dello *sphyrélaton*.

Nell'oggetto è stata riconosciuta un'insegna militare sannitica, ipotesi quant'altro mai attendibile se si ponga mente alle insegne militari romane, anche di non molto posteriori, con rappresentazioni di animali. potrebbe dunque trattarsi di un'insegna di carattere sacrale e/o militare, giacché nel mondo antico le due funzioni erano spesso collegate; il gallo era probabilmente sacro a Mamers, come lo era al graco Ares.

Livio ricorda la cattura di novantasette insegne militari (*signa militaria*) sannite nella battaglia di Aquilonia:

> "Caesa illo die ad Aquiloniam Samnitium mila viginti trecenti quadraginta, capta
> tria milia octingenti septuaginta, signa militaria nonaginta septem"[9].

Oltre alle armi rinvenute nelle sepolture, l'area sannitica ha restituito anche una ricca messe di armamenti offerti agli dei nel santuario di Calcatello a Pietrabbondante, e che in gran parte fanno riferimento a bottini presi durante la terza guerra sannitica. La grande maggioranza degli oggetti rinvenuti nei livelli più antichi del santuario è costituita da armi. Oltre al vecchio nucleo scoperto nel XIX secolo, ora al Museo di Napoli, gli scavi hanno restituito una grande massa di frammenti di ferro e di bronzo relativi a lame, punte di lancia, cinturoni, elmi, ornamenti di corazza, ecc.

A differenza delle armi rinvenute nelle sepolture della non lontana necropoli della Troccola, non lontano dal santuario, queste non possono in alcun modo considerarsi come provenienti dall'armamento di contingenti sannitici dell'area pentra.

Le armi devono essere pertanto appartenute ad eserciti nemici. Armi e corazze deposte nei santuari sono infatti normalmente *spolia hostium* (preda nemica) che il comandante dell'esercito vincitore raccoglie dopo il combattimento, con ampia facoltà di disporre della loro destinazione. Solamente nel caso di un duello le *spolia* sono considerate proprietà privata del vincitore, che può utilizzarle come *virtutis ornamenta* in casa e poi nel sepolcro, quando non debba donarle *ex voto* a qualche divinità, forse Mamers nel santuario prescelto a tal fine

La documentazione che possediamo a questo riguardo è ingente, e consiste sia in materiali archeologici, sia in informazioni storiche. Essa si riferisce alla pratica, ben affermata nel mondo greco e poi in quello romano, di riservare alla divinità una decima del bottino di guerra.

Talvolta il dedicante è un singolo individuo, il quale utilizza come dono votivo la parte che gli era stata assegnata con la suddivisione del bottino e le armi strappate al nemico abbattuto in duello

Nel 293 a.C. Papirio Cursore, dopo aver distrutto Aquilonia e *Sepinum* dedicò a

---

[9] In quella giorno ad Aquilonia i Sanniti ebbero ventimila e trecentoquaranta morti; i prigionieri furono tremilaottocentosettanta, le insegne militari conquistate novantasette (Liv., X,42).

Roma il tempio di Quirino (Livio, X 46, 7) *exornavitque hostium spoliis*, decorandolo dunque con le armi che aveva portato per il trionfo. Ne aveva una tale quantiò che non solo rifornì il tempio di Quirino e il Foro, ma anche templi ed edifici pubblici di città vicine.

Nel 324, Quinto Fabio Rulliano, dopo aver sconfitto i Sanniti, *multis potitus spoliis con gesta in ingentem acervum ho stilla arma subdito igne concremavir*[10] (essendosi impadronito di cospicue spoglie, ammucchi· le armi nemiche in un grande cumulo, e appiccatovi il fuoco, le bruci), in seguito a un voto assunto con qualche divinità oppure, come anche si sospettò, per impedire che Papirio le usasse come *spolia in triumpho*.

Il voto delle spoglie a una divinità, di solito espresso dal comandante prima della battaglia, poteva infatti venire esaudito anche mediante un rogo, come a *Sentinum*: *spolia hostium coniecta in acervum lovi Victori cremavit*[11] (fatto un mucchio con le armi dei nemici, le bruciò in onore di Giove Vincitore).

Le armi depositate nei santuari venivano anche utilizzate, all'occorrenza, per l'armamento di contingenti militari arruolati in fretta, com'è noto in almeno tre occasioni, nella terza guerra sannitica (più precisamente nel 294 a.C.) e durante la la Seconda guerra punica, come ricorda Livio (XXII 57, 10; XXIII 14, 4).

Anche le armi di Pietrabbondante erano certamente *spolia hostium*, consegnate al santuario in occasioni diverse come decime di bottino dopo essere state utilizzate, in alcuni casi, durante il trionfo del vincitore.

I tipi ricorrenti e la grande quantità degli esemplari simili lasciano intendere come le donazioni fossero effettuate, almeno nella gran parte dei casi, da comandanti militari nell'esercizio delle loro funzioni.

Ciò non esclude la possibilità che oggetti particolari siano stati donati da singoli individui privatamente; in tali casi, però, le armi recano incisa, di solito, la dedica individuale, che tra gli esemplari di Pietrabbondante non compare mai. Altrove sono note armi donate privatamente da Sanniti a santuari nell'Italia meridionale, dove essi dovevano trovarsi a operare forse in qualità di mercenari.

 Abbiamo ad esempio l'elmo di un sepinate con iscrizione dedicatoria in alfabeto greco-lucano, nonché un secondo elmo con iscrizione della stessa classe alfabetica, che però non denuncia l'origine del dedicante. Le armi rinvenute a Pietrabbondante non sono tutte della stessa epoca.

Alcuni frammenti si possono datare tra la fine del V e la prima metà del IV secolo, e sono di produzione tarantina, mentre altri, e sono la maggior parte, si datano tra la fine del IV e il III secolo a.C. Il primo nucleo precede quindi il periodo delle guerre sannitiche, e a quali vicende si possa attribuire la sua presenza nel Sannio è difficile dire.

Certamente ad attività belliche che non riguardavano i rapporti con Roma; la cattura del bottino poté avvenire nei territori apuli, o sul versante tirrenico, compresi trofei di armi di produzione celtica. Il secondo nucleo di armi appartiene invece ad un periodo in cui il Sannio venne interessato dalla presenza di eserciti romani, e in cui comunque le ostilità riguardarono, quasi incessantemente per oltre cinquanta anni, i rapporti con Roma e con i suoi alleati. L'arco di tempo entro il quale vanno collocati gli avvenimenti a cui è possibile riferire la cattura delle armi del secondo nucleo si

---

[10]Livio, VIII 30, 8
[11]Livio, X 29, 18

va dal 326 a.C., quando ebbe inizio la seconda guerra sannitica, al 272 a.C., quando si concluse la guerra combattuta dai Sanniti insieme con Pirro contro Roma.
Teatro delle ostilità, in quegli anni, fu tutta l'Italia centro-meridionale.

Successi sannitici contro i Romani e i loro alleati si verificarono certamente in occasioni ben più numerose di quanto ci sia rimasta memoria, nei territori del Lazio, degli Abruzzi, delle Puglie e della Campania. Gli elmi del tipo cosiddetto celtico, con paragnatidi (coperture delle guance) anatomiche, possono attribuirsi all'armamento romano. Gli esemplari rinvenuti, del resto, non sono tutti coevi; essi documentano che la dedica di armi catturate a seguito di successi militari su eserciti romani si riferisce a occasioni diverse. Atri tipi di armi, ad esempio gli elmi con paragnatidi trilobate, appartennero più probabilmente all'armamento di popolazioni alleate di Roma, in Campania e nelle aree sabelliche settentrionali.

Le armi rinvenute nel secolo XIX e ora al Museo di Napoli erano state deposte all'aperto su un piano di terra; esse sono evidentemente i resti di una *congeries armorum* (cumulo di armi) che doveva costituire un trofeo dopo un successo militare. Trattandosi di un nucleo di armi radunate in una particolare occasione, l'erezione del trofeo può essere datata sulla base degli esemplari più recenti, attribuibili alla fine del IV e agli inizi del III secolo a.C., ossia nell'ambito della terza guerra sannitica. E' dunque plausibile che si tratti di un trofeo costituito con armi predate dopo uno scontro con un esercito di Romani e di alleati. Tutta questa documentazione attribuisce dunque al santuario una connotazione precisa: esso era il luogo ove si consacravano le decime del bottino predato ai nemici dopo una vittoria, affliggendo le armi alle trabeazioni lignee degli edifici o erigendo trofei.

Si è accennato come a capo del *touto* (letteralmente "popolo") vi fosse un *Meddix tuticus*, in osco *Meddíss tovtíks*, magistrato del popolo, figura politico-amministrativa, titolo tradotto da Livio con il termine *Praetor*..

In quanto capo assoluto del suo popolo, ossia del suo *touto*, aveva un potere decisionale massimo e autonomo, anche se sentiva il parere di altri funzionari o ufficiali; oltre ad essere il capo militare del *touto*, il *Meddix* si occupava dell'amministrazione della legge, delle finanze della religione e presiedeva le assemblee collegiali che aveva il potere di convocare. Aveva naturalmente anche funzioni militari, ma meno accentuate rispetto al *praetor* romano.

Il *Meddix tuticus* veniva eletto annualmente, e la sua elezione poteva esser ripetuta.

Intorno al III- II secolo sono documentati a *Velitrae*, Nola, *Messana* e *Corfinium*. due *Meddices tuticis* contemporaneamente, ma a differenza dei consoli romani i due *Meddices* non erano perfettamente eguali, con il secondo *Meddix* subordinato al primo.

In caso di conflitti, l'assemblea della Lega (*kombennios*) sceglieva fra i suoi membri un condottiero, l'*Embratur*, titolo corrispondente al latino *Imperator*, comandante supremo, che doveva, come il *dictator* romano, condurre le operazioni belliche dello stato federale.

Secondo il resoconto liviano la fanteria sannita era organizzata in coorti composte da 400 armati e combatteva con la tattica manipolare[12].

Sembra inoltre che le unità militari sannite fossero molto simili alle legioni romane, anche in assetto di marcia; come ricorda ancora Livio[13].; è probabile che per

---

[12]Liv. IX, 43.17.
[13]X,20

denominarle fosse già in uso il termine osco *leìguss*, lat. *legiones*, attestato però successivamente.

Stando a Polibio, le liste di leva (*legiones* appunto) del Sannio poco prima dell'inizio della Seconda guerra punica (225 a.C.), comprendevano 70.000 fanti e 7000 cavalieri[14].

Se si considera che a quel tempo erano state già numerose le perdite territoriali subite dai Sanniti, possiamo ipotizzare che allo scoppio della guerra contro Pirro nel 280 a.C., definita *la quarta guerra sannitica* da E.T.Salmon[15], il potenziale militare della Lega sannita si aggirava attorno alle 150.000 unità su una popolazione complessiva di :750.000- 780000 abitanti[16].

In occasione della Terza guerra sannitta del 293 a.C. Livio sostiene che per formare la *Legio linteata*, si radunarono ad Aquilonia :60.000 uomini dei quali sedicimila furono scelti per far parte della *Legio Linteata* ed altri :20.000 per un'altra unità, di minor qualità per un totale di 36.000 uomini [17].

La *Legio linteata*, che Livio descrive come formata da soldati *consacrati*, che spiccavano per il candore delle loro vesti di lino e per le armi ugualmente candide formazione sarebbe stata dunque l'unità *d'èlite* della Lega sannita, i cui uomini erano votati a vincere o a morire- od a essere uccisi se si fossero ritirati; in battaglia si schierata in falange, secondo Salmon, come lo Squadrone sacro tebano, e sarebbe solo un racconto immaginario dello stesso Livio[18]; qui accenniamo solo all'argomento, che verrà trattato con maggiore approfondimento in un capitolo successivo.

Le fonti letterarie non descrivono chiaramente disposizione sul campo e modo di combattere dei Sanniti, ma si può comunque ipotizzare un'organizzazione non assai diversa dalla legione romana manipolare, che cion ogni probabilità era ispirata proprio al modello sannitico.

La *Legio linteata*, stando a Livio. era composta di 10 unità minori di 1.600 *manipulares* cadauna, forse a loro volta divise in quattro unità di 400 uomini. Livio, riferendosi al resto dell'esercito, chiama queste unità di 400 uomini *cohortes*, divise in due manipoli (comandati da un *centurio prior* e *posterior* per usare la terminologia latina), a loro volta formati da due centurie. La descrizione liviana potrebbe riportare alcuni anacronismi, inserendo termini e strutture note dal più tardo esercito romano del suo tempo, ma l'esistenza della tattica manipolare tra i Sanniti spiega anche la sua adozione da parte dei Romani proprio durante le guerre sannitiche. La divisione della coorte in due manipoli, potrebbe far pensare ad una divisione dell'esercito in due linee, una armata di giavellotti e *scutum*, l'altra, di tipo oplitico, con aste e scudo rotondo, identificabile in alcune raffigurazioni plastiche e nelle pitture funerarie.

L'organizzazione e la disciplina delle truppe sannite è dimostrata dalla rapidissima marcia lungo gli Appennini che portò l'esercito di Gellio Egnazio sino a *Sentinum* nel 295; nella stessa occasione apprendiamo da Livio come i Sanniti preparassero campi fortificati analoghi ai *castra* romani, con palizzate in legno (*vallum*) e porte

---

[14] Polibio, *Storie*, II, 24.10.
[15] E.T. Salmon, *Il Sannio e i Sanniti*, tr.it,.Torino 1995, p. 300
[16] G. De Sanctis, "La conquista del primato in Italia", '*Storia dei Romani*', 2, Firenze 1988, p. 366, n. 12
[17] X, 38.12-13
[18] Salmon, cit., p. 108.

d'accesso, circondate da un fossato (*agger*)[19]; oltre al brano citato in nota *castra* sanniti sono più volte menzionati dallo storico patavino.

La cavalleria sannita godeva di un'ottima fama, sebbene fosse poco numerosa, organizzata in un paese montuoso come il Sannio, a differenza della Campania o del tarantino non fosse particolarmente idoneo alla nascita di grandi unità montate; sebbene assai spesso sconfitta dalla cavalleria romana la sua inferiorità a detta degli storici non va cercata tanto nella minore capacità quanto nel numero ridotto, tanto che più tardi venne utilizzata dai Romani come cavalleria alleata nelle successive campagne militari, dalla Seconda guerra punica, fino alla guerra sociale del 90-88 a.C., quando a tutta l'Italia romana verrà concessa la cittadinanza romana diventando parte integrante dell'esercito romano.

Peculiare del mondo sannitico era la *verheia* o *verreia*, nota a partire dal finire del V secolo a.C.: si trattava di un'istituzione destinata alla formazione militare dei giovani legata però anche a motivi iniziatici e religiosi, forse analoga alla *juventus* romana o alla *krypteia* spartana più che al *gymnasion* ateniese, istituto che sin dal nome sembra riconducibile al concetto di *Ver sacrum*, con i giovani *sacrati* a Mamars; La *Verheia* serviva a formare i giovani alla vita militare, alle arti equestri ed all'uso delle armi. Con il passare del tempo la *verheia* si andò identificando con una sorta di gruppo di *èlite* i cui membri avrebbero insieme dato vita ad una sorta di manipolo scelto ben distinguibile dagli altri[20], e forse ricollegabile alla *Legio linteata*.

---

[19]Liv. X, 29: [Rulliano] (...), ad castra Samnitium perrexit, quo multitudo omnis consternata agebatur. Sub ipso uallo, quia tantam multitudinem portae non recepere, temptata ab exclusis turba suorum pugna est

[20] Da escludere l' ipotesi che collega l'etimologia di *Verheia* con l'osco *vero*, corrispondente a *janua, porta* : i giovani sarebbero stati i *Guardiani della Porta* o coloro che oltrepassavano la porta tra fanciullezza ed età adulta. Cfr. *Verheia,sanniti.info*.

Guerriero sannita armato alla leggera, IV secolo a.C.
e uniche protezioni sono l'elmo attico in bronzo e lo *scutum* rettangolare rastemato in basso detto appunto *samniticum* dai Romani; il guerriero è armato di giavellotto (*saunium*) e di *spatha* ed indossa il cinturone tipico dei guerrieri sanniti.
Collezione dell'Autore

Guerriero sannita del IV secolo.
Indossa un elmo attico in bronzo con cresta di crine e protomi alate ed una corazza trilobata; la veste colorata è documentata dagli affreschi di Paestum e lo *scutum* italico, simile al *tyhreos* venne adottato dai Romani proprio su imitazione dei sanniti; il guerriero è armato di *saunium*.

Collezione dell'Autore

Guerrieri sanniti, III secolo a.C.
Il prmo, sulla sinistra, indossa un elmo attico ed un pettorale anatomico, il cinturone bronzeo e gli schinieri; è armato di hasta e di scudo rotondo; il secondo guerriero ha un elmo attico di tipo più semplice, una piastra trilobata, ed è armato di giavellotti.
Collezione dell'Autore.

Cavaliere sannita, IV secolo.
Il nobile sannita indossa un elaborato elmo attico con ali, penne laterali e cresta di crine al centro; oltre all'immancabile cinturone porta un pettorale anatomico ed è armato di telum. Il cavallo è protetto da una testiera e da un pettorale in bronzo.
Collezione dell'Autore.

Guerriero romano o latino del IV secolo a.C.
Ispirato alle placche ossee della Tomba Barberini di Palestrina, il guerriero di prima ckasse degli inizi delle guerre sannitiche si presenta ancora come un oplita, equipaggiato con un elmo italo- calcidico, la lorica antomica in bronzo, gli schinieri, uno scudo rotondo (*clipaeus*) con testa di Gorgone, la *spatha* e l'hasta, non ancora sostituita dal *pilum*.
Collezione dell'Autore

Centurione romano o latino della metà del IV secolo.
Si tratta probabilmente di un centurione, data la ricchezza dell'equipaggiamento, ancora tipico della falange. L'elmo di tipo italico- attico è sormontato da alte penne che formano una *crista transversa*, indicante il grado. Il guerriero indossa una corazza di tipo anatomico in bronzo con *pteruges*, porta una *spatha* oplitica ed uno scutum di tipo italico decorato con immagini di Cerbero; brandisce un *hasta*, usata dai Romani prima dell'adozione del pilum, arma ispirata dal *saunium* sannitico.
Collezione dell'Autore.

Veles romano, IV- III secolo.
E' probabile che i Velites siano stati introdotti proprio durante le guerre sannitiche in sostituzione degli Accenses, fanti leggeri di cui sappiamo pochissimo; erano arruolati tra i soldati più giovani e più poveri, e combattevano in formazione aperta davanti alle prime linee.
 Il *veles* indossa un elmo attico con sopra una pelle di lupo, probabilmente segno distintivo di grado o di coraggio, dei giavellotti (*tela*) ed uno scudo rotondo di vimini (*parma*).
Collezione dell'Autore.

Hastatus romano della seconda metà del IV- III secolo a.C.,
Il legionario è tratto dalla descrizione fatta da Polibio nel VI libro delle Storie, con l'equipaggiamento adottato proprio durante le guerre sannitiche. Porta come protezione un elmo di tipo Montefortino con tre piume nere che avevano lo scopo di far sembrare più alto il soldato e spaventare il nemico ed un pectoralis di tipo anatomico; analogamente ai suoi avversari sanniti indossa un singolo schiniere sulla gamba sinistra. Il legionario è armato di *spatha* e protetto dallo scutum copiato dai Sanniti, che soppiantò il clipaeus rotondo usato dai Romani nella Prima guerra sannitica.
Collezione dell'Autore

Cavaliere ausiliario campano, IV- III secolo a.C.
Questo cavaliere osco alleato dei Romani ha un armamento molto simile a quello dei cavalieri sanniti, a cominciare dall'elmo attico e dal cinturone bronzeo. I Campani furono la punta di lancia della cavalleria romana durante le Guerre sannitiche.
Collezione dell'Autore.

L'ESERCITO ROMANO
DEL IV SECOLO A. C.

L'esercito romano nel IV secolo a.C., alla vigilia e durante la prima fase delle guerre sannitiche è assai poco conosciuto, a differenza di quello del secolo successivo descritto da Polibio nel VI libro delle *Storie*; proprio durante il conflitto con il Sannio sarebbero stati adottati armi ed ordinamenti che avrebbero caratterizzato l'esercito romano per i secoli a venire: l'ordinamento manipolare al posto della falange, il *pilum* al posto dell'hasta, lo *scutum* oblungo al posto del *clipaeum* rotondo.
Nell'*Ineditum Vaticanum* si legge che

> "Lo *scutum* sannitico oblungo non faceva parte del nostro equipaggiamento nazionale, né avevamo ancora il *pilum* ma si combatteva con scudi rotondi e lance. [...] Ma quando ci siamo trovati in guerra contro i Sanniti, ci siamo armati come loro con gli scudi oblunghi e i giavellotti e copiando le armi nemiche siamo diventati padroni di tutti quelli che avevano una così alta opinione di se stessi"[21]

Anche dal punto di vista archeologico i reperti riferibili a questo periodo sono rarissimi, tra i quali vanno ricordati i trofei offerti dai Sanniti nel santuario del Campitello a Pietrabbondante cui già si è fatto cenno.
Nella prima fase della costituzione monarchica, Roma aveva un esercito composto da 3000 fanti e 300 cavalieri, i quali dovevano essere forniti in modo proporzionato dalle tre Tribù originarie: i *Ramnes*, i *Tities*, ed i *Luceres*.
L'esercito veniva arruolato solo in caso di guerra e alla fine della stessa, i soldati tornavano nelle loro case.
I 3300 soldati, formavano la legione il cui termine deriva dal latino *legio* che significava leva.
Con la riforma serviana basata sulla suddivisione della popolazione in base al censo, la capacità di arruolamento passava da 3300 unità a quasi 20.000.
L'esercito originario di epoca arcaica era basato sul reclutamento gentilizio. Venivano scelti solo uomini appartenenti ad una delle tribù gentilizie adatti al combattimento per un totale di 3000 fanti (*pedites*) e 300 cavalieri (*equites*), suddivisi rispettivamente in 30 *centuriae* e 30 *decuriae*.
Una prima riforma fu fatta dal re Servio Tullio: la leva veniva fatta in base al censo. Le classi censitarie erano sei, dalla più alla meno ricca: la prima forniva 18 centurie di cavalieri e 30 di fanti pesanti (opliti), la seconda e la terza 20 centurie di fanteria pesante ciascuna, la terza 20 di fanteria leggera, la quinta 30 di arcieri e frombolieri, mentre la sesta (*proletarii*, nullatenenti) forniva 5 centurie di supporto logistico (artigiani, falegnami, fabbri, marinai, trombettieri).
Le truppe di cavalleria divennero con il tempo di competenza degli alleati di Roma (*socii*), che si impegnavano a fornire anche truppe ausiliare (*auxilia*). I
I reclutamento era indetto solo in caso di guerra, coinvolgeva i cittadini che avevano

---

[21] N. Sekunda, *Early Roman Armies*, Oxford 1997, p.36

tra i 17 e i 60 anni di età; dalla guerra contro Veio (406 a.C.) veniva corrisposto un indennizzo in denaro (*stipendium*) a rimborso della mancata attività lavorativa agricola.

A seguito delle esperienze negative nel corso della prima e della seconda guerra sannita, si ebbero nello stesso periodo variazioni nella tattica militare e nelle modalità di combattimento.

Nell'età repubblicana le legioni erano quattro, due per ogni console, ma aumentarono gradualmente con l'aumentare dei conflitti fino alle guerre civili.

In origine la legione repubblicana era guidata dal *dux* (comandante, spesso console, dittatore o proconsole) dotato di potere militare (*imperium*). Suoi subordinati erano i luogotenenti (legati), gli ufficiali (*tribuni militum*) e i comandanti della centuria (*centuriones*). Il comandante della cavalleria era invece il *Magister equitum*, a cui facevano riferimento i comandanti di squadrone (decuriones) e di retroguardia (*optiones*). Le truppe alleate erano guidate dai *praefecti sociorum*.

Tito Livio fa anche riferimento a quattro legioni composte ognuna da 5000 fanti e 300 cavalieri, un numero che complessivamente si avvicina di più alla capacità di arruolamento stabilita dalla riforma serviana e coincide con alcune descrizioni della guerra sannitica.

La leva riguardava tutti i cittadini dai 17 ai 46 anni che dovevano prestare servizio per un certo numero di campagne militari.

Fino alle guerre sannitiche, il modo di schierarsi sul campo di battaglia era stato quello della falange oplitica; i soldati erano schierati gomito a gomito, presentandosi al nemico come uno schieramento compatto, protetto dagli scudi e dalle lance.

Questo schieramento era adatto per scontrarsi in campo aperto, ma proprio l'esigenza di muoversi con maggior agilità e di combattere nei boschi e nelle forre delle montagne dell'Abruzzo e del Matese, negli scontri con i più mobili Sanniti, convinse i Romani ad adottare un nuovo tipo di schieramento e così la legione venne divisa in unità più piccole, i manipoli composti all'incirca da 150 unità.

La legione, quando si schierava *in acies* era organizzata su quattro linee, protette ai fianchi dalla cavalleria.

Molto probabilmente la legione romana come descritta da Polibio nacque proprio durante le guerre contro i Sanniti, ad imitazione (e miglioramento) di quella degli avversari

La falange arcaica lasciò dunque il posto ad uno schieramento più flessibile, la legione (*legio* significa leva) disposta su tre file: nella prima vi erano i soldati più giovani, gli *hastati*, armati di lancia (*hasta*) e giavellotto (*pilum*); a seguire i *principes*, più esperti e meglio equipaggiati; e infine i *triarii*, ovvero i veterani, che entravano in campo solo nelle fasi finali.

Già durante la battaglia di *Sentinum*, nel 295 i Romani avevano adottato il più flessibile ed efficiente ordine manipolare: la legione non era più basata su un unico blocco, ma veniva divisa in unità più piccole, i manipoli, più mobili e manovrieri, che potevano sia concentrarsi in un punto come aprirsi facilmente, e che erano suddivisi in gruppi di combattenti con armi e compiti diversi. È possibile che una distinzione tra diversi tipi e linee di combattenti fosse già presente nella legione falangitica (la suddivisione della *classis* in cinque classi censitarie diversamente armate, descrittta da Livio potrebbe farlo intendere). È altresì probabile che i romani abbiano adattato alle proprie esigenze modi di combattere simili a quello manipolare da popoli avversari come, probabilmente, gli stessi Sanniti..

Un esercito romano, al comando di un console, era costituito da due legioni a cui si affiancavano contingenti di popoli alleati, composti da fanteria e, in numero maggiore, da cavalleria.

La disposizione sul campo di un esercito consolare prevedeva le due legioni romane al centro, ai cui fianchi erano schierate le altrettanto numerose fanterie alleate (divise in due *alae sociorum*), e la cavalleria,divisa in *turmae*, composta soprattutto da *socii*, ai lati dello schieramento., per un totale di circa 16-18.000 fanti e 2.500 cavalieri.

Lo schieramento della legione romana in battaglia era così suddiviso: nella prima linea prendevano posto gli *hastati* , dalla parola *hasta*, lancia; quindi originariamente opliti; l'*hasta* fu poi sostituita dal *pilum*, forse mutuato dal *saunium* sannita, un giavellotto leggero che si scagliava all'inizio del combattimento; nella seconda schiera si disponevano i soldati più anziani e meglio addestrati, i *principes*; nella terza stavano inginocchiati i *triarii*, i veterani di riserva, armati di lancia, ultimo resto dell'originaria falange.

Le legioni erano suddivise in *cohortes* di circa 600 uomini.Ogni manipolo di *hastati* e di *principes*, diviso in due centurie, inquadrava 120-150 uomini oltre a 50-60 *velites*.

Un manipolo di *triari*, sempre su due centurie, contava invece 120 veterani e un numero imprecisato di veliti. Una legione così formata contava 4.200 uomini, compresa la fanteria leggera.Se la documentazione archeologica romana per l'epoca delle guerre sannitiche è scarsissima, un'eccezione è costituita da un frammento di pittura proveniente dalla tomba della gens *Fabia*, una delle più importanti della Roma repubblicana, rinvenuta sull'Esquilino e risalente al IV secolo a.C.

L'uso di decorare le sepolture con pitture dai soggetti storico-trionfali è attestato a Roma nella necropoli esquilina. Com'è noto, l'area era occupata da un vasto e antichissimo sepolcreto che rimase in funzione fino al I secolo a.C. quando, per iniziativa di Mecenate, tutta la zona fu risanata e convertita ad uso residenziale con l'approntamento dei celebri *horti Maecenatiani*. Il ritrovamento dei monumenti funerari medio-repubblicani che qui si vogliono citare avvenne tra il 1874 e il 1876, nei pressi delle chiese di Sant'Eusebio e di San Vito, e costituisce «uno degli episodi più oscuri dell'archeologia romana», inserito com'è nell'ambito dei frenetici e poderosi sbancamenti che, spianando colli e colmando valli – *come se l'estetica di una città moderna dipendesse dalla sua orizzontalità* (Lanciani) – procedevano di parti passo con le speculazioni edilizie postunitarie. Oltre agli ipogei a camera, scavati nel tufo con banconi ricavati nelle pareti e destinati a interi nuclei familiari, si evidenziano infatti alcuni "sepolcri singolari", tombe a camera di pianta rettangolare di dimensioni ridotte, emergenti quasi totalmente dal terreno e destinate probabilmente a deposizioni individuali. L'eccezionalità di queste sepolture è comprovata dalla presenza, almeno in due casi, di decorazioni pittoriche nonché dalla loro ubicazione nella zona di massima visibilità della necropoli, subito fuori la Porta Esquilina, a nord della via Labicana, ossia nel *campus Esquilinus*. Questo luogo, riservato alle sepolture pubbliche, ospitava anche il *lucus Libitinae*, un santuario suburbano dedicato a (Venere) Libitina, divinità tutelare delle cerimonie funebri, nel cui tempio era custodito l'apparato necessario ai funerali solenni.

Risulta piuttosto complesso ricostruire il reale aspetto di questi monumenti, uno dei quali, rintracciato tra le odierne via Carlo Alberto e via Rattazzi, ha restituito un frammento di intonaco dipinto, vero e proprio incunabolo delle pittura romana.

Due personaggi, indicati nel dipinto con i nomi di *M. Fan[nius]* e di *Q. Fabius*, compaiono in scene organizzate su più registri sovrapposti: i due s'incontrano davanti alle mura di una città e al cospetto dell'esercito, nell'ultimo registro appaiono in combattimento, l'uno in toga e l'altro in armi. Le ipotesi proposte sono molteplici: potrebbe trattarsi degli episodi conclusivi di una delle guerre sannitiche con la resa di Marco Fannio al generale Quinto Fabio Rulliano, console per cinque volte tra il 322 e il 295 a.C., o al di lui omonimo figlio Quinto Fabio Gurges, console nel 292 e nel 276 a.C. (Coarelli), interpretazione che non solo attribuirebbe le titolarità del sepolcro a uno dei due personaggi citati, ma che suggerirebbe un'attribuzione al celebre Fabio Pittore, perché nel 303 a.C. aveva affrescato la cella del tempio votato a *Salus*, da C. Iunio Bubulco qualche anno prima, nel corso della seconda guerra sannitica.Qualcuno invece ha proposto di riconoscere la consegna di una *hasta pura*, sempre nel quadro delle guerre sannitiche, da parte di Q. Fabio a M. Fannio, valoroso soldato che, appartenente a una gens plebea ufficialmente nota solo a partire dagli anni ottanta del II secolo a.C., si sarebbe distinto durante le campagne militari, meritando prima l'onore della massima onorificenza militare e poi quello della sepoltura pubblica (La Rocca). Al di là delle varie interpretazioni, l'affresco, pur nella sua immediatezza espressiva, mostra dipendenze da modelli ellenistici nella tecnica pittorica "a macchia" e nella ricchezza dei dettagli, resi tramite efficaci lumeggiature a pennello. Più dubbia è l'esatta collocazione della pittura nel sepolcro: le notizie purtroppo esigue accennerebbero a un ritrovamento all'esterno, ma nella storia degli studi il dato non sembra aver riscosso troppo credito.

Il dipinto, oggi assai deteriorato rispetto al momento della scoperta, si svolge in diversi registri.

Nel primo un generale sannita indossa un elmo Montefortino con penne, un mantello in pelle di capra. lo *scutum* e due schinieri offre la resa di una città fortificata e merlata a Fabio che porta una lunga *hasta* come insegna di grado e indossa il *paludamentum*

Nel registro inferiore M[arco] Fan[nio] stringe la mano a Q[uinto] Fabio [Rulliano o Gurges ?]. dietro il quale è schierata la cohors praetoria armata con aste e vestita con tuniche bianche.

Nel terzo registro restano frammenti di una scena di battaglia, in cui si riconoscono due guerrieri sanniti ed un ufficiale, probabilmente ancora Marco Fannio, che questa volta indossa un elmo attico con grandi ali, di un tipo ben documentato in ambito sannitico.

I *SOCII* ITALICI

Fondamentale, quanto trascurato, fu il ruolo svolto nelle guerre sannitiche dai *socii*, ossia dagli alleati italici, soprattutto Latini e Campani, di Roma..
Questi alleati, , andavano a rafforzare con i propri contingenti le legioni romane.
L'alleanza romano-italica ebbe un'importante evoluzione a partire dal 264 a.C. e rimase alla base dell'organizzazione militare romana per i successivi duecento anni. Dal 338 all'88 a.C., le legioni romane furono sempre accompagnate in guerra da un numero uguale di unità chiamate *alae* (letteralmente *ali*, poiché erano poste sui fianchi dello schieramento di battaglia, con al centro le legioni di cittadini romani).
Le *alae sociorum* erano composte da un numero similare di soldati alleati, mentre il 75% della cavalleria di un'armata consolare era composta da alleati italici, nel corso delle lotte contro i Sanniti soprattutto *socii* campani.
L'alleanza discendeva dal f*oedus Cassianum*, il trattato di pace stipulato tra Romani e Latini nel 493 a.C. poco dopo la fine dell'età regia . Si trattava di un'alleanza militare a tempo indeterminato tra Roma e le città-stato del *Latium vetus*, a cui i Romani stessi appartenevano.
Anche se le informazioni a noi giunte sono frammentarie, una delle caratteristiche fondamentali del trattato fu il patto di non-aggressione reciproca e la necessità di approntare un sistema di difesa comune. Quest'ultima condizione richiedeva che tutti i firmatari intervenissero militarmente nel caso in cui uno di loro fosse stato attaccato dall'esterno. Sembra anche che tutti i componenti della lega dovessero fornire i necessari contingenti militari per tutte quelle operazioni congiunte, decise nella conferenza annuale. Sembra anche che, dato che Romani e Latini condividevano il bottino su base paritaria, il trattato prevedesse che i Latini contribuissero con lo stesso numero di soldati messi a disposizione da Roma. Il comando di tutte le forze congiunte romano-latine, era esercitato in modo alterno tra Roma e le città latine.
Il fattore principale di questa alleanza era costituito dalla minaccia che le città del *Latium vetus* potessero essere attaccate dalle vicine popolazioni italiche, in particolare da Volsci e Equi, le cui incursioni si erano intensificate in questo periodo. Con il 358 a.C., la minaccia delle limitrofe tribù-montane si era talmente ridotta che i Romani preferirono ripudiare l'antico *foedus*, tanto che il periodo successivo vide lo scoppio della guerra latina e l'invasione del *Latium vetus* (341-338 a.C.).
Nel 341 a.C. infatti, la Lega latina, una confederazione delle altre città-stato dell'antico Lazio, si scontrò con Roma per salvare quel poco di indipendenza che ancora le restava. Ma i Romani ottennero una decisiva vittoria e annessero la maggior parte del *Latium vetus*, unificando i Latini sotto la propria egemonia, dopo due secoli dal periodo dei Tarquini. Utilizzando le risorse derivate dall'annessione dei nuovi territori, i Romani iniziarono a porre sotto il loro controllo l'intera penisola italica fino al 264 a.C. La fine del *foedus Cassianum* con i Latini venne sostituito da un nuovo tipo di alleanza militare con le città-stato e le popolazioni italiche. Man mano che ciascuna di queste veniva sottomessa, una parte del suo territorio era annesso al territorio romano e nello stesso si provvedeva ad inviare un certo numero di coloni romani o latini.

Alla popolazione sconfitta veniva concesso di mantenere il resto del territorio in cambio di un trattato che siglasse un'alleanza militare perpetua. Non quindi come era avvenuto con la precedente alleanza con i Latini, fondata sulla base di condizioni paritetiche, bensì su un sistema che sancisse l'egemonia di Roma su tutti i popoli italici. La strategia comune si basava solo su quanto decretato dal Senato romano: le forze alleate erano arruolate e poste sempre sotto il comando romano.
Il sistema si basava su una serie di trattati bilaterali tra Roma e, dal 218 a.C., circa centocinquanta città-stato italiche e popolazioni definite *socii* (alleati).
Ciò significava che gli alleati dovevano avere gli stessi amici e nemici di Roma, proibendo così che ci potesse essere una guerra contro altri *socii* e lasciando che fosse Roma a stabilire per tutti quale fosse la politica estera.
Oltre a ciò, l'unico obbligo per gli alleati era di contribuire annualmente a fornire uno specifico contingente militare, vale a dire un numero stabilito di truppe, completamente equipaggiate a proprie spese, che servissero sotto il comando romano. L'obbligo per l'alleato era dunque puramente militare e non tributario.
Poco si sa sulle dimensioni dei contingenti forniti dai *socii* e se fossero proporzionali alla popolazione e/o alla loro ricchezza: ma per comprendere l'importanza fondamentale dei *socii* nell'economia delle guerre della Repubblica, si leggano le cifre riportate da Polibio (II, 24) relative alla campagna contro i Galli che avevano invasa l'Etruria nel 225 a.C.:

> "Con i consoli, dunque, erano usciti in spedizione quattro legioni romane, ciascuna comprendente 5.200 fanti e 300 cavalieri. Gli alleati schierati con tutti e due gli eserciti erano complessivamente 30.000 fanti e 2.000 cavalieri. Dei Sabini e dei Tirreni venuti in soccorso di Roma in tutta fretta erano circa 4.000 cavalieri e oltre 50.000 fanti. [...] Gli Umbri e i Sarsinati abitanti dell'Appennino furono radunati in circa 20.000 e con loro 20.000 Veneti e Cenomani. [...] Queste dunque le truppe che presidiavano il territorio. A Roma, invece, stazionavano, preparati per le evenienze della guerra, nel ruolo di corpo di riserva, degli stessi Romani 20 000 fanti e con loro 1.500 cavalieri, e degli alleati 30.000 fanti e 2.000 cavalieri. Le liste d'arruolamento furono così presentate: dei Latini 80.000 fanti e 5.000 cavalieri, dei Sanniti 70.000 fanti e, con questi, 7.000 cavalieri, degli Iapigi e dei Messapi, poi, complessivamente 50.000 fanti e 12.000 cavalieri, dei Lucani 30.000 fanti e 3.000 cavalieri, dei Marsi, Marrucini, Frentani e Vestini 20.000 fanti e 4.000 cavalieri. Inoltre, in Sicilia e a Taranto stavano di riserva due legioni, ciascuna delle quali era di 4.200 fanti e 200 cavalieri. Fra Romani e Campani fu registrata una massa di circa 250.000 fanti e c'erano poi 23.000 cavalieri, mentre la quantità complessiva di quelli in grado di portare le armi era di oltre 700.000 fanti e di circa 70.000 cavalieri".

Stando allo storico greco, al fianco di 22.000 Romani, in campo con i due eserciti consolari c'erano 32.000 *socii*; inoltre gli italici potevano mobilitare altri 407.000 uomini, rispetto all'intero esercito romano di 52.300 uomini, inclusi i due eserciti consolari, la guarnigione di Roma e le truppe in Sicilia. La stragrande maggioranza dei *socii* erano obbligati a fornire fanteria e cavalleria, anche se la maggior parte delle città costiere erano definite *socii navales*, il cui obbligo era quello di fornire navi anche da guerra, parzialmente o completamente munite di equipaggio per la flotta romana.

I contingenti alleati dei romani provenivano da diverse città e popolazioni che erano nell'orbita egemonica di Roma (come le città latine) o genti che Roma, nei secoli precedenti, aveva costretto con la forza all'alleanza, come Peligni, Marsi e Frentani, o assogettato – è il caso dei Volsci o del territorio di Veio, ad esempio – e inglobati nell'Ager romanus; oppure si trattava di genti che erano legate a Roma da comuni interessi difensivi, come Piceni, Campani e Marruccini. Per fare un esempio, i Campani di lingua osca e ceppo sabellico, durante la campagna del 295 che culminò nella battaglia di *Sentinum*, fornirono un importante contingente di 1.000 cavalieri, che ebbe un ruolo di rilievo nelle fasi iniziali dello scontro. Il contingente campano contribuì a supplire alla cronica mancanza di buoni e numerosi cavalieri da parte di Roma. Livio descrive i cavalieri campani come un corpo scelto; facevano quindi parte, con ogni probabilità, di quel nucleo di fanti e cavalieri alleati particolarmente valorosi che formavano gli *extraordinarii*.

Malgrado la perdita dei loro territori e della loro indipendenza, oltre ad avere pesanti obblighi militari, il sistema italico fornì non pochi vantaggi agli stessi *socii*.

L'aspetto più importante fu che furono liberati dalla costante minaccia di aggressioni da parte dei loro vicini, che duravano da secoli, prima dell'istituzione della *pax romana*.

L'alleanza romana proteggeva, inoltre, la penisola italica dalle invasioni esterne, come quelle periodiche e devastanti dei Galli nella pianura padana.

Benché non avessero più il controllo delle guerre e della politica estera, ogni *socius* rimase per il resto autonomo, dotato di proprie leggi, di un proprio sistema di governo, monetazione e lingua. Inoltre, il peso militare rappresentava meno della metà di quanto era invece sulle spalle dei cittadini romani, in quanto questi ultimi avevano una popolazione che era pari a solo la metà di quella degli alleati italici, ma che forniva la metà dei contingenti militari complessivi.

Nonostante ciò, le truppe alleate furono autorizzate a condividere il bottino di guerra alla pari con i Romani.

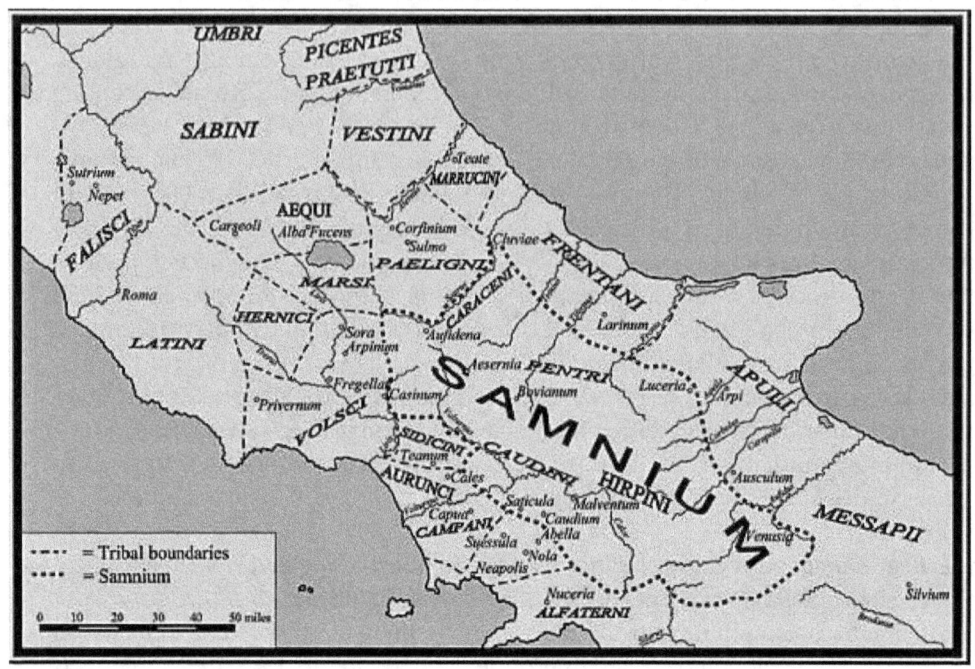

Il Sannio e l'Italia centro meridionale (sopra) La regione tra il Liri ed il Volturno, teatro operativo della Prima guerra sanntitica (sotto) (da R.H. Cowan 2012)

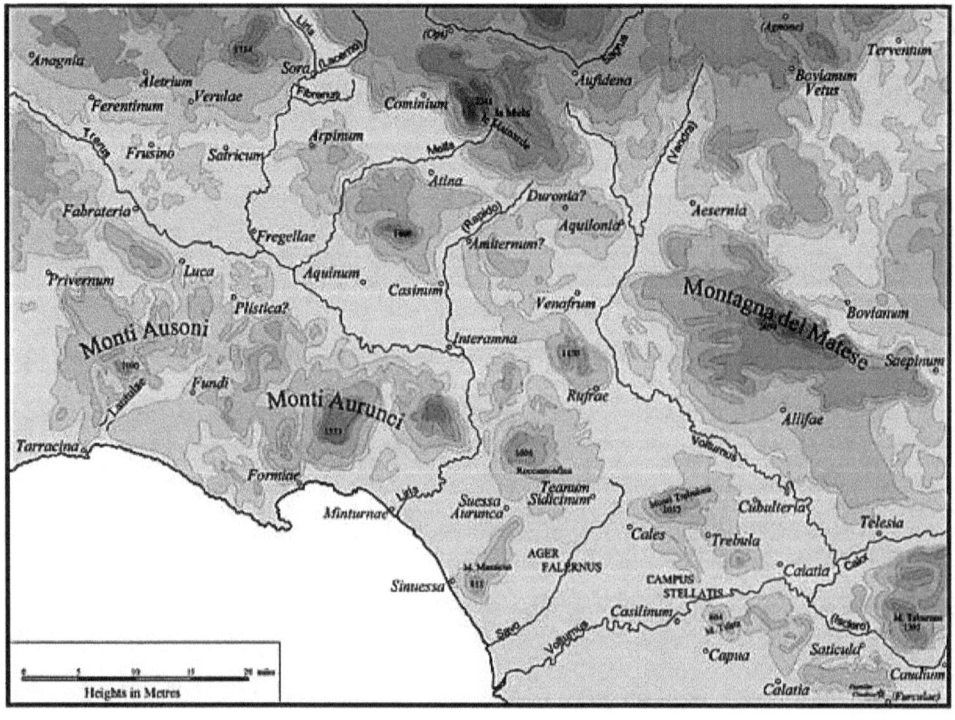

LA PRIMA GUERRA SANNITICA
(343- 341 a.C.)

I Romani avevano già subito l'invasione, traumatizzante, dei Galli (386 a.C.), uscendo da quella situazione solo con diplomazia e molto denaro. In seguito a questo avvenimento assunsero come priorità assoluta il controllo dei territori e delle popolazioni stanzianti limitrofe Roma.

A nord i continui scontri con gli Etruschi davano sì filo da torcere ai Quiriti, ma erano controllabili, a sud i Volsci ed altre popolazioni latine erano state più volte ridimensionate nelle loro mire di autonomia tanto da averle indebolite drasticamente. Si aprivano così per i Romani i territori delle fertili pianure sia del fiume Liri sia, più a sud, della Campania, esattamente verso la direttrice di espansione dei Sanniti

Per ambedue i popoli l'area del medio Liri divenne di importanza cruciale e fu nel contendersi quest'area che iniziò la grande lotta per la supremazia sull'Italia. Erano in gioco necessità fondamentali, oltre ai fertili terreni ed alle risorse minerarie, anche la libertà di entrambi i popoli.

Lo scontro con i Romani fu dunque inevitabile ma ambedue i contendenti si resero conto subito dellareciproca potenza militare e l'approccio sbagliato al problema.

Sicuramente, dopo le prime battaglie, entrarono in azione più le parole che le armi, essendo coscienti del fatto che combattendo tra di loro indebolivano le rispettive difese contro gli attacchi di altre popolazioni italiche.

Così, nel 354 a.C., venne stipulato un trattato tra i Sanniti ed i Romani dove venivano sanciti i termini di una pace che delimitava le aree territoriali dei due popoli; si trattava di un accordo inter pares, e fu il primo trattato firmato dai Romani con un popolo al di fuori del territorio laziale. Il trattato, più che altro un compromesso, fu discusso dagli emissari dei due popoli e sanciva per ambedue sia diritti che obblighi e quindi, oltre a delimitare le rispettive aree territoriali di influenza, ne individuava anche il loro limite fisico: il fiume Liri.

Nessuno doveva oltrepassare quel limite, altrimenti il trattato sarebbe decaduto e si sarebbe tornati alle armi.

Per molto tempo il patto fu rispettato, forse per più di dieci anni.

In questo lasso di tempo ambedue i popoli si spinsero verso il medio Liri senza mai oltrepassarlo, ma i Sanniti rafforzarono la propria presenza nei territori campani la cui area, pur se non compresa nel trattato, era comunque situata dalla parte del fiume Liri di loro competenza.

Roma cominciò a temere il controllo sannita su territori così vasti e ricchi di risorse naturali tanto da meditare un intervento armato. Ma ciò significava infrangere un patto consacrato agli Dei e, per le credenze dell'epoca, era un passo da ponderare seriamente. Per non rompere la pace siglata aspettarono di trovare il momento propizio ed il modo adatto per non attirarsi la collera divina. La Campania settentrionale divenne quindi il nuovo pomo della discordia ed ai Romani si presentò presto un avvenimento che permise loro di oltrepassare i limiti del Liri sanciti dal trattato di pace senza infrangerlo.

Nel 343 a.C. i Sanniti si trovarono a contatto con i Sidicini, gente di lingua osca che popolava il territorio di Teanum sul confine occidentale del Sannio e che, purtroppo, occupava una zona cruciale per le loro mire espansionistiche. Infatti la zona dei Sidicini si trovava sulla direttrice naturale di penetrazione che dal Sannio conduceva in Campania settentrionale, per cui era importante assumerne il controllo.

Allarmati, i Sidicini invocarono l'aiuto dei Campani, cioè proprio di quelle genti che gli stessi Sanniti in passato avevano aiutato a rivendicare una propria autonomia sostenendoli nella lotta contro gli etruschi e che in seguito si erano organizzati in una Lega egemonizzata dalla città di Capua

Ai Sanniti non piacque l'intromissione dei Campani e mossero loro contro, conquistando tutti i territori intorno alla città di Capua.

A quel punto, secondo Tito Livio, i Campani chiesero l'intervento di Roma, che si fingeva restia ad intervenire per non infrangere il patto siglato. In effetti la zona dove si svolsero questi avvenimenti era nel territorio spettante al controllo dei Sanniti, a sud del fiume Liri, come stabilito dal trattato del 354.

Ma Roma, consapevole che mantener fede a quel trattato avrebbe voluto dire far crescere una potenza militare capace di minacciare il proprio territorio, intervenne in aiuto dei Campani inviando l'esercito a Capua.

Ad infrangere la pace fu la concessione della la cittadinanza romana ai capuani.

I Sanniti, dall'altra parte, non potevano tollerare che i Campani, e quindi i Sidicini, passassero sotto l'influenza romana. La contesa tra le due potenze sfociò subito in guerra aperta.

Così nel VII libro della sua Storia di Roma, Tito Livio scrive del conflitto, che segnava una nuova fase della storia romana, quella delle grandi guerre di conquista che avrebbero dato all'Urbe il dominio dell'Italia e del Mediterraneo:

> "Da questo momento bisogna parlare di conflitti di ben altre proporzioni sia per le forze messe in campo dai nemici sia per la lontananza della loro terra di provenienza e per la durata di quelle guerre.
>
> Nel corso dell'anno si presero infatti le armi contro i Sanniti, un popolo potente per risorse e per dotazioni militari. Dopo la guerra, dall'esito incerto, con i Sanniti, si combatté contro Pirro e dopo di lui fu la volta dei Cartaginesi.
>
> Quale serie di formidabili eventi! Quante volte i Romani giunsero a rischiare il massimo perché lo Stato potesse essere innalzato alla grandezza che ora a stento si regge!
>
> E pensare che la causa della guerra tra Sanniti e Romani - due popoli uniti in passato da legami di alleanza e amicizia - fu un motivo esterno di cui essi non furono responsabili.
>
> Poiché i Sanniti avevano ingiustamente attaccato i Sidicini profittando della loro superiorità, i Sidicini, costretti nella condizione di inferiori a chiedere aiuto a un popolo con maggiori risorse, si rivolsero ai Campani.
>
> Ma questi ultimi fornirono agli alleati un aiuto più nominale che reale: abituati com'erano a una molle vita di agiatezze, i Campani vennero battuti nel territorio dei Sidicini da una popolazione indurita dall'uso delle armi e si vi-

dero precipitare addosso l'intero peso della guerra. E infatti i Sanniti, senza più dare alcuna importanza ai Sidicini, assalirono i Campani, cioè la vera roccaforte dei loro vicini, sui quali avrebbero ottenuto una facile vittoria, con un bottino più ricco e maggior gloria: dopo aver occupato le alture del Tifata (situate proprio sopra Capua) lasciandovi un agguerrito presidio, di là si riversarono in assetto di battaglia nella pianura che si trova tra Capua e il Tifata.

Fu in quel punto che si combatté una seconda battaglia: sconfitti e ricacciati all'interno delle mura, i Campani, dopo che il fiore delle loro truppe era stato fatto a pezzi e avevano ormai perso ogni speranza, furono costretti a chiedere aiuto ai Romani. Gli ambasciatori dei Campani introdotti al cospetto del senato, pronunciarono un discorso di questo tenore:

"Il popolo campano ci ha inviati a voi, senatori, come ambasciatori, per chiedervi di concederci la vostra eterna amicizia e un aiuto nella circostanza presente. Se ve l'avessimo chiesto in un momento di prosperità, voi ce l'avreste concesso ben più rapidamente, fondandovi però su vincoli meno saldi. In tal caso, memori di essere entrati in rapporti amichevoli con voi su un piano di assoluta parità, forse saremmo stati vostri amici come lo siamo adesso, ma meno vincolati e sottomessi a voi. Ma ora, conquistati dalla vostra umanità nei nostri confronti e protetti dal vostro aiuto in questa difficile congiuntura, dobbiamo rendere il giusto onore anche al beneficio ottenuto, per non dare l'impressione di essere ingrati e indegni di ogni soccorso divino e umano.

Ma non pensiamo neppure, per Ercole, che il fatto che i Sanniti siano diventati vostri amici e alleati prima di noi, possa costituire un ostacolo all'essere accolti nel novero dei vostri amici, quanto piuttosto che la cosa porti quel popolo ad avere su di noi un vantaggio in relazione alla priorità e al grado di onore.

E infatti nel vostro trattato con i Sanniti non c'erano clausole che impedissero la stipulazione di altri trattati.

Un motivo sufficientemente giusto per stringere legami di amicizia voi avete sempre ritenuto fosse il desiderare che entrassero nel novero dei vostri amici quanti si rivolgevano a voi: noi Campani, anche se la disgrazia presente non ci consente un linguaggio troppo altezzoso, non essendo secondi a nessuno - salvo che a voi - per lo splendore delle città e per la fertilità dei campi, ora che ci associamo a voi, apportiamo, come è nostra opinione, un incremento non trascurabile al vostro benessere. Ogni qual volta Equi e Volsci, eterni nemici di questa città, si muoveranno, noi li incalzeremo alle spalle. E ciò che voi avrete fatto per primi per la nostra sopravvivenza, noi lo faremo sempre per la vostra potenza e la vostra gloria. Non appena avrete assoggettato i popoli stanziati tra i nostri e i vostri territori - il vostro valore e la vostra buona sorte garantiscono che presto avverrà -, il vostro potere si estenderà senza interruzioni fino alla nostra terra. è triste e penoso ciò che la nostra disgrazia ci costringe ad ammettere: la situazione, senatori, è a una svolta: noi Campani finiremo nella mani di nemici oppure di amici.

Se ci proteggerete, saremo vostri; se invece ci abbandonerete, saremo dei Sanniti. Considerate dunque se è meglio che Capua e l'intera Campania vadano ad accrescere il potere di Roma oppure quello dei Sanniti. è giusto che la vostra misericordia e la vostra disponibilità ad aiutare siano aperte a tutti, ma in special modo a quanti, per aver offerto aiuto superiore alle proprie forze ad altri che lo imploravano, si sono venuti a trovare essi stessi nella medesima necessità. E anche se apparentemente abbiamo combattuto per i Sidicini, mentre in realtà combattevamo per noi, lo abbiamo fatto vedendo un popolo limitrofo crudelmente assalito dal brigantaggio dei Sanniti, e sentendoci minacciati da quell'incendio non appena la conflagrazione avesse inghiottito i Sidicini.

E infatti i Sanniti sono venuti ad attaccarci proprio in questo momento non per il risentimento suscitato da un'offesa, quanto piuttosto per la gioia che sia stato loro offerto un pretesto per farlo. Altrimenti, se questa fosse solo una vendetta e non un'occasione buona per placare la loro bramosia, non sarebbe stato sufficiente ai Sanniti aver decimato le nostre legioni una prima volta nel territorio dei Sidicini e poi in Campania? Quale furia è mai questa, se non basta il sangue versato da due eserciti per placarla? A tutto questo aggiungete poi le razzie nei campi, il bottino in uomini e animali, gli incendi e le distruzioni delle fattorie e la devastazione seminata ovunque. Possibile che tutto questo non abbia soddisfatto la loro ira? Ma è la loro bramosia che va saziata! è quel sentimento che li spinge a occupare Capua, e a desiderare che la più bella delle città vada in rovina o finisca in mano loro.

Conquistatela voi, o Romani, con la vostra generosità, piuttosto che permettere a quella gente di impossessarsene con l'inganno. Non ci rivolgiamo a un popolo abituato a rifiutare le guerre quando sono giuste. Tuttavia, se solo metterete in campo il vostro aiuto, pensiamo che non avrete nemmeno bisogno di ricorrere alle armi. Il nostro risentimento nei confronti dei Sanniti ha raggiunto un punto oltre il quale non può andare: per questo, anche solo l'ombra del vostro aiuto, o Romani, è in grado di proteggerci e qualunque cosa d'ora in poi avremo, qualunque cosa diventeremo, noi la considereremo interamente vostra. Le terre della Campania verranno arate per voi, e per voi si affolleranno le strade di Capua. E voi sarete per noi i fondatori, i genitori, gli dei immortali. Nessuna vostra colonia ci saprà superare quanto a obbedienza e lealtà. Acconsentite, senatori, col vostro cenno e la vostra volontà invitta alle preghiere dei Campani, dateci la speranza che la nostra città possa avere un domani. Forse non immaginate quale folla, di ogni genere, abbia accompagnato la nostra partenza; come l'abbiamo lasciata, a piangere e pregare; in quale ansia siano adesso il senato, il popolo campano, le nostre mogli e i nostri figli! Saranno tutti in piedi, certamente, intorno alle porte, con gli occhi fissi verso la strada che porta a Roma! Che messaggio ci ordinate, senatori, di portare a quegli animi in preda al dubbio e all'incertezza? Una risposta è salvezza, vittoria, luce e libertà. L'altra... fa orrore il solo pensiero di ciò che potrebbe portare. Perciò prendete una decisione sulla nostra sorte, tenendo presente che o saremo vostri alleati e amici, o non esisteremo più del tutto".

Agli ambasciatori fu chiesto di ritirarsi, mentre il senato si riuniva per considerare la loro richiesta. Anche se la maggior parte dei senatori pensava che la più grande e ricca città dell'Italia, con le sue campagne fertilissime e prospicienti al mare, avrebbe potuto essere - in periodi di carestia - un granaio per il popolo romano, ciò non ostante si diede più peso alla lealtà che alla considerazione dell'utile, così che il senato affidò al console il compito di rispondere agli ambasciatori in questi termini:

"Il senato ritiene, o Campani, che siate degni di ottenere aiuto. Ma stringere rapporti di amicizia con voi non deve significare la violazione di amicizie e alleanze precedentemente contratte. I Sanniti sono legati a noi da un trattato: per questo non siamo in grado di intervenire militarmente al vostro fianco impugnando contro i Sanniti quelle armi che sarebbero un'offesa prima ancora agli dei che agli uomini. Com'è però giusto e sacrosanto, invieremo degli ambasciatori ai nostri amici ed alleati con il compito di invitarli a non farvi alcun male".

A queste parole i capi della delegazione campana risposero attenendosi alle istruzioni ricevute in patria e replicarono così:

"Visto che rifiutate di far ricorso a un legittimo uso della forza per opporvi alla violenza e all'ingiustizia perpetrate nei confronti di ciò che ci appartiene, proteggerete almeno quanto appartiene a voi. Di conseguenza noi affidiamo alla vostra autorità e a quella del popolo romano il popolo della Campania e la città di Capua, le campagne, i santuari degli dei e tutte le cose sacre e profane: qualunque cosa affronteremo da questo momento in poi, la affronteremo come vostri sudditi".

Pronunciando queste parole, con le mani tese verso il console e il volto rigato dalle lacrime, si prostrarono a terra nel vestibolo della curia. I senatori rimasero colpiti dalle vicissitudini delle sorti umane, al vedere che quel popolo ricco e grandioso, conosciuto ovunque per il fasto e la superbia, a cui poco prima i vicini avevano chiesto aiuto, adesso era abbattuto al punto di consegnare se stesso con tutti i propri averi all'autorità di altri. Decisero che era ormai una questione d'onore non tradire chi si era consegnato in loro potere. E non ritenevano sarebbe stata cosa giusta se i Sanniti avessero attaccato un territorio e una città che, con una vera e propria resa, erano diventati proprietà del popolo romano. Perciò si decise di inviare immediatamente ai Sanniti degli ambasciatori, ai quali fu data istruzione di riferire la richiesta fatta dai Campani, la risposta del senato, non immemore dell'amicizia coi Sanniti stessi, infine l'avvenuta resa. Sarebbe stato poi loro compito chiedere, in nome dell'amicizia e dell'alleanza che univa i due popoli, di risparmiare quella gente volontariamente sottomessasi a Roma e di astenersi dall'effettuare incursioni armate in quel territorio che ora apparteneva al popolo romano. Se questa cauta condotta non avesse sortito risultato, gli ambasciatori avrebbero dovuto intimare ai Sanniti - a nome del senato e del popolo romano - di stare lontani da Capua e dal territorio della Campania.

Ma i Sanniti, dopo aver sentito gli inviati esporre queste richieste di fronte all'assemblea, furono così arroganti che non soltanto risposero di essere determinati a condurre quella guerra, ma i loro magistrati uscirono dalla curia mentre gli ambasciatori erano ancora là in piedi e convocarono i prefetti delle coorti ordinando loro ad alta voce di prepararsi a effettuare immediatamente un'incursione nel territorio dei Campani.

Quando la delegazione tornò a Roma riferendo l'accaduto, i senatori, passando in secondo piano tutti gli altri affari di Stato, inviarono i feziali per chiedere riparazione.

Ma siccome questi ultimi non riuscirono a ottenere quanto preteso, il senato fece dichiarare guerra ai Sanniti secondo la formula di rito, stabilendo anche di far ratificare quanto prima dal popolo questo provvedimento.

E avendo ricevuto l'approvazione, i consoli partirono alla testa di due eserciti, Valerio diretto in Campania e Cornelio nel Sannio; il primo si accampò nei pressi del monte Gauro, il secondo vicino a Saticola. Le legioni dei Sanniti si rivolsero prima contro Valerio, perché pensavano che in quella direzione si sarebbe concentrato il grosso delle operazioni.

Ma nel contempo erano spinti dal risentimento nei confronti dei Campani, i quali erano stati così solleciti prima a portare aiuto, poi a chiederlo contro di loro. Non appena avvistarono l'accampamento romano, non ci fu Sannita che non chiedesse baldanzosamente agli ufficiali di dare il segnale di battaglia. La loro convinzione era che l'intervento dei Romani a fianco dei Campani avrebbe avuto lo stesso successo di quello dei Campani a sostegno dei Sidicini. Valerio, avendo indugiato solo qualche giorno per saggiare la consistenza del nemico in scaramucce di poco conto, diede il segnale di battaglia, non senza aver esortato con poche parole i suoi a non lasciarsi intimorire da quella nuova guerra combattuta contro nuovi nemici. Quanto pi? le loro armi si allontanavano da Roma, tanto più imbelli erano le popolazioni che avrebbero incontrato. Non giudicassero il valore dei Sanniti in base alle disfatte inflitte a Sidicini e Campani. Quali che fossero i valori in campo, era inevitabile che una delle due parti dovesse soccombere.

Quanto ai Campani, non c'erano dubbi che essi fossero stati vinti più per l'eccessiva dissolutezza e mollezza della vita che conducevano piuttosto che per la forza del nemico.

E poi che cos'erano mai le due guerre vinte dai Sanniti in tanti secoli a confronto delle tante gesta gloriose del popolo romano, il cui numero di trionfi in guerra era quasi pari a quello degli anni trascorsi dalla fondazione di Roma?

Il popolo romano che aveva soggiogato con le armi tutte le popolazioni stanziate nelle zone circostanti:Sabini, Etruschi, Latini, Ernici, Equi, Volsci, Aurunci -, e che dopo aver battuto i Galli in tante battaglie di terra, alla fine li aveva costretti a fuggire verso il mare alle loro navi?

Ora che stavano per gettarsi nella mischia, ciascuno degli uomini avrebbe dovuto farlo fidando non solo sulla propria capacità militare e sulla gloria del passato, ma anche ricordandosi sotto il comando e gli auspici di quale soldato stavano per affrontare la battaglia, e chiedersi se quell'uomo fosse uno che meritava di essere ascoltato soltanto perché era un valido oratore, uno bellicoso a parole ma senza esperienza militare, oppure uno che sapeva maneggiare le armi di persona, era in grado di avanzare oltre la linea degli antesignani e di stare nel pieno della mischia.

"Voglio, o soldati, che seguiate le mie azioni", disse, "non le mie parole, e che a me chiediate non soltanto ordini, ma anche l'esempio. Non è stato grazie ai giochi politici e ai complotti tanto abituali tra i nobili, ma con questa mano destra che io sono riuscito a conquistarmi tre consolati e i più alti elogi. Ci fu un tempo in cui si sarebbe potuto dire: "Tu eri patrizio e discendevi dai liberatori della patria, e la tua famiglia ebbe il consolato lo stesso anno in cui la città vide l'istituzione di quella magistratura!. Ma oggi il consolato è aperto tanto a noi patrizi quanto a voi plebei, ed è ormai un riconoscimento dato al valore e non più, come in passato, alla stirpe.

Di conseguenza, o soldati, mirate in ogni circostanza a onori sempre più alti. Anche se mi avete voluto dare - con l'approvazione degli dei - questo soprannome di Corvino, tuttavia non mi sono dimenticato di quello di Publicola attribuito in passato alla mia famiglia: tanto in patria quanto in guerra, da privato cittadino così come nelle magistrature importanti e in quelle di minor conto, sia da tribuno che da console, senza mai allontanarmi dalla stessa linea di comportamento durante i successivi consolati, io ho sempre rispettato e tuttora rispetto la plebe romana. Ma adesso, poiché il momento lo esige, con l'aiuto degli dei cercate insieme a me di ottenere sui Sanniti un trionfo nuovo e mai conquistato prima".

Tra i *Magistri Equitum* e consoli romani che scesero in campo contro i Sanniti, gli storici ricordano Marco Valerio Corvo, Caio Marcio Rutilo ed Emilio Mamercino. Marco Valerio Corvo- il cui soprannome *Corax* gli venne, secondo la tradizione, dall'aiuto che un corvo gli diede in un duello con un gigantesco guerriero gallico nel 349, che Valerio riuscì a uccidere dopo che il corvo gli aveva beccati gli occhi- fu per sei volte console, più volte dittatore.

Nel 346 Marco Valerio aveva conquistato Satricum e sconfitti i Volsci, poi nel 343 sconfisse i Sanniti presso il monte Gauro e a Suessola e nel 301 trionfò su Marsi ed Etruschi.

L'anno dopo promulgò la *lex Valeria de provocatione* che vietava le pene corporali o di morte contro un cittadino romano senza giudizio dell'assemblea popolare. Marco Valerio sarebbe vissuto, stando all'annalista Valerio Anziate, più di cento anni.

Di Valerio Corvo, Livio scrive che

> "Mai nessun comandante era stato tanto vicino alla truppa, arrivando a condividere il peso del servizio con i soldati semplici. Inoltre, partecipava in maniera cameratesca ai giochi militari, cimentandosi nelle gare di velocità e di forza tra coetanei; la vittoria e la sconfitta le salutava con la stessa espressione del volto, né mai disdegnava di misurarsi con chiunque lo sfidasse.
>
> Il suo comportamento era affabile quanto lo richiedevano le circostanze, nei discorsi aveva sempre lo stesso riguardo per la libertà altrui e per la propria dignità. E infine, qualità questa che lo rendeva ancor più popolare, conduceva le magistrature con gli stessi principi con i quali le aveva ottenute.
>
> Malgrado ciò entrambi gli eserciti erano in ansia all'idea di affrontare un nemico mai visto prima. La battaglia provò quanto essi fossero risoluti, perché combatterono in modo così accanito che per qualche tempo nessuno dei due schieramenti cedette. Allora il console, per incutere paura a un nemico che non riusciva a far indietreggiare con la forza, tentò di gettare lo scompiglio nelle prime file avversarie con una carica di cavalleria. Ma quando si rese

conto che l'agitarsi confuso delle schiere impegnate a manovrare in uno spazio ristretto non portava a risultati e non gli permetteva di aprire una breccia tra i nemici, tornato dai soldati della prima linea, scese da cavallo e disse loro: "C'è bisogno di noi fanti, o soldati, per questa manovra! Avanti, quando mi vedrete farmi strada a colpi di spada, in qualunque punto della linea nemica io mi lancerà all'assalto, allo stesso modo ciascuno di voi abbatta tutti quelli che gli si pareranno di fronte.
Tutte le lance che ora vedete brillare diritte, saranno distese a terra in una immane carneficina".
Aveva appena finito di dire queste cose, che i cavalieri, ottemperando all'ordine del console, si gettarono a briglia sciolta verso le ali, aprendo così la via alle legioni nella parte centrale dello schieramento avversario. Il console fu il primo a lanciarsi contro il nemico, uccidendo il soldato che gli aveva sbarrato il passo.
Esaltati a questa vista, i Romani schierati all'ala destra e alla sinistra - ciascuno per se stesso - accesero una mischia memorabile. I Sanniti resistevano, subendo però più colpi di quanti non ne riuscissero a dare. La battaglia infuriava già da tempo: intorno alle insegne dei Sanniti il massacro era spaventoso, ma nessuno dei reparti accennava alla fuga, tanto erano determinati a non farsi sopraffare se non dalla morte.
E così i Romani, rendendosi conto che le forze stavano scemando per la stanchezza e che ormai restava ben poca luce, si gettarono contro il nemico carichi di rabbia. Allora ci furono i primi segni di cedimento e le avvisaglie di una rotta imminente; i Sanniti vennero catturati e uccisi, e non ne sarebbero sopravvissuti molti, se la notte non avesse interrotto quella che era una vittoria più che una battaglia.
I Romani ammettevano di non aver mai combattuto con un nemico più tenace, mentre i Sanniti, essendo loro stato domandato che cosa li avesse spinti, nella loro determinazione, alla fuga, dicevano di aver visto il fuoco negli occhi dei Romani, e un folle furore nei loro sguardi. Era stato questo, più di ogni altra cosa, a terrorizzarli. E quel panico essi ammisero di averlo provato non solo nelle fasi conclusive della battaglia, ma anche nella fuga che seguì durante la notte. Il giorno seguente i Romani presero l'accampamento deserto, dove si andò a riversare l'intera popolazione di Capua per congratularsi della vittoria."

Sempre nel 343, i Sanniti vennero sconfitti nella battaglia di Saticola dal console Aulo Cornelio Cosso Arvina e dal tribuno Publio Decio Mure (*Mus*), destinato questi ad entrare nella leggenda per la sua *devotio* durante la battaglia del Vesuvio tre anni dopo; Decio, grazie ad un audace stratagemma notturno, salvò l'esercito di Cosso Arvina, che i Sanniti avevano isolato in una gola montana, secondo il più tipico dei loro stratagemmi.

"Partito infatti da Saticola, il console Cornelio ebbe l'incauta idea di portare il suo esercito in una valle incassata e gremita di nemici su entrambi i versanti, senza accorgersi della loro presenza sulle alture prima che i suoi uomini non potessero più mettersi al riparo in sicurezza.

Mentre i Sanniti indugiavano nell'attesa che l'intero esercito fosse sceso fino al fondo della valle, il tribuno dei soldati Publio Decio individuò una vetta che dominava sulla gola sovrastando l'accampamento dei nemici, e che pur essendo quasi impraticabile per un esercito impedito dall'equipaggiamento, non presentava invece difficoltà per dei fanti armati alla leggera. Perciò, rivolgendosi al console che era in preda alla paura, Decio gli disse: "-Aulo Cornelio, vedi quella cima sopra il nemico? Può essere il baluardo della nostra speranza e della nostra salvezza, se non indugiamo ad occuparla, visto che i Sanniti sono stati così ciechi da abbandonarla. Dammi soltanto la prima e la seconda linea di una legione. Quando avrò raggiunto la cima alla testa di quegli uomini, mettiti in marcia senza paura, preoccupandoti di te e dell'esercito. È certo che il nemico, esposto come sarà a tutti i nostri colpi, non potrà muoversi senza gravi perdite. Quanto a noi, la buona sorte del popolo romano o il nostro valore ci metterà in salvo".

Il console lodò il piano e Decio, presi con sé gli uomini che aveva richiesto, si avviò su per la gola senza farsi vedere.

E i nemici non lo individuarono prima che egli fosse riuscito a raggiungere il punto desiderato.

Avendo quindi attirato su di sé l'attenzione di tutti i nemici che si erano voltati in preda a stupore e preoccupazione, Decio diede al console l'opportunità di portare l'esercito in un punto più favorevole e si andò a piazzare in cima all'altura. I Sanniti, dirigendosi ora da una parte ora dall'altra, fallirono entrambe le opportunità: non riuscirono né a inseguire il console (se non per quella stessa valle infossata nella quale lo avevano poco prima tenuto sotto la minaccia delle loro lance), né a far salire gli uomini sulla cima che li sovrastava e che era stata occupata da Decio.

A spronarli all'attacco non era soltanto il risentimento nei confronti di quanti avevano loro tolto la possibilità di sfruttare un'ottima occasione, ma anche la vicinanza della cima e il numero esiguo di soldati che la stavano difendendo.

Mentre sulle prime avrebbero voluto circondare il colle con le loro truppe, tagliando quindi i collegamenti tra Decio e il console, subito dopo la loro intenzione sarebbe stata quella di lasciargli via libera per poi assalirli una volta scesi nella valle.

La notte li sorprese mentre stavano ancora decidendo sul da farsi. Sulle prime Decio sperò di poter combattere da una posizione elevata mentre i Sanniti cercavano di salire sulla cima. Poi si stupì nel vedere che i nemici non attaccavano e che, se a distoglierli da quel proposito era la posizione sfavorevole, non tentassero neppure di accerchiare i Romani con una trincea e uno steccato. Chiamati quindi a sé i centurioni, disse loro: "Quale inettitudine militare, quale pigrizia! Come avranno potuto vincere con Sidicini e Campani? Li avete visti muoversi su e giù, ora separando ora riunendo le loro forze, senza che a nessuno venisse in mente di costruire fortificazioni, mentre ormai avremmo già potuto essere circondati da una palizzata. Faremo come loro, se ci fermeremo quassù più di quanto ci convenga. Avanti dunque, finché resta ancora un po' di luce, venite con me, e cerchiamo di scoprire dove stiano piazzando gli uomini di guardia e se esista la possibilità di uscire di qui". Con un mantello da semplice soldato, accompagnato dai suoi centurioni anch'essi in tenuta da fanti ordinari (per evitare così che il nemico si rendesse conto che il comandante in persona compiva un giro di esplorazione), Decio andò a verificare le due cose.

Poi, disposte le sentinelle, ordinò di passare parola al resto dei suoi uomini: non appena avessero sentito la tromba suonare il segnale del secondo turno di guardia, avrebbero dovuto armarsi in silenzio e presentarsi da lui. Una volta radunatisi in silenzio come era stato loro ordinato, il tribuno disse: "Soldati, dovete mantenere il silenzio e ascoltarmi senza reagire con le solite urla di assenso. Quando avrà finito di esporvi il mio piano, quelli che lo approveranno si metteranno alla mia destra, senza dir nulla. Il gruppo più numeroso imporrà la sua decisione. Adesso ascoltate quello che ho in mente. Il nemico non vi ha costretti qua come se foste stati dispersi da una rotta o rimasti indietro per colpa della vostra indolenza: è con il coraggio che avete occupato questa posizione, e dev'essere il coraggio a darvi una via d'uscita.

Salendo qui avete salvato un esercito formidabile per il popolo romano: aprendo un varco salverete voi stessi. è motivo di onore per un così esiguo manipolo aver portato aiuto a molti e non aver avuto bisogno del sostegno di nessuno.

Avete di fronte un nemico che, pur avendo avuto ieri l'opportunità di distruggere un'intera armata, se l'è lasciata sfuggire per pura indolenza; un nemico che, non ostante avesse sopra la testa questa cima strategica, si è accorto della sua esistenza soltanto dopo averla vista finire in mano nostra, e che, pur essendo noi pochissimi contro migliaia di uomini, non ci ha impedito la salita né ha tentato di accerchiarci con una palizzata quando ormai ci eravamo impossessati della cima e restava ben poca luce. Se lo avete eluso mentre era sveglio e all'erta, ora che dorme potete, anzi dovete beffarlo. Ci troviamo infatti in una situazione tale che io mi limito a indicarvi la via obbligata piuttosto che proporvi un piano. Perché non si tratta di decidere se rimanere qua o andarsene, visto che la sorte non vi ha lasciato nient'altro che le armi e la capacità di usarle, e siamo destinati a morire o di fame o di sete, se ci lasciamo intimorire dalle spade nemiche più di quanto non si addica a chi è uomo e Romano.

Dunque la nostra unica speranza di salvezza è aprirci un varco e fuggire: possiamo tentare di giorno o nel cuore della notte. Ma qui, lo vedete bene, lo spazio di scelta è ancora minore: perché se aspettassimo l'alba, che speranze avremmo di non essere circondati dal nemico con un fossato e una palizzata senza varchi, visto che, come vedete, ora ci ha già attorniato con tutti i suoi uomini schierati sotto di noi?

Ora, se - come in effetti è - indicata per una sortita per la notte, questo è certamente il momento più adatto della notte. Siete venuti qua al segnale del secondo turno di guardia, quando cioè per gli esseri umani il sonno è più profondo: avanzate in mezzo ai corpi assopiti, in silenzio insinuandovi tra uomini indifesi, ma pronti a terrorizzarli con un urlo improvviso se dovessero sentirvi. Seguitemi soltanto, come avete fatto in passato: io vi guiderò con lo stesso successo che ci ha accompagnato fino qua. Quelli cui il mio piano sembra garantire la salvezza, avanti, facciano un passo sulla destra".Passarono tutti, seguendo Decio che avanzava tra gli spazi lasciati incustoditi. Avevano già attraversato metà dell'accampamento, quando un soldato, scavalcando i corpi dei nemici addormentati, urtò uno scudo e fece rumore, svegliando una sentinella. Questi, dopo aver scrollato il compagno più vicino, si alzò e insieme con lui diede l'allarme a tutti gli altri, non sapendo però se si trattasse di amici o di nemici, se il manipolo di armati sulla cima stava tentando una sortita oppure se il console aveva catturato l'accampamento. Decio, vedendo che erano stati scoperti, diede ordine ai suoi di urlare così forte da aggiungere lo spavento al torpore del risveglio, impedendo ai nemici di armarsi velocemente e di opporre resistenza ai Romani per poi inseguirli.

Con i Sanniti in preda al panico e alla confusione, il manipolo di Romani massacrò le sentinelle che gli si paravano innanzi e riuscì a fare breccia arrivando fino all'accampamento del console. L'alba era ancora lontana ed essi erano ormai convinti di essere al sicuro, quando Decio disse: "Onore al vostro coraggio, o Romani: la vostra azione per rientrare al campo sarà celebrata per sempre. Ma perché quest'impresa tanto valorosa possa essere apprezzata in tutta la sua pienezza ci vuole la luce del giorno, e il vostro glorioso rientro all'accampamento non merita di essere accompagnato dal silenzio della notte. Aspettiamo qui tranquilli che arrivi l'alba".

I soldati obbedirono. Alle prime luci del giorno venne inviato un messaggero al console e l'accampamento esultò. Quando passò di bocca in bocca la notizia che erano tornati sani e salvi gli uomini che avevano rischiato la vita esponendosi a sicuri pericoli pur di garantire la salvezza comune, tutti si riversarono loro incontro per lodarli, ringraziarli, invocarli uno per uno con il nome di salvatori, levando grazie e lodi agli dei mentre esaltavano Decio.

A questi fu concesso il trionfo all'interno dell'accampamento: marciando alla testa del suo manipolo in armi, egli attraversò il campo: tutti gli sguardi dei soldati erano per lui, tutti rendevano al tribuno un omaggio degno di un console.

Quando la sfilata giunse di fronte al pretorio, il console ordinò al trombettiere di suonare l'adunata.

Aveva cominciato a tessere le più che meritate lodi di Decio, ma questi, interrompendolo, lo indusse a rinviare l'adunata. Sostenendo infatti che tutto il resto avrebbe potuto essere rimandato a un momento più opportuno, Decio convinse il console ad attaccare i nemici frastornati dallo spavento di quella notte e dispersi intorno alla cima in squadre separate, aggiungendo di essere convinto che alcuni di essi fossero stati inviati sulle loro tracce e adesso stessero vagando per la gola. Alle legioni venne dato ordine di armarsi. Uscite dall'accampamento, marciarono in direzione del nemico per una via più aperta (grazie agli esploratori, la foresta ora era meglio conosciuta).

Piombarono sul nemico con un attacco a sorpresa: i Sanniti si erano disseminati nella zona, per lo più privi di armi e perciò impossibilitati tanto a inquadrarsi in formazione compatta quanto ad armarsi e a trovare riparo all'interno del fossato, e i Romani prima li costrinsero a rifugiarsi terrorizzati nell'accampamento, poi lo espugnarono seminando il panico tra i corpi di guardia. Le urla si sentivano intorno a tutto il colle, e fecero fuggire i soldati dai rispettivi presidi. Gran parte dei Sanniti riuscì a fuggire senza venire a contatto con il nemico. Quelli che invece si erano rifugiati all'interno dell'accampamento - si trattava di circa trentamila uomini - furono uccisi dal primo all'ultimo, mentre l'accampamento venne distrutto.

Portata a termine la battaglia in questo modo, il console convocò l'adunata, durante la quale esaltò Publio Decio, aggiungendo alle congratulazioni dovute alle gesta passate quelle legate ai fatti del giorno, e gli fece dono - in aggiunta ad altri riconoscimenti militari - di una corona d'oro e di cento buoi, cui ne aggiunse uno bianco ben pasciuto e con corna dorate. Ai soldati che erano nel suo drappello concesse invece una doppia razione di frumento per il resto della vita, e un bue e due tuniche per il presente.

Dopo i riconoscimenti dati dal console, le legioni, tra urla di giubilo, posero sul capo di Decio la corona di gramigna riservata a quanti liberano da un assedio. Un'altra corona, segno di analogo onore, gli venne poi imposta dagli uomini del suo drappello. Adorno di tutti i riconoscimenti ottenuti, Decio immolò a Marte il bue più grosso, regalando invece gli altri cento ai soldati che avevano preso parte con lui alla spedizione. A quegli stessi uomini le truppe offrirono poi una libbra di farro e mezzo litro di vino.

Tutte queste manifestazioni avvennero in un clima di entusiasmo collettivo, a testimonianza dell'approvazione generale".

Per questo suo atto di eroismo, a Decio fu permesso di partecipare al trionfo del console Cosso Arvina.

Decio Mure venne eletto alla carica consolare nel 340 a.C., insieme al collega Tito Manlio Imperioso Torquato, anno in cui ebbe inizio la guerra latina.

Con l'altro console, arruolati gli eserciti, attraversando i territori dei Marsi e dei Peligni, per evitare quelli controllati dai Latini, arrivò nei pressi di Capua, dove i Romani fecero base per le successive operazioni di guerra. Tito Manlio, insieme al collega Decio Mure, condusse i Romani alla vittoria nella sanguinosa Battaglia del Vesuvio contro i Latini, dove l'altro console trovò la morte, compiendo un atto di *devotio*, ovvero si immolò agli dèi Mani in cambio della vittoria, promessa dagli aruspici a condizione che uno dei due consoli si immolasse. La devotio era una forma speciale di voto agli dei con la quale si assumevano sopra di sé tutte le colpe dell'esercito e del popolo romano, gettandosi poi contro il nemico per essere uccisi in un una forma di autosacrificio agli dei.

"In questo momento di smarrimento, il console Decio chiamò Marco Valerio a gran voce e gli gridò: «Abbiamo bisogno dell'aiuto degli dèi, Marco Valerio. Avanti, pubblico pontefice del popolo romano, dettami le parole di rito con le quali devo offrire la mia vita in sacrificio per salvare le legioni[22]"

Publio Decio Mure indossata la toga praetexta, montò a cavallo tutto bardato per la battaglia e si lanciò furioso tra i nemici, bene in vista di fronte ad entrambi gli schieramenti combattenti. Dopo aver ucciso molti nemici, cadde a terra, abbattuto dai

---

[22] Livio, VIII, 9

dardi e dalle schiere latine. Ma questo gesto, che i Romani consideravano rituale, diede ai suoi una tale fiducia ed un tale vigore che essi si gettarono tutti assieme nella battaglia ottenendo la vittoria.

Un ulteriore vittoria. questa volta decisiva, venne riportata dai Romani a Suessola; ecco come secondo Livio si svolse la battaglia

> "I Sanniti, dopo il disastro subito per mano di Marco Valerio, avevano chiamato dalla patria tutti i giovani in età di portare le armi, tentando il tutto per tutto.
> Da Suessula questa allarmante notizia giunse a Capua, da dove partirono messaggeri a cavallo con una richiesta di aiuto da rivolgere al console Valerio.
> Le truppe vennero immediatamente mobilitate e, deposto l'equipaggiamento pesante e lasciata una valida guarnigione a presidiare l'accampamento, si misero in marcia. Giunte a breve distanza dal nemico, si accamparono in una striscia di terra ridottissima, non avendo con sé, eccetto i cavalli, né animali né la massa dei palafrenieri. I Sanniti, convinti che la battaglia sarebbe iniziata di lì a poco, si schierarono in ordine di battaglia. Poi, dato che nessuno andava loro incontro, avanzarono minacciosi verso l'accampamento nemico.
> Quando videro i soldati sulla palizzata e i ricognitori inviati a perlustrare i lati dell'accampamento tornarono riferendone le modeste dimensioni - di qui si deduceva l'esiguo numero dei nemici -, l'intero esercito cominciò a mormorare impaziente che si doveva riempire il fossato, schiantare la palizzata e irrompere nell'accampamento.
> Un gesto tanto audace avrebbe posto fine alla guerra sul nascere, se i comandanti non avessero trattenuto l'animosità dei soldati. Ma poi, dato che era gravoso rifornire quella massa di effettivi e visto che, causa prima il lungo periodo di inoperosità trascorso sotto le mura di Suessula e poi il ritardo con cui le operazioni erano incominciate, la truppa aveva ormai pressoché bisogno di tutto, si decise di inviare dei soldati a rifornirsi di frumento nei campi, mentre il nemico, impaurito, restava barricato nell'accampamento. Nel frattempo i Romani, rimanendo inoperosi, si sarebbero trovati nella stessa situazione di necessità generale, perché si erano presentati provvisti di un equipaggiamento leggero, con il solo frumento che erano stati in grado di trasportare insieme alle armi".

Prosegue Livio:

> "Vedendo i nemici disseminati per le campagne e i loro posti di guardia sguarniti, il console rivolse qualche parola di incoraggiamento ai suoi uomini e li guidò all'assalto dell'accampamento.
> Catturatolo alla prima carica, dopo aver ucciso più uomini dentro le rispettive tende che davanti alle porte e sulla palizzata, ordinò di ammassare le insegne nemiche in un unico punto. Lasciate due legioni con il compito di vigilare e presidiare il campo e ammoniti severamente gli uomini di astenersi dalle razzie di bottino almeno finché non fosse ritornato, partì con l'esercito

schierato in ordine di battaglia.
Poi, dopo aver mandato avanti la cavalleria ad accerchiare i Sanniti dispersi, come in una battuta di caccia, ne massacrò un numero enorme, perché i nemici, in preda al panico, non trovarono un'insegna sotto cui raccogliersi e non capivano se avessero dovuto rifugiarsi nell'accampamento oppure scegliere di fuggire verso qualche località più lontana.
L'ansia della fuga e il terrore furono così grandi che i Romani consegnarono al console circa quarantamila scudi - ma le vittime furono molto meno numerose - e centosettanta insegne militari, tra le quali c'erano anche quelle catturate all'interno dell'accampamento. Ai soldati vincitori tornati al campo venne concesso l'intero bottino".

Così Tito Livio riporta le conseguenze della guerra:

"L'esito favorevole di quella guerra indusse non solo i Falisci, con i quali era in atto una tregua, a chiedere un trattato al senato, ma spinse anche i Latini, le cui truppe erano già pronte alla battaglia, a spostare il loro attacco dai Romani contro i Peligni.
La fama di questo trionfo non rimase confinata alla sola Italia: anche i Cartaginesi inviarono degli ambasciatori per congratularsi coi Romani e per offrire loro in dono una corona d'oro del peso di venticinque libbre da collocare nella cella del tempio di Giove sul Campidoglio. A entrambi i consoli venne accordato il trionfo sui Sanniti e dietro di loro nella sfilata veniva Decio, coperto di decorazioni e onusto di gloria: i soldati, nei loro rozzi cori, ne citarono il nome un numero non inferiore di volte rispetto a quello del console. In seguito vennero ascoltate le delegazioni dei Campani e degli abitanti di Suessula: la loro richiesta, accolta positivamente da Roma, era di ottenere una guarnigione armata che potesse stare con loro per la durata dell'inverno al fine di proteggerli da eventuali incursioni dei Sanniti.
Già allora Capua non era affatto un luogo ideale per la disciplina militare: centro di ogni piacevole attrattiva, esercitò sugli animi dei soldati un'influenza tale da indurli, mentre erano negli accampamenti invernali, a progettare di togliere Capua ai Campani, con quella stessa scelleratezza con cui questi l'avevano strappata ai suoi antichi abitanti: pensavano che non sarebbe stato ingiusto rivolgere contro di loro l'esempio dato".

In seguito, dopo il tributo di sangue versato in due anni di guerra, tanto i Romani quanto i Sanniti si resero conto che la questione doveva essere risolta in modo diverso dalla guerra, visti i continui e ripetuti attacchi di altre popolazioni italiche da dover fronteggiare ambedue per proprio conto.
Così ripristinarono il trattato del 354 con alcune modifiche che portarono la Campania settentrionale sotto l'influenza di Roma, lasciando ai Sanniti le terre dei Sidicini e quindi l'importante controllo delle vie d'accesso alla stessa Campania
Anche se per i Romani rimaneva aperto, per i collegamenti con i territori del meridione, solo l'accesso costiero di Terracina, il ripristino dell'intesa romano-sannitica permise a Roma di sistemare le velleità di ribellione scaturite in seno ad alcune popolazioni latine ed etrusche, evitando così di dover combattere su più

fronti.

Analizzando questi avvenimenti, possiamo sicuramente affermare che di necessità si fece virtù e che comunque anche questa volta si trattò di un "*foedus aequum*" (trattato equo), stipulato tra eguali. E' da sottolineare che le condizioni imposero la rinuncia romana alla difesa del popolo per il quale la guerra era iniziata ed il conseguente abbandono di un'area strategicamente importante per i contatti con il sud della penisola.

La ratifica del rinnovato trattato, anche se procurò una lunga pace tra i due popoli, diminuì sensibilmente la potenza d'intervento dei Sanniti, compromessa dall'ampliamento della sfera d'influenza romana su di un territorio ormai tanto vasto da rivaleggiare con quello originario del Lazio.

Infatti il controllo romano di quelle terre apportò nuova manodopera e tributi a Roma che inevitabilmente si tradussero in un accrescimento sia demografico che militare e quindi economico.

Le mire espansionistiche di Roma volgevano ormai essenzialmente al sud. Poco tempo dopo la ratifica del trattato iniziarono le annessioni con il sistema delle "colonie latine", cioè agglomerati urbani sotto controllo romano, coinvolgendo molti insediamenti sia nell'attuale area frusinate che nella Campania occidentale, troppo vicino ai territori storici dei Sanniti.

Inoltre, per rafforzare il controllo nel meridione della penisola, strinsero accordi con Alessandro I il Molosso, re dell'Epiro, fratello di Olimpiade e zio di Alessandro III di Macedonia, Alessandro Magno, il quale era stato, chiamato da Tarentum- Taranto a succedere ad Archidamo di Sparta nel ruolo di protettore dei greci italioti.

I Sanniti si sentirono accerchiati sempre più da una morsa così ben congegnata, culminata nel 328 a.C. nella sfida della fondazione della colonia della nuova *Fregellae*, presso la moderna Ceprano (la città volsca era stata conquistata e distrutta dai Sanniti), sulla sponda sinistra del fiume Liri, cioè la sponda che secondo il trattato di pace stipulato tra i due popoli doveva essere di pertinenza esclusiva dei Sanniti. Tentarono più volte per via diplomatica di fermare l'intreccio di nuove alleanze che Roma andava imbastendo per parare eventuali loro minacce ma, visti tanti tentativi andati a vuoto, iniziarono anch'essi ad usare la stessa tattica, tessere reti di alleanze per contrastare gl'intenti romani.

In quel periodo si coalizzarono con alcune città della Campania, per lo più di lingua osca, come Nuceria, Nola e Neapolis: quest'ultima più che una cittàosca era principalmente greca ed è quindi da supporre che solo le fazioni osche fossero alleate dei Sanniti.

Nel 327 a.C. la situazione precipitò con la morte in battaglia di Alessandro il Molosso, caduto combattendo contro i Lucani a Pandosia.

I Sanniti, liberatisi da una minaccia che manteneva in costante allerta i loro eserciti nel sud della penisola, una morsa ben stretta da una accorta strategia romana, trasferirono subito parte delle forze militari in area caudina, rafforzando così la loro presenza ed inoltrandosi sempre più frequentemente nel territorio campano.

A Napoli intanto la fazione filosannita aveva conquistato il potere dell'assise civica ed un esercito di 6000 guerrieri aveva occupato la città.

Ben presto però, la fazione filoellenica entrò in contrasto con gli elementi sanniti, tanto da iniziare ad intrecciare contatti segreti con i Romani. Poco tempo dopo il senato dell'Urbe, dietro richiesta proprio della fazione greca, inviò a sud di Roma tutte le truppe di cui ancora disponeva, comandate dai consoli Lucio Cornelio Lentulo e da Quinto Publilio Filone. Quest'ultimo si attestò nei pressi dell'*ager* neapolitano attendendo il momento propizio per entrare in azione. Infatti, i demarchi neapolitani Carilao e Ninfio, i *Principes Civitati*, come vengono definiti dalla storiografia romana, con uno stratagemma riuscirono a far allontanare la guarnigione sannita dalla città aprendo così le porte ai Romani.

L'altro console, Cornelio Lentulo, con un'azione di copertura si schierò nella valle del Volturno arginando così ogni possibile aiuto che poteva arrivare dal territorio del Sannio.

La guarnigione sannita, accortasi dell'inganno, non potè fare altro che ripiegare, essendo in forte svantaggio numerico.

Così nel 326 a.C. Neapolis entrò saldamente a far parte della sfera d'influenza romana, siglando con loro un favorevole trattato di alleanza. Quest'azione, insieme alla fondazione di Fregellae ed allo stanziamento di un esercito romano nella valle del Volturno, cioè a ridosso del territorio sannita, costituirono le cause della rottura dell'antico trattato del 354 a.C. tra i due popoli, lo stesso confermato e riveduto nel 341 a.C., ed il conseguente inizio di una nuova fase di ostilità.

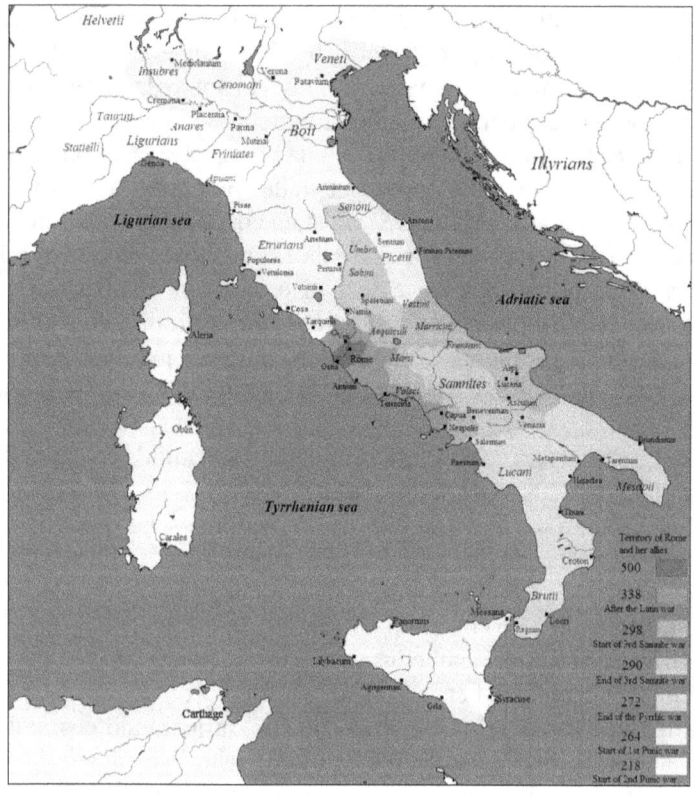

L'espansione romana in Italia.

La Prima guerra sannitica (343-341 a.C.)

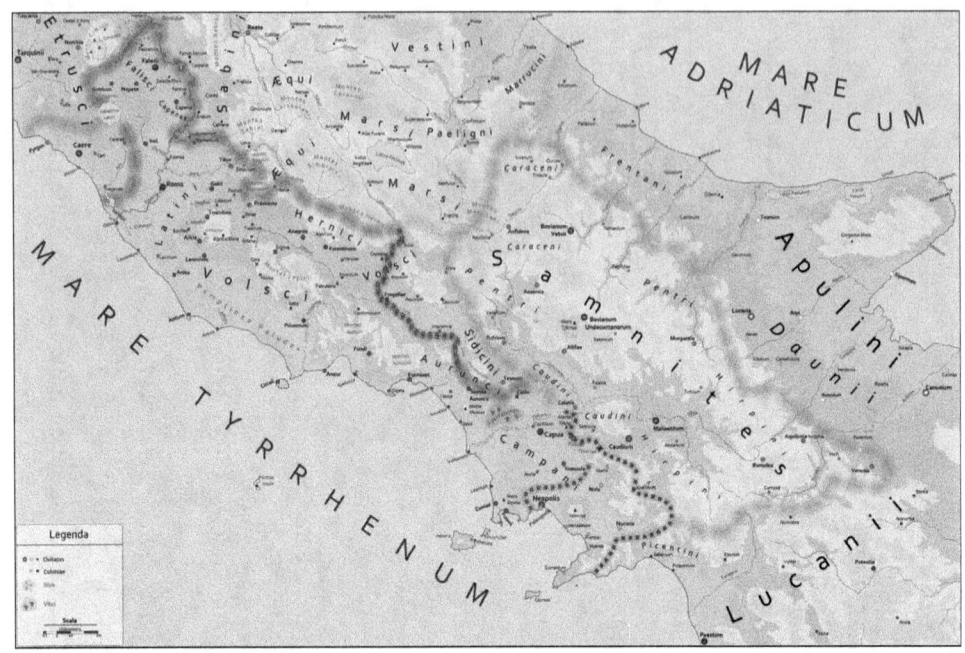

La Seconda guerra sannitica e la campagna delle Forche Caudine (326- 321 a.C.),

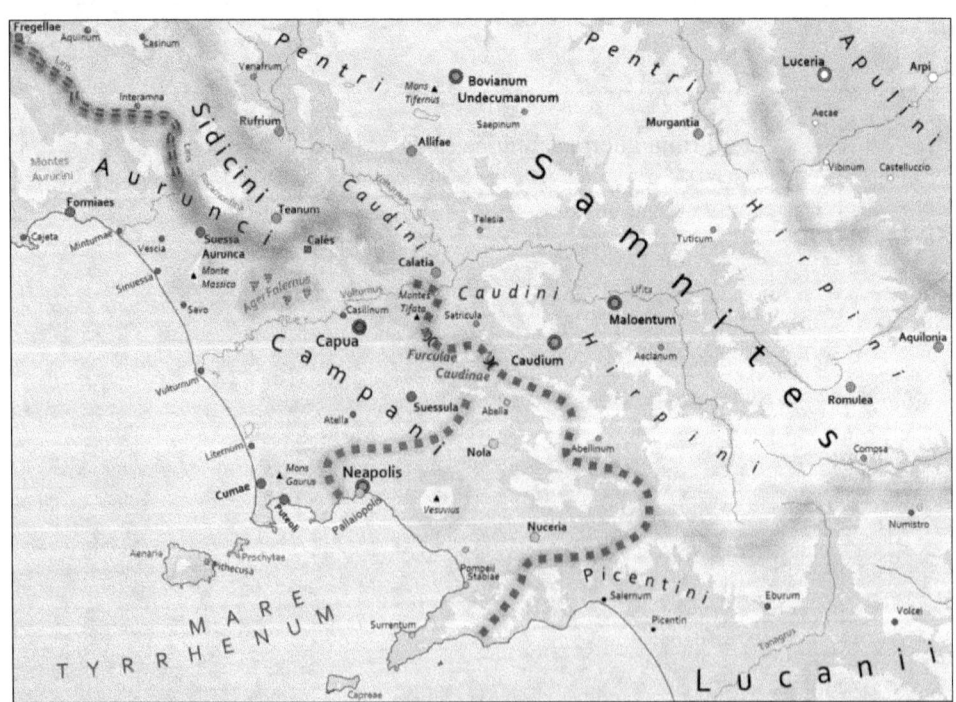

LA SECONDA GUERRA SANNITICA
(326- 304 a.C).

I primi anni di guerra, tra il 326 ed il 322 a.C., videro lo svolgersi di violente scaramucce e piccoli scontri per attestare le rispettive posizioni, sicuramente nel territorio della Campania settentrionale tra il medio Liri ed il medio Volturno. Nessuno dei due eserciti prevalse nettamente sull'altro.
Aulo Cornelio Cosso Arvina, il console che aveva sconfitto, grazie a Decio Mure i Sanniti a Saticola ottenendo il trionfo, nel 322 a.C. venne nominato dal Senato dittatore per combattere i Sanniti, e scelse Marco Fabio Ambusto, come *Magister equitum*
Va ricordato il tentativo effettuato dai Sanniti di bloccare l'unico accesso che i Romani utilizzavano per entrare in Campania dal nord, cioè dalla zona di Fondi e Gaeta.
I Sanniti riuscirono inizialmente a sconfiggere il presidio romano e ad attestarsi per breve tempo nella zona. ma senza un adeguato appoggio tattico dovettero cedere ben presto la postazione conquistata.
Arvina condotto l'esercito romano nel Sannio, fu costretto dai Sanniti a scendere in battaglia, da una posizione sfavorevole. Questo, oltre al valore dei nemici, fece sì che lo scontro diventasse violento ed incerto. La situazione volse a favore dei Romani, quando la cavalleria Sannita, che si era gettata a saccheggiare le salmerie dei Romani, fu presa di sorpresa e sbaragliata dalla cavalleria romana, condotta da Marco Fabio. Sconfitti i cavalieri sanniti, la cavalleria romana, con una manovra a tenaglia, attaccò alle spalle l'esercito sannita, che preso tra due fuochi, fu sconfitto dai Romani. Per questa vittoria, tornato a Roma, Aulo Cornelio ottenne per la seconda volta il trionfo.

"Durante il consolato di Quinto Fabio e di Lucio Fulvio, per la minaccia di una guerra più grave con i Sanniti (che si diceva avessero raccolto una milizia mercenaria assoldandola tra le popolazioni dei dintorni), il dittatore Aulo Cornelio Arvina e il maestro di cavalleria Marco Fabio Ambusto con un'energica leva militare formarono un eccellente esercito che condussero contro i Sanniti. Si erano accampati in territorio nemico senza quasi preoccuparsi della loro posizione, come se gli avversari fossero stati a miglia di distanza, quando all'improvviso arrivarono le legioni dei Sanniti che avanzarono con tanta sicurezza da arrivare a costruire la trincea nei pressi dei posti di guardia romani. Ormai stava per calare la notte, e questo impedì loro di assaltare le difese dei Romani. Ma non nascondevano affatto l'intenzione di farlo il giorno successivo, alle prime luci dell'alba. Il dittatore, quando vide che lo scontro era più vicino di quanto si aspettasse, nel timore che la posizione svantaggiosa nuocesse al valore dei suoi uomini, lasciò dietro di sé molti fuochi accesi la cui vista ingannasse il nemico, e in silenzio portò fuori le legioni. Ma la vicinanza dei due accampamenti gli impedì di passare inosservato. La cavalleria sannita, gettatasi immediatamente all'inseguimento, tenne sotto pressione l'esercito in marcia, pur senza arrivare allo scontro, fino a quando non fu giorno. Nemmeno la fanteria uscì dall'accampamento prima dell'alba. Alla fine, quando sorse il sole, la cavalleria si spinse ad attaccare i Romani: agganciandone la retroguardia e incalzandoli in corrispondenza di passaggi difficili ne rallentò la marcia. Nel frattempo la fanteria seguì la cavalleria e ormai i Sanniti premevano con tutte le loro forze. Allora il dittatore, rendendosi conto di non poter avanzare se non a prezzo di gravi disagi, ordinò di porre l'accampamento nello stesso punto in cui si era fermato.

Ma, circondati com'erano dalla cavalleria nemica, non fu loro possibile andare in cerca di legname per la palizzata e iniziare i lavori di fortificazione. E così, quando vide che non gli era possibile né avanzare né accamparsi, Cornelio schierò l'esercito in ordine di battaglia, dopo aver spostato i carriaggi dalla linea d'attacco. Si schierano anche i nemici, con pari forze e determinazione.

Ciò che più di ogni altra cosa ne accresceva l'animosità era questo: ignorando che i Romani si erano ritirati di fronte non al nemico ma a una posizione svantaggiosa, pensavano che avessero ripiegato per paura.

Questa convinzione per qualche tempo mantenne in equilibrio la battaglia, benché da anni ormai i Sanniti non riuscissero a sostenere nemmeno l'urlo di guerra dell'esercito romano. E, per Ercole, si dice che quel giorno, dall'ora terza all'ottava, l'esito dello scontro fu così incerto, che l'urlo di battaglia non venne rinnovato dopo quello che diede inizio al combattimento, che le insegne non vennero spostate in avanti né ritirate nelle retrovie e che da una parte e dall'altra non vi furono cedimenti, in alcun punto. Ciascuno combatteva restando fermo al proprio posto, opponendo gli scudi agli scudi, senza tirare il fiato e senza fermarsi a guardare indietro. Il fremito inesausto e l'andamento costante della battaglia facevano pensare che solo la fine delle energie o il calare della notte avrebbero posto termine allo scontro. Ormai agli uomini venivano meno le forze, alle spade la tempra abituale, ai comandanti le idee: quand'ecco che all'improvviso i cavalieri sanniti, appreso da un loro squadrone spintosi più avanti che le salmerie romane si trovavano lontane dagli uomini armati e non erano protette da guarnigioni o da dispositivi di difesa, si gettarono all'assalto spinti dall'avidità di bottino. Quando un messaggero trafelato riferì la cosa al dittatore, questi disse: "Lasciate pure che si appesantiscano con la preda".

Arrivarono poi altri messaggeri e altri ancora, a riferire che i nemici stavano saccheggiando e portando via i beni dei soldati. Allora, convocato il maestro di cavalleria, gli disse: "Ma non vedi, o Marco Fabio, che i cavalieri nemici hanno smesso di combattere" Sono rimasti invischiati alle nostre salmerie. Aggrediscili mentre sono dispersi, come tutti i soldati occupati a razziare! Ne troverai pochi in sella, pochi con la spada in pugno. Mentre stanno caricando di bottino se stessi e i propri cavalli, massacrali, inermi come sono, copri di sangue il loro bottino. Io mi occuperò delle legioni e delle manovre dei fanti: sia tuo l'onore della battaglia equestre!".

La cavalleria, schierata come meglio non sarebbe stato possibile, assalì i ne-

mici dispersi e appesantiti, seminando strage ovunque.
Furono massacrati perché, avendo tra i piedi i bagagli che avevano abbandonato in fretta e furia e che impedivano i movimenti ai cavalli terrorizzati nel pieno della rotta, non poterono né combattere né fuggire. Marco Fabio poi, distrutta o quasi la cavalleria nemica, compì una breve manovra di accerchiamento e prese alle spalle la fanteria. Le nuove grida che si udirono da quella parte seminarono il panico tra i Sanniti, e il dittatore, quando vide gli uomini delle prime file nemiche voltarsi indietro, le loro insegne confondersi e lo schieramento ondeggiare, allora incitò i soldati, e chiamando per nome tribuni e comandanti di compagnia li esortava a sferrare un nuovo attacco insieme con lui. Levato un nuovo urlo di guerra, si gettarono all'assalto, e col procedere della manovra vedevano i Sanniti sempre più in preda alla confusione.
I primi erano già in vista dei cavalieri romani, e Cornelio, voltandosi indietro verso i manipoli di fanti, faceva capire come poteva, a gesti e a parole, che già scorgeva vessilli e scudi dei cavalieri. Non appena udirono e insieme videro la cosa, gli uomini dimenticarono di colpo le fatiche sostenute per quasi tutto il giorno e le ferite subite, e si lanciarono contro il nemico, come se arrivati freschi dall'accampamento avessero ricevuto in quel momento il segnale di battaglia. E i Sanniti non riuscirono a resistere più a lungo alla furia dei cavalieri e all'urto dei fanti: parte di essi presa in mezzo venne uccisa, parte invece fu dispersa e messa in fuga. I fanti circondarono e finirono quelli che resistevano.
I cavalieri fecero strage dei fuggitivi, tra i quali cadde anche il comandante.
Questa battaglia fiaccò il morale dei Sanniti: in tutte le riunioni mormoravano ormai che non c'era da stupirsi se non riuscivano a conseguire risultati in una guerra scellerata che era stata scatenata violando un trattato, e nella quale gli dei erano, a ragione, più ostili degli uomini.
La colpa del conflitto andava espiata e la purificazione sarebbe costata a caro prezzo. La sola incertezza era se si dovesse pagare con il sangue dei pochi colpevoli o con quello dei molti innocenti, mentre c'era già chi si spingeva a fare i nomi dei responsabili delle ostilità. Se ne distingueva uno in particolare: erano tutti d'accordo nel denunciare Papio Brutulo, un potente nobile che aveva senza dubbio infranto la tregua più recente. Costretti a giudicare il suo caso, i pretori decisero che Papio Brutulo venisse consegnato ai Romani e che con lui fossero inviati a Roma l'intero bottino e i prigionieri, e che tutto ciò di cui i feziali avevano chiesto soddisfazione in base al trattato fosse restituito secondo la legge divina e umana.
Dopo questa deliberazione, i feziali partirono per Roma portando con sé il corpo esanime di Brutulo, il quale si era sottratto con il suicidio alla pena e all'umiliazione. Insieme col corpo venne deciso di consegnarne anche i beni. Ma di tutte queste cose i Romani accettarono solo i prigionieri e gli oggetti che furono riconosciuti come propri; il resto fu respinto. Il dittatore ottenne il trionfo per decreto del senato. Alcuni autori riportano che questa guerra venne combattuta dai consoli, e che furono loro a trionfare sui Sanniti. Stando a loro, Fabio sarebbe penetrato in Apulia e di là avrebbe portato via grande bottino.

Il fatto che quell'anno Aulo Cornelio fosse dittatore non è in questione.
Il dubbio è se fosse stato eletto per occuparsi della campagna, oppure perché ci fosse un magistrato a dare il segnale alle quadrighe nei Giochi Romani -il pretore Lucio Plauzio era allora gravemente ammalato -, e avesse quindi rinunciato alla carica di dittatore dopo aver compiuto la funzione non proprio memorabile per la quale era stato eletto.
Non è facile scegliere tra le varie versioni e i diversi autori. Ho l'impressione che i fatti siano stati alterati dagli elogi funebri o da false iscrizioni collocate sotto i busti, dato che ogni famiglia cerca di attribuirsi il merito di gesta gloriose con menzogne che traggono in inganno. Da quella pratica discendono sicuramente sia le confusioni nelle gesta dei singoli individui, sia quelle relative alle documentazioni pubbliche; per quegli anni non disponiamo di autori contemporanei agli eventi, sui quali ci si possa quindi basare con certezza".

Fu un brillante successo, destinato però ad essere oscurato da una delle sconfitte più umilianti dell'intera storia romana.

I Romani passano sotto il giogo, imcisione del XV secolo.

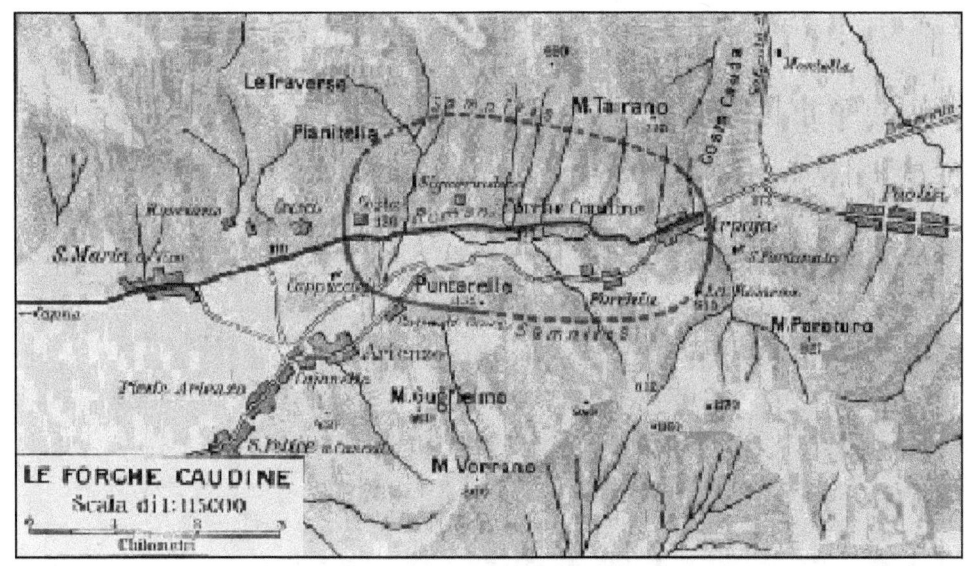

Le varie localizzazioni proposte delle Forche Caudine

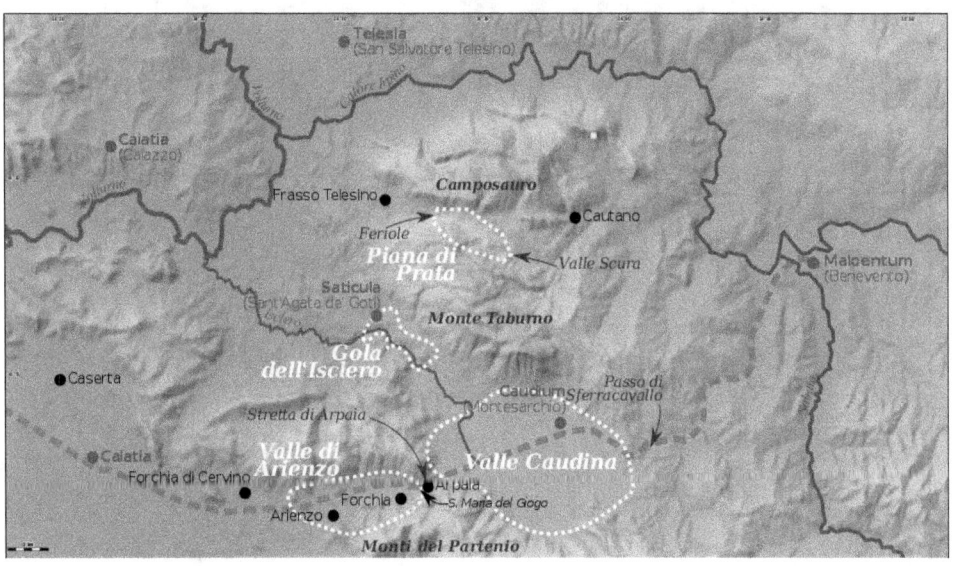

Le forche caudine in un'incisione inglese del XIX secolo.

LE FORCHE CAUDINE

Per porre fine alla situazione di stallo venutasi a creare e per cercare una definitiva vittoria sui Sanniti in modo da costringerli alla resa,
, anche perché esausti delle tattiche di guerriglia basate sulle incursioni rapide e violente che non davano la possibilità di difendersi adeguatamente, nel 321 a.C. Roma inviò i consoli Tito Veturio Calvino e Spurio Postumio Albino, a capo di un esercito forte di 20.000 uomini, nella zona dei Sanniti caudini in modo da tagliare fuori dal conflitto le aree a ridosso della Campania per poi proseguire contro Malies (Benevento) e quindi gli Irpini, così da infliggere una pesante sconfitta ai Sanniti tanto da indurli a chiedere la pace. Di conseguenza, ciascun console guidò la propria legione verso Calatia da dove sarebbero dovuti avanzare insieme verso i Caudini, aggirando il versante meridionale del Monte Taburno.
Intanto i Sanniti, osservando le mosse delle legioni romane dall'alto delle loro fortificazioni, riuscirono ad intuire quali fossero le intenzioni dei due consoli romani.
Interpretando le descrizioni liviane, la marcia verso Malies fu incentivata dai Sanniti stessi che, per allontanare le schiere romane dalla zona di Calatia, travestirono alcuni soldati da pastori e li mandarono insieme ai pastori veri con le loro greggi a pascolare nei pressi dell'accampamento romano. Una volta stanziatisi nell'area, avrebbero fatto circolare la falsa voce che Luceria era stata presa d'assedio dai Sanniti e che entro pochi giorni sarebbe capitolata. Luceria era all'epoca un caposaldo dell'alleanza romana con gli Apuli da cui dipendeva il controllo di quelle zone.
Subito i due consoli levarono gli accampamenti per marciare in aiuto alla città assediata, scegliendo di percorrere un itinerario imprudente ma più corto rispetto a quello più sicuro. In questo modo la marcia sarebbe risultata più spedita ed i tempi di percorrenza sarebbero stati dimezzati. Questo tragitto prevedeva l'attraversamento di terreni acquitrinosi e di una stretta gola dalle pareti irte e boscose che li avrebbe portati subito nei pressi di Malies, per poi procedere in direzione di Luceria.
A capo della Lega Sannitica vi era Gavio Ponzio, *patre longe prudentissumo natum, primum ipsum bellatorem ducemque,*. lo definisce Livio, che subito collocò l'esercito sannita nei pressi della gola posta lungo l'asse di spostamento dei Romani, bloccandone l'uscita verso *Caudium* con massi ad alberi divelti.
Quando entrambe le legioni vi furono entrate, Ponzio ne ostruì anche lo stretto ingresso dalla parte di Calatia.

> "Nel corso dell'anno successivo ci fu la pace di Caudio, rimasta celebre per la disfatta subita dai Romani, durante il consolato di Tito Veturio Calvino e Spurio Postumio. Quell'anno il comandante in capo dei Sabini era Gaio Ponzio figlio di Erennio, figlio di un padre che eccelleva in saggezza, e lui stesso guerriero e stratega di prim'ordine. Quando gli ambasciatori inviati a chiedere soddisfazione rientrarono senza aver concluso la pace, Gaio Ponzio disse:
>
> "Non crediate che questa ambasceria non abbia avuto esito alcuno, perche' con

essa abbiamo espiato l'ira degli dei sorta nei nostri confronti per aver violato i patti. Qualunque sia stato il dio che ha voluto farci sottostare all'obbligo di restituire cio' che ci era stato richiesto in base alle clausole del trattato, sono sicuro che questo stesso dio non ha gradito che i Romani abbiano respinto con tanta arroganza la nostra riparazione per l'avvenuta rottura dei patti.
Ma che cos'altro si sarebbe potuto fare per placare gli dei e rabbonire gli uomini, piu' di quello che gia' abbiamo fatto? Quel che e' stato tolto ai nemici come bottino, e che secondo le leggi di guerra avrebbe gia' potuto dirsi a buon diritto nostro, l'abbiamo restituito. I responsabili della guerra li abbiamo riconsegnati morti, visto che non ci e' stato possibile consegnarli vivi. Le loro cose, per evitare che ci rimanesse addosso qualcosa che potesse far ricadere la colpa su di noi, le abbiamo portate a Roma.
Cos'altro devo a voi, o Romani, cosa ai trattati, e agli dei testimoni dei trattati? Chi vi devo proporre a giudice della vostra rabbia e della nostra pena? Non voglio sottrarmi al giudizio di nessuna popolazione e di nessun privato cittadino. Se infatti il piu' forte non concede al piu' debole alcun diritto umano, allora mi rivolgero' agli dei che si vendicano degli eccessi di superbia, e li implorero' di rivolgere le loro ire contro quanti non hanno ritenuto sufficiente la restituzione delle proprie cose ne' l'aggiunta delle altrui, contro quanti la cui ferocia non e' stata saziata dalla morte dei colpevoli, ne' dalla consegna dei cadaveri ne' dai beni che accompagnavano la resa dei loro legittimi proprietari, contro quanti non potranno mai essere placati se noi non offriremo loro il nostro sangue da succhiare e le nostre membra da sbranare. La guerra, o Sanniti, e' giusta per coloro ai quali risulta necessaria, e il ricorso alle armi e' sacrosanto per quelli cui non restano altre speranze se non nelle armi. Di conseguenza, se nelle imprese degli uomini e' una cosa di assoluta importanza avere gli dei dalla propria parte piuttosto che contro, state pur certi che le guerre del passato le abbiamo condotte piu' contro gli dei che contro gli uomini, mentre questa che e' ormai alle porte la condurremo agli ordini degli dei in persona".
Dopo aver rivolto ai Sanniti queste profetiche parole non meno vere che di buon augurio, si mise alla testa dell'esercito andando ad accamparsi nei pressi di Caudio con la maggior segretezza possibile.
Di li' invio' dieci soldati travestiti da pastori a Calazia, dove gli era giunta voce si trovassero gia' il console e l'accampamento romani, e ordino' loro di pascolare il bestiame vicino alle guarnigioni armate dei Romani, a distanza l'uno dall'altro.
Nel caso si fossero poi imbattuti in predatori nemici, avrebbero dovuto riferire tutti la stessa storia, e cioe' che gli eserciti sanniti si trovavano in Apulia, che erano impegnati ad assediare Luceria con tutte le forze e ormai stavano per prenderla d'assalto.
Questo tipo di voci, messe in circolo a bella posta in precedenza, era gia' arrivato alle orecchie dei Romani, e la loro attendibilità venne incrementata dalle deposizioni dei prigionieri, che, e cio' ebbe un peso determinante, collimavano tutte tra di loro. Non c'era dubbio che i Romani erano chiamati a portare aiuto agli abitanti di Luceria, alleati valorosi e fedeli, anche per evitare che l'Apulia defezionasse in blocco di fronte alla minaccia incombente dei Sanniti.

Si discusse soltanto sul percorso da compiere. Le strade che portavano a Luceria erano due: una lungo la costa adriatica, aperta e sgombra, ma tanto piu' lunga quanto piu' sicura, l'altra attraverso le Forche Caudine, piu' rapida.
Si tratta pero' di un luogo con questo tipo di conformazione: due gole profonde, strette e coperte di boschi, collegate da una catena ininterrotta di montagne. In mezzo a queste montagne si apre una pianura abbastanza ampia, ricca di acque e di pascoli, e tagliata da una strada. Ora, per accedervi e' necessario attraversare la prima gola, mentre per uscire si deve o tornare sui propri passi per la strada fatta all'andata, oppure - qualora si voglia procedere - attraversare una gola ancora piu' stretta e impervia della prima. I Romani si accorsero della trappola solo quando videro l'uscita della vallata bloccata e tutte le alture circostanti presidiate dai Sanniti; avanzando senza speculatores, l'avanguardia e la retroguardia romana si accorsero in ritardo che le uscite dalla gola erano state ostruite. E' probabile che i due consoli romani avessero sottovalutato il nemico contro cui dovevano battersi, forse perchè ancora troppo giovani e privi di una adeguata esperienza di guerra contro i Sanniti. Lo sgomento fu grande quando, calata la notte, i Romani si videro circondati dai fuochi contigui degli accampamenti nemici, formati dalle grandi torce che i Sanniti usavano in caso sia di spostamenti notturni e sia per illuminare gli accampamenti. Per alcuni giorni i Romani tentarono di aprirsi la strada combattendo, ma vennero sistematicamente rigettati a valle dalle legioni sannite.

L'esercito romano, dopo aver raggiunto quella pianura attraverso uno dei passaggi incassati nella roccia, stava marciando verso la seconda gola, quando la trovo' ostruita da una barriera di tronchi abbattuti e di grossi massi.
Era chiaro che si trattava di un agguato nemico: infatti avvistarono sulla cima della gola un manipolo di armati. Cercarono quindi, senza perdere un attimo, di ritornare indietro per il passaggio attraverso il quale erano arrivati, ma trovarono sbarrato anche questo da ostacoli naturali e da uomini armati. Allora, senza che nessuno lo avesse loro ordinato, si bloccarono, attoniti, le membra incapaci di muoversi. E guardandosi in faccia l'un l'altro, ciascuno nella speranza che il compagno avesse maggiore lucidita' e potesse prendere una qualche decisione, rimasero a lungo in silenzio. Poi, quando videro che si stavano piantando le tende dei consoli, e che qualcuno cominciava a preparare il materiale per allestire l'accampamento, pur rendendosi conto che costruire fortificazioni in una situazione pressoche' irreparabile e disperata avrebbe suscitato il riso del nemico, cio' non ostante, per non aggiungere la propria responsabilita' alla disgrazia, tutti - senza che nessuno li esortasse a farlo o lo ordinasse loro - si misero di propria iniziativa a costruire dei dispositivi di difesa, scavando una trincea intorno al campo nei pressi dell'acqua di un ruscello: e ironizzavano amaramente, quasi non bastassero le insolenti frecciate dei nemici, sull'inutilita' delle opere allestite e della fatica sostenuta. Attorno ai consoli tristi, che non convocavano nemmeno il consiglio di guerra (visto che non c'era consiglio o aiuto che potessero valere), si vennero a raccogliere di loro spontanea volonta' i luogotenenti e i tribuni, mentre i soldati, girandosi verso il pretorio, chiedevano agli ufficiali quel sostegno che a malapena gli dei avrebbero potuto

offrire.
La notte li sorprese mentre più che consultarsi si stavano lamentando del proprio destino, e ognuno di essi reagiva secondo il proprio carattere.
Uno diceva:
"Avanziamo attraverso le barriere lungo la strada, su per le pendici dei monti, attraverso i boschi, dovunque potremo portare le armi: cosi' che almeno si riesca ad arrivare fino al nemico, sul quale da quasi trent'anni abbiamo la meglio. Tutto sara' facile e agevole per dei soldati romani che combattono contro perfidi Sanniti".
Un altro ribatteva: "Dove e per dove dovremmo andare? Non vogliamo per caso spostare i monti dalle loro sedi naturali? Finche' avremo queste cime sopra la testa, per quale via si potra' raggiungere il nemico? Armati o inermi, coraggiosi o vigliacchi, siamo tutti ugualmente prigionieri e vinti; il nemico non ci offrira' nemmeno una spada perche' possiamo morire in maniera gloriosa: vincero' la guerra senza muovere un dito".
La notte trascorse tra battute di questo genere: nessuno penso' a riposare o a mangiare".

Ponzio era stato inizialmente dell'idea di sterminare le legioni bloccate nella gola, in modo da provocare una pesante perdita alla repubblica, che a lungo sarebbe rimasta paralizzata; ma sia all'*Embratur* che ai suoi uomini più vicini era chiaro come, una volta sterminato il grosso delle forze militari romane, si sarebbero sicuramente ridestati focolai di insurrezione di quelle genti latine soggiogate da ambedue i popoli solo pochi anni addietro e con molta difficoltà. Venne chiesto il parere ad Erennio Ponzio, padre di Gavio, che ormai anziano, venne condotto sul luogo e, dopo aver visto tale disfatta dei Romani, consigliò al figlio di lasciarli andare, poichè tale mortificazione avrebbe lasciato un grande segno nell'animo di quelle genti. L'onta del rilascio ignominioso di due consoli con le proprie legioni sarebbe stata per Roma una sconfitta maggiore dell'uccisione di tanti guerrieri. Gavio Ponzio, esortato anche dai suoi uomini, seguì i consigli del padre e rilasciò i soldati romani dopo averli fatti passare sotto un giogo di lance spogli delle armi e vestiti della sola tunica.
la leggenda successiva attribuì ad Erennio Ponzio improbabili legami d'amicizia con Archita di Taranto ed addirittura con Platone cui avrebbe chiesto consiglio, allo scopo di sottolinearne la saggezza, come scrive Cicerone:

"Haec cum C. Pontio Samnite, patre eius a quo Caudino proelio Sp. Postumius T. Veturius consules superati sunt, locutum Archytam Nearchus Tarentinus, hospes noster, qui in amicitia populi Romani permanserat, se a maioribus natu accepisse dicebat, cum quidem ei sermoni interfuisset Plato Atheniensis, quem Tarentum venisse L. Camillo Ap. Claudio consulibus reperio[23]".

Al di là dell'impossibilità di chiedere ed ottenere una risposta da Atene in pochi giorni, va ricordato come Platone sia morto nel 348- 347 a.C., ventisette anni prima delle Forche Caudine!

---

[23]Cato Maior XII, 41

Venne stipulato tra i Sanniti ed i consoli a nome di Roma, un nuovo trattato di pace che reiterava quello di vent'anni prima infranto dagli stessi Romani. A garanzia della ratifica del trattato da parte del Senato romano, 600 cavalieri, il fiore della nobile gioventù romana, sarebbero stati trattenuti fino al buon esito della vicenda.

"Ma nemmeno i Sanniti, pur trovandosi in una congiuntura tanto favorevole, sapevano che cosa convenisse fare. E per questo decisero all'unanimita' di inviare un messaggio a Erennio Ponzio, padre del comandante in capo, per averne un consiglio.
Quest'ultimo, avanti negli anni com'era, si era già ritirato non solo dall'attivita' militare, ma anche dalla vita politica. Cio' nonostante, nel suo corpo malato era ancora vivo il vigore dell'animo e dell'intelletto.
Quando venne a sapere che gli eserciti romani erano stati schiacciati alle Forche Caudine tra due gole, essendogli stato chiesto un consiglio dal messaggero inviato dal figlio, propose di lasciarli andare al piu' presto tutti senza colpirli. Ma siccome questo consiglio non venne messo in pratica, inviato una seconda volta lo stesso messaggero col compito di consultarlo, egli propose di ucciderli tutti dal primo all'ultimo.
Le risposte contrastavano tanto da sembrare il responso di un oracolo ambiguo: e il figlio - pur pensando che ormai anche la mente del padre avesse perso lucidita' nel corpo malato -, cio' nonostante si lascio' convincere dalle insistenze di tutto l'esercito a convocare il genitore di persona nell'assemblea. Stando a quanto si racconta, il vecchio non avrebbe fatto difficolta' a lasciarsi portare su un carro all'accampamento, e una volta introdotto nell'assemblea si sarebbe espresso all'incirca in questi termini, senza modificare in nulla il proprio parere, ma limitandosi a chiarirne i motivi: scegliendo la prima strada, che lui riteneva la piu' valida, ci si sarebbe assicurata una pace duratura e l'amicizia con un popolo potentissimo; optando invece per la seconda, si sarebbe evitata la guerra per molti anni, perche' dopo la perdita di quei due eserciti per i Romani non sarebbe stato facile raggiungere di nuovo la potenza di un tempo; una terza via non esisteva. Ma siccome il figlio e gli altri alti ufficiali insistevano a chiedere che cosa pensasse di una soluzione di compromesso - permettere cioe' ai Romani di andarsene sani e salvi, ma imporre loro, in quanto vinti, il diritto di guerra -, l'uomo rispose:
"Questa soluzione e' tale che non vi acquistera' degli amici ne' vi liberera' dai nemici. Salvate pure la vita a uomini che avete esasperato con un trattamento umiliante: la caratteristica del popolo romano e' quella di non sapersi rassegnare alla condizione di vinto. Nei loro cuori sara' sempre vivo il marchio di infamia del caso presente, e questo non dara' loro pace fino a quando non vi avranno ripagato con pene molte volte piu' dure".
Una volta respinte entrambe le sue proposte, Erennio venne ricondotto dall'accampamento in patria.
I consoli, essendo venuti a colloquio con Ponzio, mentre il vincitore voleva stipulare un trattato di pace, replicarono che il trattato non poteva essere stipulato senza il consenso del popolo, senza i feziali e il resto del consueto rituale. Per questo la pace di Caudio non fu stipulata con regolare trattato -

come abitualmente si crede e come anche scrive Claudio -, ma tramite una garanzia personale. Infatti che bisogno ci sarebbe stato, per un trattato, di garanti e di ostaggi, visto che in quel caso l'accordo e' stipulato dall'invocazione che Giove colpisca quel popolo venuto meno alle condizioni sancite, cosi' come il maiale viene colpito dai feziali? Garanti si fecero i consoli, i luogotenenti, i questori, i tribuni militari, e ci restano i nomi di tutti coloro che sottoscrissero l'impegno (mentre rimarrebbero solo i nomi dei due feziali, nel caso fosse stato stipulato un vero e proprio trattato). Inoltre, per l'inevitabile rinvio del trattato, fu imposta la consegna di 600 cavalieri in qualita' di ostaggi, destinati a pagare con la propria vita se i patti venivano violati. Fu poi fissato il termine per consegnare gli ostaggi e per lasciare libero l'esercito disarmato. Il rientro dei consoli rinnovo' il dolore all'interno dell'accampamento, e i soldati si trattennero a stento dallo scagliarsi addosso a quanti, per la loro imprudenza, li avevano trascinati in quel luogo: per la cui ignavia erano adesso costretti a uscirne in maniera ancora piu' infamante di come vi erano entrati; non erano ricorsi a una guida pratica della zona, ne' avevano effettuato ricognizioni, lasciandosi spingere alla cieca dentro una fossa come tante bestie selvatiche.

Si guardavano gli uni con gli altri, osservavano le armi che presto avrebbero dovuto consegnare, le mani destinate a essere disarmate, i corpi soggetti alla volonta' del nemico: avevano gia' di fronte agli occhi il giogo nemico, la derisione, gli sguardi arroganti dei vincitori, il passaggio senza armi in mezzo a uomini armati e ancora la mesta marcia dell'esercito disonorato attraverso le citta' alleate, il ritorno dai genitori in patria, la' dove spesso essi stessi e i loro antenati erano rientrati in trionfo. Solo loro erano stati sconfitti senza subire ferite, senza armi, senza combattere; a loro non era stato concesso ne' di sguainare le spade ne' di scontrarsi in battaglia col nemico; a loro era stato infuso invano il coraggio.

Mentre mormoravano queste cose, arrivo' l'ora fatale dell'ignominia, destinata a rendere tutto, alla prova dei fatti, ancora piu' doloroso di quanto non avessero immaginato. In un primo tempo ricevettero disposizione di uscire dalla trincea senza armi, con addosso un'unica veste.

I primi a essere consegnati e incarcerati furono gli ostaggi. Poi fu ingiunto ai littori di scostarsi dai consoli, cui fu invece tolta la mantella da generali: spettacolo questo che suscito' cosi' grande compassione anche tra quanti poco prima si erano scagliati contro i consoli proponendo di consegnarli al nemico e di farli a pezzi, che ciascuno dei presenti, dimentico della propria sorte, distolse lo sguardo da quella profanazione di una simile autorità, come dalla vista di qualcosa di abominevole.

I consoli furono i primi a esser fatti passare seminudi sotto il giogo; poi, in ordine di grado, tutti gli ufficiali vennero esposti all'infamia, e alla fine le singole legioni una dopo l'altra. I nemici stavano intorno con le armi in pugno, lanciando insulti e dileggiando i Romani. Molti vennero minacciati con le spade, e alcuni furono anche feriti e uccisi, se l'espressione troppo risentita dei loro volti a causa di quell'oltraggio offendeva il vincitore.

Cosi' furono fatti passare sotto il giogo, e - cosa questa quasi ancora piu' penosa - proprio sotto gli occhi dei nemici. Una volta usciti dalla gola, pur sembrando loro di vedere per la prima volta la luce come se fossero emersi dagli inferi, cio' nonostante la luce in se' e per se' fu piu' dolorosa di ogni tipo di morte, al vedere una schiera ridotta in quello stato. E cosi', anche se avrebbero potuto raggiungere Capua prima di notte, dubitando dell'affidabilita' degli alleati e trattenuti dalla vergogna, lungo la strada che porta alla citta' abbandonarono a terra i loro corpi ormai bisognosi di tutto. Quando a Capua arrivo' la notizia del vergognoso episodio, l'arroganza congenita dei Campani venne meno di fronte alla naturale compassione nei confronti degli alleati. Inviarono immediatamente ai consoli le insegne della loro carica; ai soldati offrirono invece armi, cavalli, vestiti e cibo, e al loro arrivo si fecero loro incontro tutto il senato e il popolo, adempiendo cosi' a ogni tipo di obbligo formale in materia di ospitalita' pubblica e privata. Ma ne' l'umanita' degli alleati ne' la benevolenza dei volti poterono strappare una parola ai Romani, che nemmeno sollevavano gli occhi da terra per rivolgere uno sguardo agli amici che si sforzavano di consolarli.

A tal punto la vergogna, ancor piu' dell'amarezza, li spingeva a evitare la conversazione e la compagnia degli esseri umani. Il giorno dopo alcuni giovani esponenti della nobilta' vennero inviati col compito di scortare fino al confine della Campania quelli che stavano partendo; al rientro, convocati in senato, rispondendo alle domande degli anziani, riferirono che i Romani avevano dato l'impressione di essere ancora piu' avviliti e mesti, tanto silenziosamente camminavano, come fossero diventati muti. Il fiero carattere romano era prostrato, e insieme alle armi aveva perso anche il coraggio. Nessuno aveva avuto la forza di ricambiare il saluto, di rispondere, di aprir bocca per lo sgomento, come se portassero ancora al collo il giogo sotto il quale erano stati fatti passare. La vittoria ottenuta dai Sanniti non era stata soltanto clamorosa, ma anche duratura nel tempo, perche' avevano privato il nemico non tanto di Roma (come in passato i Galli), quanto piuttosto della virtu' e dell'orgoglio romano, e questo dimostrava ancor di piu' il loro valore.

Mentre si dicevano e si sentivano queste cose, e nell'assemblea dei fedeli alleati la potenza romana veniva quasi pianta come se fosse stata annientata, pare che Aulo Calavio, figlio di Ovio, uomo famoso per nascita e per gesta compiute, e in quel periodo reso ancora piu' rispettabile dall'eta', avesse sostenuto che le cose stavano in tutt'altra maniera: quel silenzio ostinato, gli occhi fissi a terra, le orecchie sorde a ogni tipo di conforto e l'imbarazzo di dover guardare la luce erano i segnali di un animo che nell'intimo covava un'enorme rabbia. Se non conosceva male il carattere dei Romani, di li' a poco quel silenzio avrebbe suscitato tra i Sanniti grida piene di gemiti e dolore, e il ricordo della pace di Caudio sarebbe stato molto piu' pesante per i Sanniti che per i Romani. Perche' dovunque si fossero scontrati nei giorni a venire, ognuno di essi avrebbe avuto la grinta di sempre, mentre per i Sanniti non ci sarebbero state dappertutto le Forche Caudine. La notizia della grave disfatta era gia' arrivata anche a Roma. In un primo tempo si era venuti a sapere che erano stati circondati. Poi, ben piu' doloroso di quello relativo al pericolo corso, era arrivato l'annuncio della vergognosa pace. Alla notizia dell'accerchiamento, erano state avviate le pratiche della leva militare.

Quando pero' si venne a sapere che era stata stipulata una pace tanto infamante, venne interrotto l'allestimento di rinforzi. E subito, senza aspettare alcuna decisione ufficiale, il popolo tutto si era abbandonato a ogni forma di lutto. I negozi intorno al foro vennero chiusi, sospesi spontaneamente i pubblici affari prima ancora che arrivasse l'ordine relativo. Vennero deposte le toghe orlate di porpora e gli anelli d'oro.

I cittadini erano quasi piu' addolorati dello stesso esercito; il loro risentimento non toccava soltanto i comandanti e i responsabili e garanti della pace, ma anche gli innocenti soldati: sostenevano che non li si dovesse accogliere in citta' ne' all'interno delle case. Il rancore venne pero' piegato dall'arrivo dell'esercito, che suscito' compassione anche negli animi piu' esacerbati. Entrati infatti in citta' a tarda sera, non come uomini che tornavano sani e salvi in patria contro ogni speranza, ma con l'aspetto e l'espressione di prigionieri, si rinchiusero nelle loro case e nessuno di essi volle vedere il foro o la pubblica via, ne' l'indomani ne' i giorni successivi.

I consoli, nascosti nelle loro abitazioni, non compirono alcun gesto pertinente alla carica, tranne quanto prescritto da un decreto del senato, e cioe' la nomina di un dittatore cui far presiedere le elezioni. La scelta cadde su Quinto Fabio Ambusto, mentre maestro di cavalleria venne eletto Publio Elio Peto.

I consoli sconfitti con le loro legioni ripararono subito in territorio amico, tornando con grande clamore a Roma. Che il trattato sia stato firmato e che gli ostaggi tornarono sani e salvi a Roma si evince dai cinque anni di pace che seguirono le vicende delle Forche Caudine.

Il bottino di guerra dei Sanniti fu enorme: oltre l'armamentario di due intere legioni romane con cavalli e carri, anche un trattato di pace molto favorevole. Dovette essere abbastanza arduo per Roma risalire subito la china che tale vicenda impresse, specialmente nell'animo più che nella sostanza.

La disfatta che precedette la capitolazione, intorno alla quale ci manca ogni particolare, deve spiegarsi con la superiorità numerica dei Sanniti, con la conoscenza che essi avevano dei luoghi e col fatto che, non essendosi ancora introdotta la tattica manipolare, le truppe romane erano poco adatte allora a combattere in regione accidentata e boscosa. Forse non si sbaglia attribuendo alle esperienze delle guerre sannitiche e della stessa rotta di *Caudium* l'introduzione di quella tattica in Roma

I Romani come loro solito fecero tesoro della sconfitta migliorando l'equipaggiamento e le tattiche di guerra del proprio esercito. Eliminarono dall'armamento la lunga e pesante lancia adottando il *pilum*, una copia migliorata della *saunia* utilizzata dai Sanniti (una corta e leggera lancia) ed il clipaeum. lo scudo oplitico fece posto al più leggero *scutum* ovale. I Romani appresero dal nemico le tecniche di guerriglia e le contromisure ad esse, sfruttando in modo migliore la cavalleria, soprattutto quella degli alleati campani. Studiarono la tattica manipolare sannita di scontro in campo aperto e la migliorarono, snellendo le legioni e rendendole più veloci ed incisive.

Sul lato politico, si fecero più frequenti i contatti diplomatici intercorsi tra i Romani e gli Apuli, gli Iapigi e i Messapi e le popolazioni limitrofe ai territori controllati dai Sanniti, con promesse di alleanze economiche, oltre che militari, e con l'esborso di molto oro.

Infine, due righe circa il teatro degli scontri

Da alcuni autori la battaglia viene collocata nella stretta tra Arienzo ed Arpaia, da altri nella valle tra Arpaia e Montesarchio, che è lunga da nord a sud sette od otto miglia e larga da est a ovest nella direzione della via Appia circa cinque.

Certo quest'ultima valle non corrisponde esattamente alla gola paurosa descritta da Livio, ma la descrizione liviana è retorica e non fondata sull'esatta conoscenza dei luoghi; e tenuto conto degli effettivi dell'esercito romano, anche se non lo si computi, come varî moderni, a 40.000 uomini, la seconda ipotesi è la sola ammissibile: per accettare la prima converrebbe ridurre il duplice esercito consolare a 10.000 uomini al massimo.[24].

Dopo cinque anni i Romani, questa volta più agguerriti che mai, si ripresentarono di nuovo al cospetto dei Sanniti. Anche i Sanniti, dal canto loro, durante la pace caudina si preoccuparono di rafforzare le proprie posizioni. consolidarono il loro controllo sulla riva sinistra del fiume Liri, quella di loro pertinenza, e prestarono il loro appoggio ai movimenti antiromani che fermentavano nella regione alla destra del fiume. Migliorarono la situazione nella Campania centrale e meridionale controllando Nola, *Nuceria Alfaterna, Stabiae*, Pompei ed *Herculaneum.*, intraprendendo contatti diplomatici con gli Etruschi e con le popolazioni limitrofe ai territori nord di Roma.

---

[24] Per i problemi inerenti alla battaglia delle Forche Caudine, e per una completa bibliografia degli studî più antichi su *Caudium*, si veda P. Sommella,"Antichi campi di battaglia in Italia", in *Quaderni dell'Istituto di topografia antica dell'Università di Roma*, III, Roma 1967, p. 49 s.

La stretta di Arpaia, dove secondo un'ipotesi si svolse l'accerchiamento delle truppe romane alle Forche Caudine, vista dai dintorni di Forchia. A destra è Monte Castello, possibile luogo del *praesidium* sannita.

Il possibile sito delle Forche Caudine visto dal castello di Arienzo.

LA REAZIONE ROMANA

Degli avvenimenti successivi alla disfatta romana delle Forche Caudine si sa molto poco, il che lascia intendere, come ha supposto Salmon, che sostanzialmente i termini della pace venne rispettati per almeno un quinquennio, e che le poche e fumose notizie narrateci dai cronisti romani altro non sarebbero che invenzioni nazionalistiche per restituire alla repubblica l'orgoglio ferito presso *Caudium*.
 Di certo sappiamo che le colonie romane di *Luceria* e *Fregellae* andarono perdute, e che anche altre comunità, come *Satricum* e i Frentani, passarono dalla parte dei Sanniti.
Vediamo invece ciò che ha tramandato l'annalistica romana, poi ripresa da Tito Livio. I cinque anni di *Pax Caudina* servirono ai Romani per riorganizzare l'esercito ma anche per sistemare meglio le difese dell'Urbe e del suo territorio per far fronte ad un eventuale attacco dei Sanniti, cosa che tutti i cittadini temevano. Ma ciò non avvenne perché, in quel periodo storico, ai Sanniti interessava la Campania e le sue fertili terre, per altro molto più vicine al Sannio di quanto lo fosse la pianura romana. Spingersi verso l'Urbe non rientrava, al momento, nelle loro mire espansionistiche.
Tito Livio ha scritto di una immediata risposta che gli eserciti romani effettuarono contro i Sanniti per ripagarli della sconfitta subita alle Forche Caudine, ricomquistando Luceria. Va detto che di questa presunta reazione non si trova traciae sia nei *Fasti Consulares* sia negli scritti di altri storici ed annalisti; forse si tratta della ripetizione di avvenimenti precedenti. D'altra parte Livio si lamenta a sua volta della confusione dei dati a sua disposizione, non essendo neppure certo di chi fossero realmente i comandanti romani:

> ."E' molto strano invece che persistano incertezze se quella campagna a Caudsoli e in particolare a Papirio.
> Ma a questo dubbio ne tiene dietro un altro: se cioè nelle successive elezioni sia stato eletto console per la terza volta Papirio Cursore (insieme a Quinto Aulo Cerretano console per la seconda volta), a seguito di un rinnovamento della carica per la vittoria ottenuta a Luceria, oppure Lucio Papirio Mugillano, e l'errore si sia verificato nella trascrizione del nome".io e quindi a Luceria l'abbia condotta il dittatore Lucio Cornelio con Lucio Papirio Cursore in qualità di maestro di cavalleria, e Lucio Cornelio abbia trionfato, unico vendicatore dell'ignominia inflitta ai Romani, con il trionfo che ritengo probabilmente il più giusto fino a quei giorni dai tempi di Furio Camillo, oppure se quell'onore sia da ascrivere ai con

Livio narra come nel 320 a.C., insieme al collega Lucio Papirio Cursore, venne eletto il console Quinto Publilio Filone. I due consoli, con l'esercito, tornarono alle Forche Caudine, per rigettare la condizioni di pace imposte a Roma, consegnando ai Sanniti anche i due consoli che le avevano accettate; di fatto si trattò della ripresa delle ostilità. Mentre Publilio si fermò nel Sannio per fronteggiare lì l'esercito sannita, Lucio si diresse verso Luceria, dove si era asserragliato Gaio Ponzio, con i cavalieri romani, ostaggio dei Sanniti dopo la battaglia delle Forche Caudine:

"I Sanniti, che al posto di una pace imposta con arroganza vedevano rinascere una guerra minacciosa, avevano non solo nell'animo ma quasi di fronte agli occhi il presentimento di quello che poi accadde. Ed elogiavano tardi e invano entrambi i suggerimenti dell'anziano Ponzio, perché, caduti com'erano a metà tra l'uno e l'altro, avevano barattato il possesso della vittoria con una pace priva di garanzie.
Perduta così l'occasione di danneggiare il nemico o di arrecargli un beneficio, avrebbero dovuto misurarsi con quegli uomini che sarebbe stato loro possibile eliminare una volta per tutte come nemici o rendersi amici per sempre. E anche se non c'era ancora stata una battaglia in cui una delle due parti avesse avuto il sopravvento, dopo la pace di Caudio la condizione psicologica era così cambiata, che tra i Romani Postumio si era guadagnato più gloria dall'essersi consegnato ai nemici, di quanta non ne fosse toccata a Ponzio tra i Sanniti per la vittoria ottenuta senza spargimento di sangue. Per i Romani era già una vittoria sicura poter fare la guerra, mentre i Sanniti ritenevano che la ripresa della guerra fosse per i nemici come aver già avuto la meglio. Nel frattempo gli abitanti di Satrico passarono dalla parte dei Sanniti, e la colonia di Fregelle venne occupata dai Sanniti durante la notte con un'azione a sorpresa (a quanto pare assieme a loro c'erano anche dei Satricani). Così fu il timore reciproco a mantenere tranquille entrambe le parti fino all'alba. Il sorgere del giorno segnò l'inizio dello scontro, sostenuto per parecchio tempo alla pari dagli abitanti di Fregelle, che combattevano per i propri altari e focolari; anche la popolazione inerme collaborava, dai tetti delle case. La battaglia venne poi decisa da un trabocchetto, quando i Sanniti lasciarono risuonare la voce di un araldo che proclamava l'incolumità per chi avesse deposto le armi.
Questa speranza smorzò negli animi la voglia di combattere, e da ogni parte iniziarono a gettare a terra le armi. I più ostinati si aprirono la strada con le armi attraverso la porta di fronte al nemico, e per loro l'audacia fu più sicura di quanto non fosse stata la paura per gli altri che si erano incautamente fidati, e che, invocando invano gli dei e il rispetto della parola data, vennero avvolti dalle fiamme e bruciati vivi dai Sanniti. I consoli si divisero le zone di operazione ricorrendo alla sorte: Papirio partì per l'Apulia alla volta di Luceria (dove erano imprigionati i cavalieri romani dati in ostaggio a Caudio), mentre Publio si fermò nel Sannio per fronteggiare le legioni di Caudio. Questa mossa tenne in allarme i Sanniti, che non avevano il coraggio di spingersi fino a Luceria per paura che i nemici li inseguissero alle spalle, né di rimanere lì fermi, nel timore che Luceria finisse nel frattempo in mano ai Romani. L'ipotesi più praticabile sembrò quella di tentare la fortuna e di scontrarsi in campo aperto con Publilio. Per questo schierarono l'esercito in ordine di battaglia.
Quando ormai era sul punto di attaccare battaglia, il console Publilio, pensando fosse opportuno rivolgere un appello ai suoi uomini, fece convocare l'assemblea. E tutti accorsero in massa con grande entusiasmo presso il pretorio, col risultato che il trambusto impedì ai soldati di sentire le parole del coman-

dante: ciascuno era già esortato dalla propria coscienza, memore dell'umiliazione subita. E così si gettarono nella mischia sollecitando i portainsegne e, per non rallentare il combattimento lanciando prima i giavellotti e poi sguainando le spade, come avessero ricevuto un ordine in proposito, deposero a terra i giavellotti, e con le spade in pugno si lanciarono di corsa contro il nemico. In quella circostanza non ebbe alcuna incidenza la perizia strategica del comandante nel disporre i manipoli e le truppe di riserva, perché tutto fece con impeto quasi folle la rabbia dei soldati.

Così i nemici non soltanto furono sbaragliati, ma non avendo il coraggio di porre fine alla fuga nemmeno all'interno dell'accampamento, si diressero in disordine verso l'Apulia. Ciò nonostante arrivarono a Luceria con l'esercito di nuovo inquadrato e compatto. La stessa rabbia che aveva spinto i Romani in mezzo alle fila nemiche li trascinò anche all'interno dell'accampamento.

Là ci furono sangue e massacri più ancora che nel pieno dello scontro, e la maggior parte del bottino andò distrutta in una mischia rabbiosa. L'altro esercito alla guida di Papirio era arrivato fino ad Arpi seguendo la costa, dopo esser stato accolto in maniera pacifica da tutte le popolazioni incontrate lungo la strada (più per le violenze subite da parte dei Sanniti e per il risentimento nei loro confronti che per aver ricevuto un qualche beneficio dal popolo romano). Infatti i Sanniti, da quel popolo di montanari e contadini che erano, visto che in quel tempo abitavano in villaggi sui monti, disprezzavano gli abitanti delle pianure in quanto più molli e, come di solito succede, simili alle terre nelle quali vivevano.

Così molto spesso mettevano a ferro e fuoco le zone della pianura e quelle lungo la costa. Se questa area fosse rimasta fedele ai Sanniti, l'esercito romano non sarebbe stato in grado di arrivare ad Arpi, oppure - impedito di rifornirsi - sarebbe stato messo in ginocchio dalla mancanza di viveri. Eppure, anche così, una volta partiti da Arpi alla volta di Luceria, tanto gli assedianti quanto gli assediati furono afflitti dalla carestia. Ai Romani veniva fornita ogni cosa da Arpi, però soltanto in quantità molto ridotta: i cavalieri che dalla città portavano all'accampamento il frumento in sacchetti ai soldati impegnati nei servizi di guardia e di vigilanza e nei lavori di fortificazione, a volte, quando si imbattevano nel nemico, erano costretti ad abbandonare i viveri per combattere.

Gli assediati invece, prima che arrivasse l'altro console con l'esercito vincitore, ricevevano vettovaglie e rinforzi dai monti del Sannio. Ma l'arrivo di Publilio rese tutto più difficile, perché - dopo aver lasciato al collega il compito di occuparsi dell'assedio ed essendo libero di girare per le campagne - il console sbarrò tutti gli accessi ai rifornimenti dei nemici. E così, siccome gli assediati non avevano alcuna speranza di resistere più a lungo alla fame, i Sanniti accampati presso Luceria, dopo aver raccolto forze da ogni parte, furono costretti a scontrarsi in campo aperto con Papirio".

Proprio a *Caudium* si ebbe la prima vittoria romana, dopo la ripresa delle ostilità, almeno secondo lo storico patavino, che vendicò la sconfitta ad opera di Ponzio.

"In quel momento, mentre i due schieramenti si preparavano allo scontro, da Taranto arrivarono degli ambasciatori che intimarono a Romani e Sanniti di rinunciare alla guerra: qualunque delle due parti si fosse opposta alla cessazione delle ostilità avrebbe dovuto combattere contro i Tarentini, schierati a fianco dell'altra. Udite le parole degli inviati, Papirio, fingendo di esserne rimasto turbato, rispose che si sarebbe consultato con il collega. Dopo averlo fatto convocare, avendo trascorso con lui tutto il tempo nei preparativi della battaglia e aver passato in esame con lui una cosa già decisa, diede il segnale di battaglia. Mentre i consoli erano impegnati nei sacrifici e nei preparativi che di solito precedono uno scontro campale, gli ambasciatori di Taranto si fecero loro incontro aspettando una risposta. Papirio replicò con queste parole: "O Tarentini, il sacerdote ci fa sapere che gli auspici sono favorevoli. E poi, i sacrifici sono stati propizi. Come potete ben vedere, ci buttiamo nella mischia sotto la guida degli dei".

Diede così ordine di avanzare e si mise alla testa delle truppe, biasimando la superficialità di quelle genti che, incapaci com'erano di governarsi a causa delle discordie e dei sommovimenti interni, avevano l'ardire di dettare legge agli altri in materia di guerra e di pace. Dalla parte opposta i Sanniti, che avevano tralasciato ogni preparativo bellico - vuoi perché davvero volevano la pace, vuoi perché conveniva loro il fingerlo per assicurarsi l'appoggio dei Tarentini -, quando videro che i Romani si erano schierati in tutta fretta pronti a dare battaglia, urlarono di voler restare agli ordini dei Tarentini e di non avere intenzione di scendere in campo né di portare le armi al di là della trincea: anche se raggirati, avrebbero sopportato qualunque tipo di sciagura, pur di non dare l'impressione di disprezzare le proposte di pace dei Tarentini.

I consoli dissero di accogliere quelle dichiarazioni come un augurio, e di pregare gli dei affinché ispirassero ai nemici il proposito di non difendere nemmeno la trincea.

Dopo essersi divisi le truppe tra di loro, si avvicinano ai dispositivi di difesa del nemico e li assalgono contemporaneamente da ogni punto: e mentre alcuni riempivano il fossato e altri sradicavano la trincea fortificata gettandola nel fossato, poiché non solo il valore innato ma anche il risentimento stimolava gli animi esacerbati dall'umiliazione, i Romani irruppero all'interno del campo nemico.

Ciascuno ricordava di non avere di fronte a sé né le Forche né le gole impraticabili di Caudio, dove cioè l'inganno aveva avuto superbamente la meglio sull'errore, ma solo il valore romano che né la trincea né il fossato riuscivano a trattenere: massacrarono senza distinzione chi opponeva resistenza e chi si dava alla fuga, inermi e armati, schiavi e liberi, bambini e adolescenti, uomini e bestie. E non sarebbe sopravvissuto nessun essere vivente, se i consoli non avessero fatto suonare la ritirata, e non avessero spinto via a forza, con ordini carichi di minacce, gli uomini assetati di sangue.

E ai soldati inferociti per l'interruzione imposta al piacere della vendetta i consoli tennero immediatamente un discorso, per ricordare loro che essi non erano né sarebbero stati secondi a nessuno dei soldati quanto a odio nei confronti dei nemici: anzi, come li avevano guidati in guerra, così li avrebbero portati a una vendetta senza pietà, se il pensiero dei 600 cavalieri tenuti in

ostaggio a Luceria non avesse frenato la loro animosità, per paura che i nemici, non avendo più speranze di poter essere perdonati, si lasciassero trascinare ciecamente a uccidere i prigionieri, scegliendo così di annientare prima di essere annientati.
I soldati salutarono queste parole con un applauso, soddisfatti che i loro animi impetuosi avessero trovato un freno, e si dissero pronti ad affrontare qualunque tipo di sofferenza, pur di evitare che venisse compromessa la salvezza di tanti nobili giovani romani".

Dopo *Caudium* fu la volta di Luceria, che venne assediata ed espugnata da parte del console Papirio, che ripagò Ponzio ed i Sanniti sconfitti con la loro stessa moneta facendoli passare sotto il giogo guadagnandosi secondo Livio il trionfo, che non compare però, come detto, nei *Fasti*[25].

"Tolta l'assemblea, venne convocato un consiglio per stabilire se si dovesse aggredire Luceria con tutte le forze, oppure inviare nei dintorni uno degli eserciti consolari col comandante al fine di sondare le intenzioni degli Apuli, la cui posizione era ancora incerta. Il console Publilio, partito per una missione di perlustrazione attraverso l'Apulia, con una sola spedizione sottomise alcune popolazioni con l'uso della forza, mentre altre le accolse con patti all'interno della coalizione romana. Anche per Papirio, che si era fermato ad assediare Luceria, l'esito degli eventi fu in breve commisurato alle speranze. Infatti, dato che tutte le strade attraverso le quali arrivavano i rifornimenti dal Sannio erano bloccate, i Sanniti che erano di guarnigione a Luceria, vinti dalla fame, inviarono degli ambasciatori al console romano, invitandolo ad abbandonare l'assedio, una volta riavuti i cavalieri che erano la causa del conflitto.
Papirio rispose loro che, circa il trattamento da riservarsi agli sconfitti, avrebbero dovuto andare a consultarsi con Ponzio figlio di Erennio, l'uomo che li aveva convinti a far passare i Romani sotto il giogo. Ma visto che preferivano farsi imporre delle condizioni giuste dai nemici piuttosto che proporne essi stessi, ordinò di comunicare a Luceria che venissero lasciati all'interno delle mura le armi, i bagagli, le bestie da trasporto e l'intera popolazione civile. Quanto ai soldati, li avrebbe fatti passare sotto il giogo con un solo indumento addosso, più per vendicare l'umiliazione subita che per infliggerne una nuova. Non venne respinta alcuna delle condizioni. A passare sotto il giogo furono in 7.000 soldati, mentre a Luceria venne rastrellato un ingente bottino. Tutte le insegne e le armi perdute a Caudio vennero riprese, e - gioia questa superiore a ogni altra - furono recuperati i cavalieri consegnati dai Sanniti affinché venissero custoditi a Luceria come pegno di pace. Con quell'improvviso ribaltamento di fatti, nessuna vittoria del popolo romano fu più splendida, e ancor di più se poi è vero quanto ho trovato presso alcuni annalisti, e cioè che Ponzio figlio di Erennio, comandante in capo dei Sanniti, venne fatto passare sotto il giogo insieme agli altri, affinché espiasse l'umiliazione inflitta ai consoli.
Il fatto che non sia certo se anche il comandante nemico sia stato consegna-

---

[25] Si veda il testo dei *Fasti Triumphales* in appendice al presente lavoro.

to e fatto passare sotto il giogo non mi sorprende troppo: è molto strano invece che persistano incertezze se quella campagna a Caudio e quindi a Luceria l'abbia condotta il dittatore Lucio Cornelio con Lucio Papirio Cursore in qualità di maestro di cavalleria, e Lucio Cornelio abbia trionfato, unico vendicatore dell'ignominia inflitta ai Romani, con il trionfo che ritengo probabilmente il più giusto fino a quei giorni dai tempi di Furio Camillo, oppure se quell'onore sia da ascrivere ai consoli e in particolare a Papirio.
Ma a questo dubbio ne tiene dietro un altro: se cioè nelle successive elezioni sia stato eletto console per la terza volta Papirio Cursore (insieme a Quinto Aulo Cerretano console per la seconda volta), a seguito di un rinnovamento della carica per la vittoria ottenuta a Luceria, oppure Lucio Papirio Mugillano, e l'errore si sia verificato nella trascrizione del nome".

Autentici o no che siano gli avvenimenti narrati da Livio nel IX libro, sicuramente i Romani aumentarono l'attività diplomatica tessendo reti fatte di alleanze e compiacenze proprio a ridosso dei territori sannitici tanto che, prima del 316 a.C., alcune cittadine sia apule che peligne entrarono nella loro sfera d'influenza, permettendo così a Roma di mantenere un corridoio aperto verso l'Adriatico. In questo stesso periodo gli eserciti consolari dovettero fronteggiare una violenta ribellione dei Volsci, insorti contro la decisione di inviare coloni dall'Urbe nella loro città di Satricum ed in altri insediamenti di loro pertinenza situati nei territori del fiume Liri.
I Romani dovettero fare affidamento a tutto il loro sangue freddo per intervenire con l'esercito in una zona come quella del Liri fortemente presidiata dai Sanniti.
Questi inviarono truppe in aiuto dei loro coloni nella valle del Liri ed attaccarono Plistica, altra comunità filoromana ubicata nello stesso territorio.
La seconda Guerra Sannitica era ripresa.
Il fronte del 315 a.C. si rivelò troppo dispersivo per le forze romane.
Gli eserciti consolari erano impegnati con Papirio Cursore in Apulia, Publilio Filone in Campania e Quinto Fabio Rulliano a *Satricum* e nella valle del Liri.
Sia in Apulia che a *Satricum* i romani ebbero la meglio ma, in Campania, i Sanniti sconfissero l'esercito di Publilio Filone e puntarono a nord verso il Lazio.
A capo di questo esercito meddicheo vi era Gavio Ponzio, il vincitore delle Forche Caudine.
Avvertito della disfatta di Filone, Quinto Fabio Rulliano, che era il più vicino per intercettare l'esercito sannita, dovette assumersi l'arduo compito di fermare le schiere di Gavio Ponzio. I
l console Rulliano decise così di tagliare la strada a Ponzio, impedendogli di risalire il Lazio e per questo motivo si preoccupò di presidiare il percorso più interno alla penisola (quello che in seguito divenne la Via Latina), lasciando che il suo *Magister Equitum* Quinto Aulio Cerretano presidiasse il percorso costiero (quello che in seguito divenne la Via Appia) accampandosi presso Tarracina; Cerretano venne ucciso però dai cavalieri sanniti a Saticola, ma i Sanniti che vi persero a loro volta il comandante, di cui le fonti tacciono il nome, dovettero abbandonare la città, che venne presa dai romani pochi giorni dopo.

"Alla fine dell'anno i consoli Gaio Giunio Bubulco e Quinto Emilio Barbula consegnarono le legioni non nelle mani dei consoli che essi stessi avevano proclamati eletti, e cioè Spurio Nauzio e Marco Popilio, bensì al dittatore Lucio Emilio. Quest'ultimo, accintosi insieme al maestro di cavalleria Lucio Fulvio ad attaccare Saticula, offrì ai Sanniti un motivo pretestuoso per riaprire le ostilità. Per i Romani ne conseguì quindi una doppia minaccia: mentre da una parte i Sanniti, dopo aver raccolto un grosso esercito, si erano andati ad accampare non lontano dai Romani, nell'intento di liberare gli alleati dall'assedio, dall'altra gli abitanti di Saticula, aperte all'improvviso le porte, attaccarono violentemente i posti di guardia nemici. Così l'una e l'altra parte, confidando più negli aiuti altrui che nelle proprie forze, diedero immediato inizio alle ostilità e misero in difficoltà i Romani. Ma pur avendo un impegno su due fronti, il dittatore riusciva a tenere duro da entrambe le parti, perché aveva scelto una posizione difficile da accerchiare, e aveva distribuito i suoi manipoli in diverse direzioni.

Il grosso delle forze lo concentrò però contro gli assediati che avevano dato vita alla sortita, e riuscì a ricacciarli tra le mura dopo una lotta non priva di durezze. Poi rivolse tutte le sue forze contro i Sanniti. In quel settore la battaglia fu più accanita. La vittoria arrivò tardi, ma non fu né incerta né limitata. E i Sanniti, dopo essersi rifugiati in disordine all'interno dell'accampamento, spenti i fuochi in piena notte, si ritirarono in silenzio, e, avendo perso ogni speranza di difendere Saticula, si misero ad assediare Plistica, città alleata dei Romani, per restituire al nemico un colpo di uguale portata. A fine anno, la guerra fu poi proseguita dal dittatore Quinto Fabio. I nuovi consoli, così come i loro predecessori, rimasero a Roma. Fabio arrivò a Saticula con rinforzi per prendere in consegna l'esercito da Emilio. I Sanniti, infatti, non erano rimasti nei dintorni di Plistica ma, fatte arrivare dalla patria delle nuove forze e confidando nella loro superiorità numerica, si erano accampati nella stessa posizione di prima, e cercavano di distogliere i Romani dall'assedio provocandoli allo scontro. E il dittatore, rivoltosi con impeto ancora maggiore contro le mura nemiche, convinto che la vera guerra fosse soltanto quella che aveva come meta ultima l'espugnazione della città, non dava troppo peso ai Sanniti, opponendosi alle loro sortite solo con presidi armati a guardia dell'accampamento, per premunirsi di fronte a un'eventuale incursione nemica.

Per questo i Sanniti cavalcavano tanto più baldanzosi davanti alla trincea, senza concedersi un attimo di tregua. E poiché il nemico era ormai quasi alle porte del campo, il maestro di cavalleria Quinto Aulio Cerretano, senza richiedere il parere del dittatore, utilizzando tutti gli squadroni di cavalleria, organizzò un'impetuosa sortita e respinse i Sanniti. In quel frangente, in un combattimento che di solito non vede mai troppa determinazione, la sorte esercitò il suo potere al punto da mietere stragi in entrambi gli schieramenti e causare la morte gloriosa dei comandanti stessi. Il capo dei Sanniti per primo, non accettando l'eventualità di essere sconfitto e messo in fuga da posizioni occupate con tanta ostinazione, pregò e incitò i suoi cavalieri a rituffarsi nella mischia. Contro di lui, che si distingueva tra i suoi nel rinnovare la battaglia, il maestro di cavalleria romano, la lancia spianata, spronò il cavallo con tanta furia da sbalzarlo esanime di sella al primo colpo. Le truppe, contrariamente al solito, non furono scoraggiate dalla caduta del loro comandante: anzi, si infiammarono. I Sanniti in massa scagliarono le loro frecce contro Aulio, che si era spinto imprudentemente in mezzo agli squadroni nemici. Fu soprattutto al fratello che gli dei concessero la gloria di vendicarsi del comandante sannita caduto: dopo aver trascinato già dal cavallo il maestro di cavalleria vincitore, lo massacrò col cuore gonfio di rabbia e di dolore, e poco mancò che i Sanniti si impossessassero anche della salma, finita tra gli squadroni nemici. Ma i Romani scesero immediatamente da cavallo e si misero a combattere da fanti, costringendo i Sanniti a fare altrettanto. L'improvvisata fanteria iniziò il combattimento intorno ai cadaveri dei comandanti. I Romani ebbero la meglio, rientrando così in possesso del corpo di Aulio, che riportarono vittoriosi all'accampamento, divisi tra il dolore e la gioia.

I Sanniti, perso il comandante, stremati dalla battaglia a cavallo, abbandonarono Saticula, che ormai sembrava inutile difendere, e tornarono all'assedio di Plistica. Così, nell'arco di pochi giorni, i Romani presero Saticula che si arrese spontaneamente, mentre i Sanniti conquistarono Plistica con il ricorso alla forza".

Longo venne eletto console, per la terza volta, nel 314 a.C., con il collega Marco Petelio Libone. I due consoli rilevato il comando dell'esercito dal dittatore Quinto Fabio Massimo Rulliano, posero l'assedio a Sora, che presero con l'aiuto di un traditore. Successivamente i due consoli, rivolsero gli eserciti contro gli Ausoni, riuscendo a catturare le città di Ausona, Minturno e Vescia, grazie al tradimento di dodici nobili Ausoni. Quindi, saputo che gli abitanti di Luceria, avevano consegnato la guarnigione romana ai Sanniti, l'esercito si spostò in Apulia, prendendo la città al primo assalto. In Senato si discusse a lungo della sorte di *Luceria*, e alla fine si decise di inviare 2.500 coloni romani. Intanto, le voci di un'insurrezione in preparazione a Capua, portò alla nomina a dittatore di Gaio Menio Publio. Successivamente gli eserciti romani, condotti dai due consoli, affrontarono i Sanniti in campo aperto in Campania, nei pressi di *Caudium*, riportando una bella vittoria, con la quale Gaio Sulpicio Longo ottenne il trionfo. Ecco il racconto liviano:

"Nel corso dello stesso anno Luceria passò dalla parte dei Sanniti dopo aver consegnato in mano nemica il presidio armato romano. Ma il tradimento non tardò a essere punito: l'esercito romano si trovava nella zona e la città, in aperta pianura, venne catturata al primo assalto. Gli abitanti di Luceria e i Sanniti furono passati per le armi e la rabbia arrivò a un punto tale che, quando a Roma si discusse in senato circa l'invio di una colonia a Luceria, molti espressero l'avviso di radere al suolo la città. A prescindere dal risentimento - fuor di misura nei confronti di un popolo sottomesso già due volte -, l'idea di inviare cittadini in una zona così lontana dalla patria e in mezzo a genti tanto ostili era in sé poco accetta. Ciò nonostante prevalse il parere di mandare coloni, in numero di 2.500. Nello stesso anno, mentre per i Romani la situazione era ovunque difficile, anche a Capua i membri più eminenti della città organizzarono in segreto una congiura. Al senato giunse notizia della cosa, e la voce non fu affatto trascurata: venne anzi aperta un'inchiesta e si decise di eleggere un dittatore che se ne occupasse. L'incarico toccò a Gaio Menio, che scelse Marco Folio in qualità di maestro di cavalleria. Quella magistratura metteva in grandissima soggezione: perciò, spinti dalla paura o dalla consapevolezza della propria colpa, i Calavii Ovio e Novio, i maggiori responsabili della congiura, prima ancora di comparire di fronte al dittatore, evitarono il processo togliendosi la vita (non vi fu dubbio che si trattasse di suicidio). Venuta meno la materia di indagine in Campania, l'inchiesta si spostò a Roma, dove la si interpretò nel senso che il senato avesse dato disposizione di indagare non solo sui responsabili del complotto di Capua, ma più in generale su tutte quelle persone che, in qualunque parte, avessero preso degli accordi privati o congiurato contro lo Stato (di conseguenza anche le coalizioni realizzate per ottenere incarichi politici risultavano ai danni dello Stato). L'indagine era destinata a estendersi in relazione sia ai fatti indagati sia agli inquisiti, e il dittatore non faceva nulla per impedire che il suo diritto di inchiesta risultasse illimitato. Vennero così incriminati alcuni esponenti del patriziato, il cui appello ai tribuni risultò vano perché nessuno di essi volle intervenire contro le denunce a loro carico. E allora l'intero corpo nobiliare - e non solo coloro contro cui erano dirette le accuse - sostenne che quelle accuse non dovevano essere rivolte ai patrizi (per i quali la via alle cariche non avrebbe avuto ostacoli se le cose si fossero svolte senza brogli), ma agli uomini nuovi: quanto al dittatore e al maestro di cavalleria, in relazione al reato inquisito erano loro stessi più degni di fare da imputati che da inquisitori, e se ne sarebbero resi conto non appena il loro mandato fosse scaduto. Menio allora, preoccupandosi più della propria rispettabilità che non della carica detenuta, prese la parola di fronte all'assemblea e pronunciò questo discorso: "Voi tutti siete al corrente dei miei trascorsi, Quiriti, e questa stessa carica che mi è stata conferita è la prova inconfutabile della mia onestà. Infatti per portare avanti un'inchiesta avete dovuto ricorrere, per avere un dittatore, non a chi si fosse maggiormente distinto per valori militari (come in altri casi in cui le esigenze del paese rendevano necessaria una scelta di quel genere), bensì a chi avesse trascorso i suoi giorni il più lontano possibile da quelle conventicole. Ma siccome alcuni esponenti della nobiltà hanno prima cercato con ogni mezzo di mandare a monte l'inchiesta - preferisco che il motivo lo giudichiate voi, piuttosto che ad affermare una cosa non provata sia io nella mia qualità di magistrato -, successivamente, non essendo riusciti nei propri intenti, e volendo evitare di comparire in giudizio per difendersi, si sono ridotti all'arma difensiva propria degli avversari, e cioè l'appello al popolo e il veto dei tribuni. E alla fine, poiché anche in quella direzione la via era sbarrata, ogni altra soluzione è sembrata loro più sicura che provare la propria innocenza, al punto da lanciarsi addosso a noi, senza nemmeno vergognarsi, da privati cittadini quali sono, di pretendere che sul banco degli imputati salga il dittatore. E io, perché tutti, uomini e dei, sappiano che essi tentano anche l'impossibile, pur di non dover rendere conto della propria condotta di vita, e che non mi oppongo all'accusa e mi offro ai nemici in qualità di imputato, rinuncio alla dittatura. Vi prego, consoli, se il senato vi affiderà l'incarico di portare avanti l'inchiesta contro di me innanzitutto e contro Marco Folio, di fare in modo che risulti in maniera evidente che a tutelarci dalle accuse rivolte da queste persone non è stato il rispetto per la carica che ricopriamo, bensì la nostra innocenza".

Poi rinunciò alla dittatura, e dopo di lui fu Folio a deporre subito la carica di maestro di cavalleria. E dopo esser stati sottoposti a processo per primi dai consoli (ai quali il senato aveva affidato l'inchiesta), furono assolti in maniera onorevole, nonostante le testimonianze contrarie dei nobili. Anche Publilio Filone, che in passato aveva più volte ricoperto le più alte cariche per essersi distinto in pace e in guerra, ma non aveva il favore della nobiltà, venne processato e assolto. Ma come spesso accade, l'inchiesta relativa alle personalità di maggiore spicco non andò oltre le fasi iniziali, spostandosi poi tra gli strati subalterni della popolazione, fino a esser messa a tacere dagli ambienti e dai circoli contro cui era stata istruita.

La notizia di questi eventi, ma più ancora la speranza di una defezione della Campania (e il complotto era stato ordito in questa direzione), fece di nuovo convergere su Caudio i Sanniti diretti verso l'Apulia; si proponevano così di essere più vicini a Capua e di tentare di strapparla ai Romani, nel caso in cui qualche contrasto interno ne avesse offerto l'occasione. I consoli si diressero in quella zona con un forte esercito. In un primo tempo i due schieramenti indugiarono in prossimità delle gole, perché era un rischio per entrambi marciare dritti contro il nemico. Poi i Sanniti, dopo una lieve diversione in zone aperte, scesero verso la pianura, nelle terre campane, dove in un primo tempo collocarono l'accampamento in vista del nemico, per poi mettere reciprocamente alla prova le rispettive forze in scaramucce di poco conto, più spesso ingaggiate dalla fanteria che dalla cavalleria. Ai Romani non dispiaceva né l'esito di queste schermaglie né che la guerra andasse per le lunghe. Ai comandanti sanniti sembrava invece che le loro forze venissero ridotte dalle perdite quotidiane, che si logorassero per il protrarsi del conflitto. Per questo uscirono allo scoperto schierandosi in ordine di battaglia, e divisero la cavalleria disponendola sulle due ali, con l'ordine di badare all'accampamento alle spalle piuttosto che alla battaglia in corso (per evitare appunto un assalto nemico in quella direzione). Per garantire saldezza al fronte avanzato dello schieramento sarebbe bastata la fanteria. Dei due consoli, Sulpicio occupò l'ala destra, Petelio la sinistra. Sulla destra i contingenti vennero schierati con intervalli più ampi, perché anche i Sanniti avevano disposto in quel settore i loro reparti in ordine più rado, vuoi per aggirare il nemico, vuoi per non essere aggirati a loro volta. A sinistra, oltre al fatto che le file erano già di per sé più serrate, il console Petelio decise all'improvviso di aggiungere nuovi contingenti, mandando subito in prima linea le coorti dei riservisti, che di norma venivano mantenute integre per eventuali prolungamenti dello scontro. Impiegando tutte le forze a disposizione, al primo urto, costrinse il nemico a indietreggiare. Vedendo che le linee della fanteria stavano vacillando, i cavalieri sanniti si fecero avanti subentrando nello scontro. Contro di loro che avanzavano dai fianchi fra le due prime linee si lanciò la cavalleria romana, seminando lo scompiglio tra i reparti e le file di fanti e cavalieri, fino a mettere in rotta da quella parte l'intero fronte sannita. All'ala sinistra era venuto a incitare le truppe non soltanto Petelio, ma, udito l'urlo levatosi per primo da quella parte, anche Sulpicio, che aveva lasciato i suoi uomini ancora inattivi. Quando constatò che in quel settore la vittoria era ormai sicura, tornò verso la sua ala con 1.200 uomini. Là però trovò una situazione molto diversa, perché i Romani erano stati costretti a indietreggiare e i nemici vittoriosi incalzavano i suoi ormai allo sbando. Ma all'improvviso le cose cambiarono radicalmente con l'arrivo del console: vedendo infatti il loro comandante, i soldati ripresero coraggio, e poi il validissimo contingente arrivato con lui costituì un supporto ben più massiccio di quanto il suo numero non facesse prevedere. E quando infine udirono - e videro coi loro occhi - che l'altra ala aveva avuto il meglio, rimisero in piedi le sorti dello scontro. Ormai i Romani stavano prevalendo su tutta la linea e i Sanniti, smesso il combattimento, vennero uccisi o fatti prigionieri, fatta eccezione per quelli che ripararono a Malevento, la città che oggi si chiama Benevento. Stando alla tradizione, 30.000 Sanniti sarebbero stati uccisi o fatti prigionieri.

Dopo quella splendida vittoria, i consoli guidarono subito l'esercito all'assedio di Boviano, dove si accamparono per l'inverno, fino a quando assunse il comando delle truppe il dittatore Gaio Petelio, eletto dai consoli Lucio Papirio Cursore e Gaio Giunio Bubulco (rispettivamente al quinto e al secondo mandato), con Marco Folio in qualità di maestro di cavalleria. Venuto a sapere che la rocca di Fregelle era stata occupata dai Sanniti, il dittatore lasciò Boviano e si mosse rapidamente in quella direzione. I Sanniti avevano abbandonato la città nel corso della notte, e Fregelle fu ripresa senza scontro; lasciatovi un forte presidio, il dittatore tornò in Campania, determinato a riprendere Nola con le armi. Con l'avvicinarsi del dittatore, tutti i Sanniti e gli abitanti della campagna di Nola si erano rifugiati all'interno delle mura cittadine. Il dittatore, esaminata la posizione della città, per avere più libero accesso alle fortificazioni, fece incendiare tutti gli edifici che si trovavano addossati all'esterno delle mura e nei quali vivevano moltissime persone. Nola fu presa in poco tempo: secondo alcuni autori dal dittatore Petelio, secondo altri dal console Gaio Giunio.

Quelli che attribuiscono al console il merito della conquista di Nola aggiungono che anche Atina e Calazia furono catturate dalla stessa persona, e che a seguito di una pestilenza Petelio venne nominato dittatore con il compito di piantare un chiodo. Nello stesso anno vennero fondate le colonie di Suessa e di Ponzia. Suessa prima dipendeva dagli Aurunci, mentre Ponzia, un'isola in vista della costa, era abitata da Volsci.

Un decreto del senato stabilì la deduzione di una colonia anche a Interamna Sucasina. Però la nomina dei triumviri preposti e l'invio di 4.000 coloni furono opera dei consoli dell'anno successivo, e cioè Marco Valerio e Publio Decio".

I Sanniti a questo punto si erano ormai resi conto dell'impossibilità di affrontare ad armi pari i Romani in campo aperto, cominciarono ad applicare su vasta scala la tattica della guerriglia irregolare: *dato che che allo strapotere militare dei Romani non riuscivano a resistere né gli eserciti, né gli accampamenti fortificati, né le città*, scrive Tito Livio, i pensieri di tutti i comandanti sanniti si concentrarono a individuare un nuovo punto propizio per un agguato, che venne individuato nei crinali del Massiccio del Matese, il *Mons Tifernatis* degli antichi.

Nel 311 i Sanniti conquistarono *Cluviae*- forse presso *Bovianum*-decapitandone la guarnigione romana dopo aver fustigato i prigionieri; quando il console Giunio Bruto Bubulco riprese la città massacrò tutti i maschi adulti per rappresaglia

I Sanniti vennero ancora una volta sconfitti dalle legioni di Bubulco, le quali riuscirono addirittura a rovesciare il nemico posizionato in un luogo assai più elevato, ucccidendo, a detta. di Livio, oltre ventimila nemici ed a conquistare *Bovianum*, rastrellando poi il territorio.

> "Mentre la guerra con i Sanniti era ormai avviata alla conclusione, prima ancora che il senato si fosse liberato di quel pensiero, cominciò a circolare la voce di una guerra scatenata dagli Etruschi. Galli a parte, in quel tempo non c'era nessun popolo le cui armi facessero più paura, sia per la prossimità sia per il numero. E così, mentre l'altro console portava a termine le ultime operazioni belliche nel Sannio, Publio Decio, rimasto a Roma perché seriamente ammalato, su proposta del senato nominò dittatore Gaio Giunio Bubulco. Quest'ultimo, poiché la situazione era così critica da renderlo necessario, bandì una leva militare di tutti i giovani, e provvide con estrema cura alle armi e alle altre necessità del momento. Pur confortato da questa grande disponibilità di mezzi, il dittatore non aveva l'intenzione di muovere guerra per primo, ma, senza dubbio, di attendere che gli Etruschi prendessero l'iniziativa.
>
> Senonché anche gli Etruschi si comportarono nella stessa maniera, facendo grossi preparativi bellici ma rinunciando a scatenarla. Di conseguenza nessuna delle due parti in causa uscì dal proprio territorio. In quell'anno fu memorabile la censura di Appio Claudio e Gaio Plauzio, anche se dei due il nome che rimase più a lungo presso i posteri fu quello di Appio, in quanto fece costruire una strada e l'acquedotto che porta l'acqua a Roma; queste opere le portò a termine da solo, perché il collega, per colpa di una revisione della lista dei senatori che aveva attirato dure critiche e risentimento contro i censori, aveva ceduto alla vergogna rinunciando alla carica. Appio allora, che dagli antenati aveva ereditato l'ostinazione tipica della famiglia, esercitò la censura da solo. Per iniziativa dello stesso Appio, la *gens* Potizia - cui in passato era riservato il culto dell'ara massima di Ercole - aveva istituito servi pubblici per affidare loro l'incombenza dei riti di quel culto. Stando a quanto si racconta, a seguito di questa decisione si verificò un fatto prodigioso che arrivò a creare scrupoli religiosi in quanti avessero voluto inserire delle innovazioni nei riti sacri: mentre in quel periodo le famiglie facenti capo alla gens Potizia erano dodici e comprendevano circa trenta uomini in età adulta, prima della fine dell'anno tutti i suoi membri con la relativa discendenza morirono. E non solo sparì il nome dei Potizi, ma alcuni anni dopo anche il censore Appio venne privato della vista dagli dei, memori di quel fatto.
>
> E così i consoli dell'anno successivo, Gaio Giunio Bubulco per la terza volta e Quinto Emilio Barbula per la seconda, appena entrati in carica si lamentarono di fronte al popolo del fatto che il corpo dei senatori fosse stato

deformato dalla pessima scelta operata, in virtù della quale erano stati esclusi parecchi individui migliori di quelli eletti, e si rifiutarono di garantire validità alla lista dei nuovi membri del senato, dicendo che era stata stilata in base al capriccio e alle amicizie personali, senza distinzione tra buoni e cattivi; così convocarono immediatamente il senato attenendosi all'elenco in vigore prima della censura di Appio Claudio e Gaio Plauzio.

Quell'anno vennero attribuite in base al voto del popolo due cariche di natura militare: il primo provvedimento stabiliva l'elezione da parte del popolo di sedici tribuni militari per quattro legioni, mentre in precedenza i posti riservati ai candidati di nomina popolare erano pochi, e l'assegnazione della carica era appannaggio quasi esclusivo di dittatori e consoli. La proposta venne presentata dai tribuni della plebe Lucio Atilio e Gaio Marcio. Il secondo provvedimento stabiliva invece che spettasse al popolo nominare anche i duumviri navali, il cui compito era quello di allestire la flotta e di organizzarne la manutenzione. L'iniziativa di questo plebiscito fu del tribuno della plebe Marco Decio. I consoli si divisero gli incarichi: a Giunio toccò in sorte la spedizione contro i Sanniti, mentre a Emilio la nuova guerra contro gli Etruschi. Nel Sannio la guarnigione romana di Cluvie, dopo aver respinto un attacco nemico, poiché non era stato possibile prenderla con la forza, una volta sottoposta ad assedio aveva dovuto arrendersi per fame ai Sanniti; questi massacrarono a bastonate e trucidarono i soldati già arresisi. Indignato per questa crudeltà, e ormai convinto che l'attacco contro *Cluviae* fosse la più urgente delle cose da farsi, quello stesso giorno Giunio assalì le mura della città e la catturò uccidendo tutti gli adulti. Di lì l'esercito vittorioso venne trasferito a Boviano, capitale dei Sanniti Pentri e città ricchissima, anche di armi e di uomini. Non essendoci motivo di particolare risentimento, i soldati si impossessarono della città per la speranza di razziare del bottino. Fu per questo che infierirono meno sui nemici, portando via però un bottino quasi più cospicuo di quanto non ne avessero rastrellato in tutto il Sannio; il console generosamente lo concesse tutto agli uomini.

Poiché allo strapotere militare dei Romani non riuscivano a resistere né gli eserciti, né gli accampamenti fortificati, né le città, i pensieri di tutti i comandanti sanniti si concentrarono a individuare un punto propizio per un agguato, se per caso fossero riusciti a sorprendere l'esercito romano intento alle sue razzie. Alcuni contadini che avevano disertato o erano stati fatti prigionieri, giunti tra i Romani in parte per puro caso e in parte per una precisa scelta, si trovarono d'accordo nel riferire al console (e per altro la cosa corrispondeva a verità) che una grande quantità di bestiame era stata concentrata in un impervio passo sulle montagne, e così convinsero il console a portate in quel punto le legioni armate alla leggera, nell'intento di fare del bottino. Lì, in prossimità dei sentieri, si era andato a nascondere un forte contingente nemico che, sbucando fuori quando vide i Romani entrare nel passo, li assalì all'improvviso con urla e grande frastuono. Sulle prime la sorpresa seminò il panico fra i Romani, che afferravano le armi e accatastavano i bagagli nel mezzo della strada.

Poi però, mano a mano che ciascun uomo si liberava del carico e si armava, da ogni parte i soldati accorrevano alle proprie insegne e l'esercito, senza bisogno di ordini, prese a schierarsi secondo l'ordine ben noto per la lunga esperienza di guerra. E il console, precipitatosi nel punto in cui la battaglia era più accesa, saltò giù da cavallo e chiamò Giove, Marte e gli altri dei a testimoni di essere venuto su quel passo non tanto per cercare gloria individuale, quanto bottino per gli uomini, e di non poter essere biasimato di nient'altro se non dell'eccessivo desiderio di fare arricchire i soldati romani ai danni del nemico. Ma in quel momento la sola cosa che lo potesse salvare dal disonore era il valore delle truppe.

Che dunque si unissero tutti in uno sforzo comune per gettarsi su un nemico già superato sul campo di battaglia, già privato del suo accampamento, delle città, e che tentava il tutto per tutto con quell'indegno espediente, affidandosi al luogo e non certo alle armi. Ma quale luogo, ormai, era inespugnabile per il valore romano? Bastava ricordare le rocche di Fregelle e di Sora, e tutti i successi ottenuti in zone sfavorevoli. Esaltati da queste parole, gli uomini - dimentichi di tutte le difficoltà - si riversarono sulla schiera nemica che si trovava in posizione sopraelevata. Sulle prime dovettero faticare molto per risalire la china.

Ma poi, non appena i primi manipoli ebbero raggiunto la sommità del crinale e l'esercito si sentì saldamente piazzato su un'area pianeggiante, la paura si rivolse subito contro i responsabili dell'agguato i quali, liberandosi delle armi e fuggendo in tutte le direzioni, cercarono scampo in quegli stessi anfratti che prima erano loro serviti da nascondigli. Ma la conformazione accidentata del terreno, scelta apposta per creare problemi al nemico, andava adesso a loro discapito, impedendone i movimenti.

Di conseguenza furono pochi quelli che riuscirono a salvarsi: vennero uccisi circa 20.000 uomini, e i Romani reduci dal trionfo si sparsero nei dintorni a fare razzia del bestiame offerto loro dal nemico in persona".

Sino ad allora Roma aveva potuto riversare tutte le sue energie contro i Sanniti grazie alla relativa tranquillità sul confine etrusco. Gli Etruschi, che sebbene considerati poco bellicosi costituivano la più consistente minaccia a nord per Roma, per la loro ricchezza che permetteva di arruolare mercenari e per il loro avanzamento tecnologico, avevano avuti forti motivi di dissidio con i sanniti, che gli avevano sottratto la Campania, almeno quanto ne avevano con i romani. Ma ora, dopo tanti anni di completa inazione gli etruschi decisero di scendere in campo, approfittando dell'impegno romano contro i Sanniti.

Probabilmente solo una parte delle città della Lega delle Dodici città etrusche scese in guerra, ma con un numero di truppe sufficiente a schierare eserciti più massicci di quelli romani. Così nel 310 a.C. i due eserciti consolari dovettero venir schierati separatamente sui due fronti opposti, e quello settentrionale toccò a Fabio Massimo Rulliano.

Rulliano liberò Sutri piombando addosso all'esercito assediante e disperdendolo; attraversata al Selva Cimina i Romani sconfissero gli Etruschi sul Lago Vadimone nel 309, in quella che fu la maggior battaglia campale tra i due popoli.

Nello stesso anno 309 a.C., eletto dittatore, Lucio Papirio Cursore; marciò alla volta del Sannio, per prendere il comando dell'esercito romano, dalle mani del console dell'anno precedente Gaio Marcio Rutilo Censorino, si incontrò con quest'ultimo a

Longula. Qui i Romani affrontarono i Sanniti che, con due armate (secondo l'improbabile resoconto di Livio uno aveva scudi cesellati in oro, l'altra in argento; lo storico sembra aver descritto le armi indossate nell'arena dai gladiatori detti *samnites* piuttosto che autentiche armi italiche del IV secolo...) furono sbaragliati in uno scontro campale presso Longula, che fruttò a Papirio Cursore il trionfo *de Samnitibus*.

"Poco tempo dopo la vittoria del Lago Vadimone, i Romani corsero un pericolo analogo, riportando però un successo altrettanto netto contro i Sanniti i quali, oltre agli altri preparativi militari, avevano fatto sì che le loro armate fossero più splendenti grazie a una nuova e brillante armatura. Gli eserciti erano due: uno aveva lo scudo cesellato in oro, l'altro in argento. La forma dello scudo era questa: più largo in alto per coprire il petto e le spalle, il bordo livellato e, sul fondo, fatto a cuneo per renderlo più maneggevole. A protezione del torace avevano una corazza spugnosa, mentre per la gamba sinistra c'era uno schiniere. Gli elmi erano dotati di cresta, per accrescere l'imponenza delle persone. Le tuniche dei soldati provvisti di scudo dorato erano di varie tinte, mentre quelle dei soldati con lo scudo d'argento erano di lino bianchissimo. Ai primi venne affidata l'ala sinistra, ai secondi la destra.

Ma i Romani erano già stati informati di quell'armatura splendente, e i comandanti avevano ricordato loro che il soldato deve avere un aspetto rude, non avere addosso armi cesellate d'oro e d'argento, ma confidare nella propria spada e nel proprio valore. A essere sinceri, non armi erano quelle, ma futuro bottino: brillanti prima dello scontro, segno di infamia tra il sangue e le ferite. Il valore era l'ornamento dei soldati: tutto quel prezioso splendore sarebbe stato il seguito della vittoria, e un nemico ricco era il premio del vincitore, per quanto povero questi potesse essere. Risollevati i suoi uomini con queste parole, Cursore li guidò in battaglia. Egli andò ad occupare l'ala destra, mentre alla sinistra collocò il maestro di cavalleria.

All'inizio dello scontro la lotta col nemico fu accesa, e non meno viva la competizione tra il dittatore e il maestro di cavalleria per stabilire chi avesse dato il via per primo alla vittoria. Il destino volle che Giunio fosse il primo a far indietreggiare i nemici, attaccando con l'ala sinistra il fianco destro del nemico (composto di uomini votatisi agli dei, secondo la tradizione sannita, e per questo vestiti tutti di bianco). Proclamando che avrebbe immolato i nemici all'Orco, Giunio si lanciò all'attacco e ne scompigliò le file, costringendo il fronte a indietreggiare sensibilmente dalla sua linea. Quando il dittatore se ne accorse, disse: "Allora la vittoria inizierà dall'ala sinistra, e l'ala destra, con le truppe del dittatore, starà a guardare le sorti del combattimento altrui, non farà la parte del leone nella vittoria?". Con questo intervento infiammò gli animi dei suoi soldati, e i cavalieri non furono da meno dei fanti quanto a valore dimostrato, così come i luogotenenti non lo furono rispetto ai comandanti. Marco Valerio all'ala destra, Publio Decio a sinistra (entrambi ex consoli), si lanciarono dalla parte dei cavalieri schierati alle due ali, esortandoli a conquistarsi la loro parte di gloria. Poi andarono all'assalto in diagonale contro i fianchi del nemico. Poichè questa nuova minaccia si era abbattuta sullo schieramento avversario da entrambe le parti, e la fanteria romana, vedendo i Sanniti in preda al panico, aveva di nuovo levato il grido di battaglia prendendo ad avanzare, i Sanniti cominciarono a fuggire. Le campagne già erano ingombre di cumuli di cadaveri e armi luccicanti.

n un primo momento i Sanniti, terrorizzati, si andarono a rifugiare nell'accampamento; poi però non riuscirono a tenere nemmeno questo, che prima del calar della notte venne conquistato, saccheggiato e dato alle fiamme. Su decreto del senato il dittatore ottenne il trionfo, il cui più splendido ornamento furono le armi strappate ai Sanniti. Sembrarono così straordinarie, che gli scudi dorati furono consegnati ai banchieri, affinché fungessero da addobbo per il Foro. Si dice che di lì sia nato l'uso degli edili di adornare il Foro per le processioni solenni sui carri. Mentre i Romani utilizzarono le armi dei nemici per rendere omaggio agli dei, i Campani, per sfrontatezza e risentimento verso i Sanniti, dotarono con quelle armature i gladiatori che si esibivano durante i banchetti, e diedero loro il nome di Sanniti. Nello stesso anno il console Fabio combatté contro i resti dell'esercito etrusco nei pressi di Perugia, che aveva violato la tregua, e conseguì una vittoria facile e netta. E avrebbe anche espugnato con la forza la città - alle cui mura si stava già avvicinando dopo la vittoria -, se non ne fossero usciti ambasciatori a offrire la resa. Lasciata una guarnigione armata a Perugia, il console mandò avanti in senato, a Roma, gli ambasciatori etruschi con la richiesta di un trattato di amicizia, ed entrò poi in città in trionfo, dopo aver conseguito una vittoria ancora più memorabile di quella del dittatore. A dir la verità, gran parte del merito della sconfitta inflitta ai Sanniti venne attribuito ai luogotenenti Publio Decio e Marco Valerio, i quali, nel corso delle successive elezioni, vennero nominati con ampia maggioranza console il primo e pretore il secondo".

Nel 307 a.C. il proconsole Quinto Fabio Massimo Rulliano, il vincitore degli Etruschi, conquistò Alife:

"Quinto Fabio, col grado di proconsole, affrontò in campo aperto l'esercito sannita nei pressi della città di Alife. La vittoria non presentò margini di incertezza: i nemici vennero travolti e costretti a rientrare al campo. E non sarebbe loro rimasta neppure questa possibilità, se il giorno non fosse stato ormai alla fine. Ciò non ostante vennero circondati prima del buio, e guardati a vista durante la notte, per evitare che qualcuno fuggisse. All'alba i Sanniti cominciarono a trattare la resa, ottenendo come condizioni che ciascuno di loro fosse liberato e fatto passare sotto il giogo con addosso un solo indumento. I loro alleati non ebbero alcun tipo di garanzia: furono venduti all'asta in numero di 7.000. Quanti invece avevano dichiarato di essere cittadini ernici, vennero separati e custoditi a parte, per poi essere inviati in massa da Fabio di fronte al senato di Roma.

Lì venne loro chiesto se avessero combattuto come volontari oppure fossero stati arruolati con una regolare leva militare; poi furono affidati alle varie genti latine col cómpito di sorvegliarli. I consoli neoeletti, ovvero Publio Cornelio Arvina e Quinto Marcio Tremulo nominati poco tempo prima, ricevettero disposizione di aprire un'inchiesta sull'intera faccenda e di riferirne al senato. Gli Ernici si risentirono: e poiché la gente di Anagni aveva convocato l'assemblea plenaria di tutta la gente ernica nel circo oggi chiamato Marittimo, tutto il popolo ernico, con la sola eccezione di Alatri, Ferentino e Veroli, dichiarò guerra a Roma£.

Ma i Sanniti, lungi dal darsi per vinti contrattaccarono prendendo Sora e *Calatia* e massacrando i prigionieri catturati:

"Poiché Fabio aveva lasciato la zona, anche nel Sannio ripresero le ostilità. I Sanniti espugnarono Calazia e Sora con i presidi romani che vi si trovavano, e infierirono barbaramente sui prigionieri. Per questo Publio Cornelio venne mandato là con un esercito. A Marcio venne invece affidata la spedizione contro i nemici recenti, visto che agli Anagnini e al resto degli Ernici era già stata dichiarata guerra. In una prima fase i nemici occuparono tutti i punti strategici tra gli accampamenti dei due consoli, così che non poteva passare nemmeno un messaggero disarmato, e per parecchi giorni i consoli rimasero senza notizie preoccupandosi l'uno e l'altro delle sorti del collega. L'apprensione contagiò anche Roma, al punto che tutti i giovani vennero chiamati alle armi; furono formati così due eserciti completi per affrontare gli imprevisti del caso. Ma la guerra contro gli Ernici non corrispose alle paure che aveva suscitato né alla gloria militare che quel popolo aveva dimostrato in passato. Non presero mai, da nessuna parte, alcuna iniziativa degna di essere menzionata: persi tre accampamenti nel giro di pochi giorni, scesero a patti ottenendo una tregua di trenta giorni, in maniera da poter inviare una delegazione al senato di Roma; la condizione fu che pagassero lo stipendio all'esercito, e fornissero i viveri per due mesi e una veste per ogni soldato. Il senato li indirizzò a Marcio, cui conferì con un proprio decreto pieni poteri circa le condizioni da imporre agli Ernici. Ed egli ne accettò la resa."

La guerra proseguì in una serie di scontri di lieve entità, in una guerriglia scatenata dai Sanniti nell'impervio territorio del Sannio, cui i Romani, ormai armatisi alla leggera, sull'esempio degli avversari, rispondevano colpo su colpo, e annientando la ribellione degli Ernici, alleatisi ai Sanniti:

"Nel Sannio l'altro console, pur avendo la superiorità numerica, era in difficoltà per la natura impervia dei luoghi. I nemici avevano sbarrato tutte le vie di comunicazione, occupando i passi praticabili per impedire i rifornimenti. E il console, pur schierando ogni giorno il suo esercito in ordine di battaglia, non riusciva a trascinare i Sanniti allo scontro, ed era evidente che né i Sanniti avevano intenzione per il momento di accettare battaglia, né i Romani di sopportare che la guerra venisse tirata per le lunghe. L'arrivo di Marcio, accorso in aiuto del collega dopo aver sottomesso gli Ernici, tolse però ai nemici la possibilità di evitare ancora lo scontro. Infatti, siccome già prima non si ritenevano in grado di affrontare in campo aperto un solo esercito, adesso erano convinti di non avere più alcuna speranza, nel caso in cui avessero permesso ai due eserciti consolari di riunirsi. E per questo piombarono sulle truppe di Marcio che si stavano avvicinando in formazione poco compatta. Il console fece sùbito abbandonare a terra i bagagli e schierò i suoi come il caso gli permetteva. In un primo tempo arrivò al campo il frastuono delle urla, poi il polverone alzato in lontananza destò grande apprensione nell'accampamento dell'altro console. Questi immediatamente diede ordine di armarsi e, dopo aver tempestivamente schierato i suoi in ordine di battaglia, assalì il fianco delle truppe nemiche, già impegnate in un altro scontro, urlando che sarebbe stata una grossa umiliazione se avessero lasciato all'altro esercito l'onore di entrambe le vittorie, senza rivendicare per se stessi la gloria nella guerra toccata loro. Sfondarono là dove avevano attaccato e, attraversate le linee avversarie, avanzarono fino all'accampamento nemico, che presero e diedero alle fiamme perché completamente sguarnito. Quando i soldati di Marcio videro le fiamme e anche i nemici si voltarono a guardare, i Sanniti cominciarono a darsi alla fuga da una parte e dall'altra: ovunque però furono raggiunti dal massacro, senza trovare scampo in alcuna direzione.

Dopo che già 30.000 nemici erano stati uccisi, il console fece suonare la ritirata. Stavano già raccogliendo le truppe complimentandosi a vicenda, quando all'improvviso apparvero all'orizzonte nuovi contingenti nemici (erano ausiliari inviati a sostegno): così la strage fu completa. Senza nemmeno aspettare l'ordine dei consoli né il segnale di battaglia, i vincitori si riversarono loro addosso, urlando che i Sanniti avrebbero dovuto iniziare la loro ferma con un duro tirocinio. I consoli non si opposero allo slancio delle legioni, consapevoli del fatto che le giovani reclute nemiche, mescolate ai veterani in rotta, non avrebbero neppure avuto il coraggio di tentare il combattimento. Il loro ragionamento non si dimostrò sbagliato: tutte le forze sannite, vecchie e nuove, fuggirono verso i monti circostanti. Ma anche l'esercito romano si diresse da quella parte, e non c'era più un punto che fosse sicuro per gli sconfitti, scacciati anche dalle alture che avevano occupato. Ormai chiedevano la pace a una voce sola. Dopo aver subito l'onere di fornire il grano per tre mesi, pagare lo stipendio per un anno e dotare ogni soldato di una tunica, i Sanniti inviarono al senato una delegazione per chiedere la pace.

Cornelio rimase nel Sannio. Marcio ritornò a Roma, dove entrò in trionfo per la vittoria sugli Ernici, e gli venne decretata una statua equestre nel Foro, che fu collocata di fronte al tempio di Castore. Alle tre città erniche di Alatri, Veroli e Ferentino vennero lasciate le loro leggi, perché avevano preferito questa condizione alla cittadinanza romana, e fu loro concesso il diritto di contrarre matrimonio misto (diritto questo che essi furono i soli tra gli Ernici a conservare a lungo). Agli abitanti di Anagni e al resto delle genti che avevano preso le armi contro Roma fu concessa la cittadinanza romana senza diritto di voto, venne revocato il diritto di libera assemblea e di matrimonio misto, e fu loro vietato di avere dei magistrati propri, fatta eccezione per quelli che si occupavano del culto.

Nello stesso anno il censore Gaio Giunio Bubulco appaltò la costruzione del tempio della Salute da lui promesso in voto quand'era console durante la guerra contro i Sanniti. Lo stesso Giunio insieme al collega Marco Valerio Massimo fece costruire a spese dello stato una rete di strade che attraversava le campagne. E ancora in quell'anno venne rinnovato per la terza volta il trattato con Cartagine, e gli ambasciatori venuti a Roma per questo scopo ricevettero doni e un trattamento di grande cortesia".

Infine, nel 305 Romani e Sanniti si affrontarono ancora una volta, come nel 311, presso *Bovianum* nel cuore del Sannio; questa vittoria dei Romani segnò finalmente la fine della Seconda guerra sannitica. I Romani, comandati dai consoli Tiberio Minucio Augurino- che rimase probabilmente ucciso nella battaglia, come ricorda Livio- e Lucio Postumio Megello avanzarono su due colonne contro *Bovianum*, e si scontrarono con l'esercito sannita comandato da Stazio Gellio.
Le informazioni sulla battaglia sono scarne e confuse; sappiamo che Gellio f cadde prigioniero dei Romani che catturarono anche numerose insegne militari sannite.
la fonte principale è Tito Livio in questo brano dal X libro della Storia di Roma:

> "Lo stesso anno [305 a.C.] ebbe come dittatore Publio Cornelio Scipione, e Publio Decio Mure in qualità di *Magister Equitum*. I due presiedettero le elezioni consolari (compito per il quale erano stati nominati, in quanto nessuno dei due consoli aveva potuto allontanarsi dal fronte). Vennero eletti consoli Lucio Postumio e Tiberio Minucio. Questi consoli per Pisone seguono a Quinto Fabio e a Publio Decio, saltando però il biennio durante il quale abbiamo riferito che i consoli furono Claudio con Volumnio e Cornelio con Marcio. Non è chiaro se Pisone li abbia dimenticati nel redigere gli annali, oppure se abbia omesso di proposito i due consolati, ritenendoli privi di fondamento. Nel corso dello stesso anno ci furono incursioni da parte dei Sanniti nella pianura Stellate in Campania. Entrambi i consoli vennero inviati nel Sannio, dirigendosi però in zone diverse, Postumio a Tiferno e Minucio a Boviano. Il primo scontro avvenne a Tiferno, agli ordini di Postumio: alcuni autori sostengono che i Sanniti vennero sconfitti in maniera netta e che furono fatti 20.000 prigionieri; altri invece che le parti si allontanarono dopo una battaglia dall'esito rimasto incerto, che Postumio, fingendo di aver paura, marciando di notte andò a nascondere le sue truppe sui monti, e che i nemici gli tennero dietro, accampandosi a due miglia di distanza da lui in una posizione ben protetta. Il console, volendo dare l'impressione di aver scelto quella zona per porre l'accampamento fisso, in quanto sicura e ricca (come in effetti era), in un primo tempo fece dotare il campo di difese, attrezzandolo con ogni tipo di materiale. Dopo avervi lasciato una massiccia guarnigione armata, nel pieno della notte guidò lungo il percorso più breve possibile le sue truppe equipaggiate alla leggera fino a raggiungere il collega, accampato di fronte a un altro esercito nemico.
> Là, su consiglio di Postumio, Minucio attaccò battaglia, e poiché lo scontro andò avanti nell'incertezza fino a giorno inoltrato Postumio aggredì all'improvviso con le sue forze ancora fresche i nemici ormai stremati. E così, visto che i Sanniti non riuscivano a fuggire per la stanchezza e le ferite riportate, furono uccisi tutti dal primo all'ultimo, mentre i Romani catturarono ventuno insegne, dirigendosi poi verso l'accampamento di

Postumio.
Qui i due eserciti vincitori, gettandosi sui nemici demoralizzati per le notizie ricevute, li travolsero costringendoli alla fuga e catturando ventisei insegne militari, più il comandante dei Sanniti Stazio Gellio, molti altri uomini ed entrambi gli accampamenti. Il giorno successivo venne iniziato l'assedio di Boviano, catturata anch'essa in breve tempo, e i due consoli che tanta gloria avevano conquistato con quelle imprese celebrarono il trionfo. Alcuni autori sostengono che il console Minucio, riportato nell'accampamento con una ferita molto grave, morì sul posto, e che per sostituirlo venne nominato console Marco Fulvio il quale, subentrando a Minucio nel comando del suo esercito, avrebbe conquistato Boviano.

I Sanniti, dopo aver perso anche le posizioni nella valle del Liri come Sora, Arpinum e Cesennia si resero conto di come la situazione fosse ormai insostenibile e si decisero a chiedere la pace al Senato romano
"

"Nel corso di quell'anno Sora, Arpino e Cesennia vennero nuovamente strappate ai Sanniti, mentre una grande statua di Ercole venne collocata in Campidoglio e lì consacrata. Durante il consolato di Publio Sulpicio Saverrione e di Publio Sempronio Sofro, i Sanniti - nel desiderio di porre fine alla guerra o di ottenere una tregua - inviarono a Roma ambasciatori per discutere la pace. Alle loro suppliche venne replicato che, se i Sanniti non avessero di frequente richiesto la pace continuando in realtà a preparare la guerra, si sarebbe potuto stipulare un trattato di pace con una semplice discussione tra le due parti in causa. Ma ora che le parole a tale riguardo si erano dimostrate vane, era necessario starsene ai fatti. Il console Publio Sempronio si sarebbe recato di lì a poco nel Sannio con un esercito, e non gli sarebbe certo potuto sfuggire che intenzioni avessero i Sanniti, se bellicose o pacifiche. Chiarito ogni aspetto, avrebbe riferito al senato. Che quindi i delegati seguissero il console al suo rientro dal Sannio. Quell'anno, poiché un esercito romano che l'aveva percorso in lungo e in largo aveva trovato il Sannio in condizioni pacifiche ed era stato generosamente rifornito dalle genti del posto, ai Sanniti venne di nuovo concesso il trattato di pace di una volta".

Il Sannio all'epoca della Terza guerra sannitica (298- 290 a.C.)

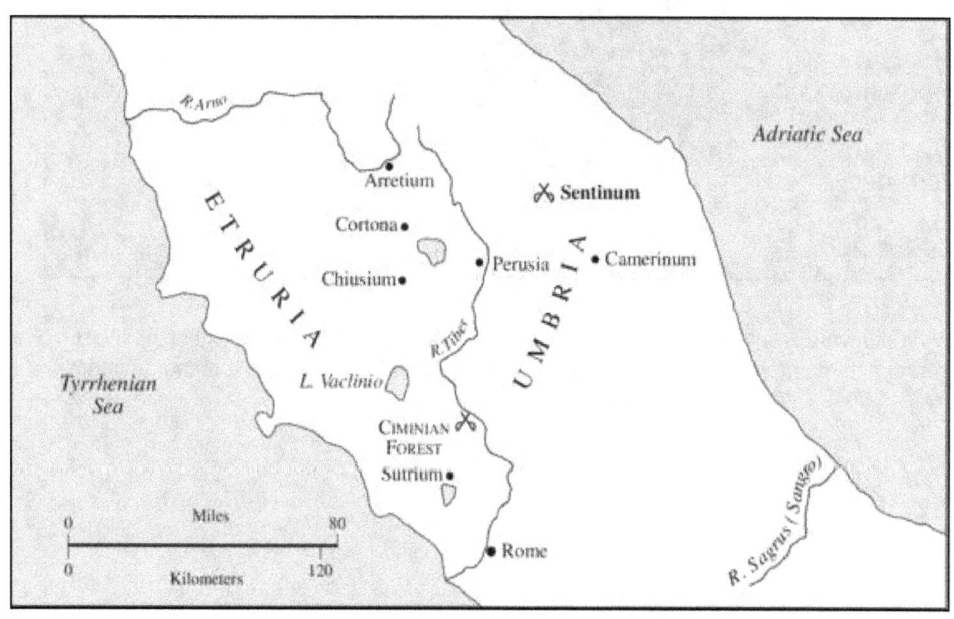

L'Italia centrale durante la campagna di *Sentinum* (295 a.C.)

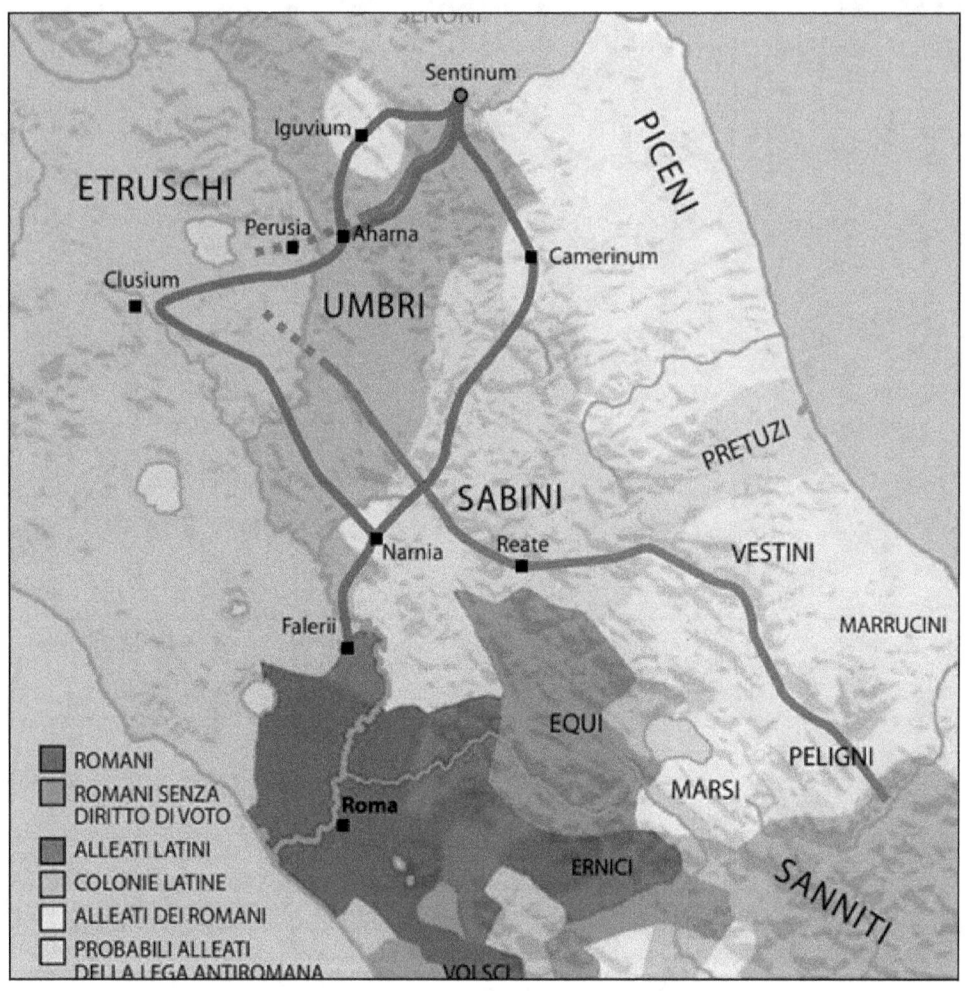

L'avvicinamento a *Sentinum* dei Romani e dei Sanniti condotti da Gellio Egnazio, che seguirono i percorsi appenninici della transumanza, aggirando il territorio romano, unendosi con i Senoni a *Sentinum*

LA TERZA GUERRA SANNITICA
(298- 290 a.C.)

Dopo tanti anni di guerra e di cruenti scontri che videro entrambi gli schieramenti lottare strenuamente, sia i Sanniti che i Romani non si attendevano una lunga tregua d'armi. Ambedue conoscevano ormai il modo di agire l'uno dell'altro.

I Sanniti erano consapevoli che il nemico poteva essere battuto solo se impegnato su più fronti, in modo da dividerne le forze in campo su di un'area più vasta. Per questo motivo cercarono alleanze al nord, nella speranza di coinvolgere tutte quelle popolazioni che non sopportavano il giogo di Roma, mentre quest'ultima creava nuove alleanze per contenere i Sanniti dentro i propri limiti territoriali, cercando nuovi alleati al di là del Sannio, verso l'Adriatico.

Nel 304 a.C. i Romani strinsero accordi con i Marsi, i Peligni ed i Marrucini, riuscendo a coinvolgere in queste alleanze persino i Frentani, una delle comunità storiche dei Sanniti. Due anni dopo anche i Vestini si allearono con Roma. Gli Equi non trattarono nessun accordo. Nemici dei Romani da sempre, ci volle la forza persuasiva delle legioni di Caio Giunio Bruto per sopraffarli.

Nel 303 a.C. l'intero territorio a nord della piana del Fucino passò sotto controllo romano. Furono fondate le colonie latine di *Alba Fucens* e, nel 298 a.C., di *Carseoli*.

Nel primo periodo del III secolo a.C. un'altra minaccia per Roma giunse dal nord dell'Italia: erano i Celti.

Oltre che per i Romani, una tale minaccia lo era anche per tutti gli altri popoli a nord del Lazio, compresi gli Etruschi. Questi ultimi seppero però sfruttare meglio la situazione stringendo con loro un patto di non belligeranza e, con il tempo, anche altre popolazioni limitrofe si accordarono allo stesso modo.

Anche i Sanniti, temuti dagli stessi Celti, entrarono con loro in rapporti amichevoli grazie all'intermediazione delle popolazioni umbre. All'inizio, per lo più, furono solo contatti sporadici tra i vari popoli contrari all'egemonia di Roma ma, con il passare del tempo, sopraggiunse tra questi una convergenza di idee ed intenti per sottrarsi alla morsa soffocante di Roma.

Venuti a conoscenza degli intenti delle popolazioni italiche, i Romani iniziarono a temere eventuali sviluppi negativi che queste leghe potessero comportare, tant'è vero che i suoi consoli organizzarono parate militari nel sud dell'Etruria proprio per dimostrare a quelle popolazioni la continua e costante presenza delle loro forze belligeranti.

Intanto i Romani, continuando nelle loro azioni diplomatiche, stipularono nel 299 a.C. un trattato di alleanza con i Lucani, aiutandoli a sottrarsi dal controllo dei Sanniti.

Fu proprio questa la scintilla che provocò l'inizio della Terza guerra sannitica.

I Romani erano consapevoli della loro potenza militare e, di conseguenza, del fatto che nessuno poteva ormai contrastare il loro dominio sull'intera Italia peninsulare. Forse il trattato con i Lucani fu più un pretesto che un accadimento, anche perché i

Sanniti erano ormai chiusi sia al nord che ad est che al sud delle loro terre.
Ad ovest c'era il Lazio.
Dal canto loro i Sanniti, per sfuggire alla morsa romana, tentarono l'apertura di un corridoio verso l'Etruria ed i Galli della Cisalpina, in modo da mantenere contatti stabili.
Nel 298 a.C. il console Lucio Cornelio Scipione Barbato attaccò i territori meridionali del Sannio, conquistando l'*Ager Taurasinus* (Taurasia Cisauna) fra *Luceria* e *Beneventum*, e i territori sul versante destro del Sangro, conquistando tutti gli *oppida* della Loucana, come ricorda l'*elogium* scolpito sul suo sarcofago:

CORNELIVS·LVCIVS·SCIPIO·BARBATVS·
(...)
CONSOL CENSOR·AIDILIS·QVEI·FVIT·APVD·VOS
TAVRASIA·CISAVNA
SAMNIO·CEPIT SVBIGIT·OMNE·LOVCANA·OPSIDESQVE·ABDOVCIT[26]

L'altro console, Cneo Fulvio Massimo Centumalo, attaccò i territori settentrionali del Sannio, cercando di chiudere il corridoio di contatti con le popolazioni del nord *Aufidena* cadde sotto il suo assalto e, dopo averla depredata, danneggiò gravemente le opere di difesa, abbattendo gran parte delle sue mura poligonali ; gli venne concesso il trionfo.
Nel 297 a.C. i Romani si organizzarono per sferrare un grande attacco contro i Sanniti, forse quello decisivo.
Elessero così a consoli due comandanti, veterani delle battaglie contro i Sanniti, Quinto Fabio Rulliano III e Publio Decio Mure, figlio del vincitore di Suessola.

---

[26]Cornelio Lucio Scipione Barbato, (...) catturò Taurasuia Cisauna nel sannio. soggiogò ogni fortezza della Loucana e ne prelevò ostaggi (CIL VI, 1284).

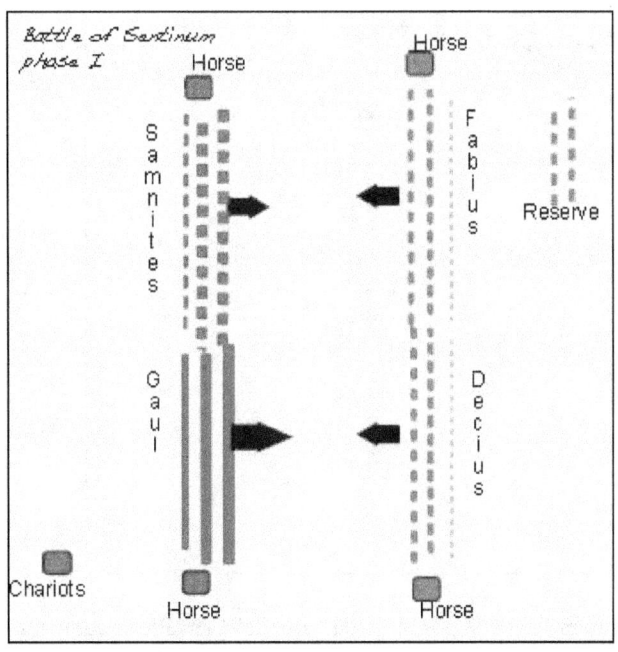

Sentinum, 295 a.C.. Gli schieramenti iniziali

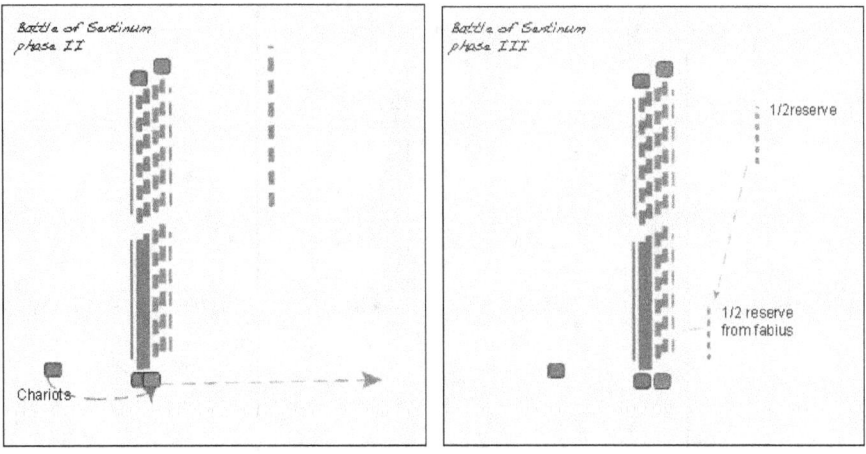

Sentinum. L'urto dei due schieramenti e il momento della *devotio* di Decio Mure

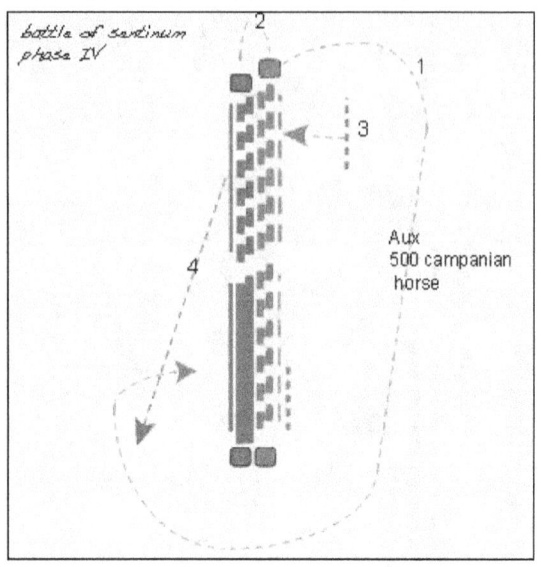

Sentinum. Aggiramento delle posizioni da parte della cavalleria campana (sopra) e rotta dei Sanniti messi in fuga da Fabio Rulliano (sotto).

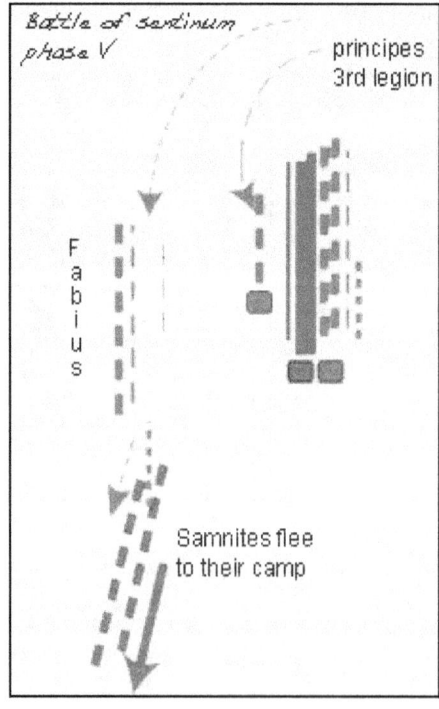

SENTINUM,
LA "BATTAGLIA DELLE NAZIONI"

Aulo Gellio avev come obiettivo prioritarioun'alleanza tra gli avversari di Roma con il congiungimento delle forze sannite con quelle dei Galli, degli Umbri e degli Etruschi.
Nel 295 a.C. l'obiettivo di una lega di queste popolazioni parve realizzarsi per la prima ed unica volta nella storia, e Roma dovette ancora una volta impiegare tutte le risorse umane di cui disponeva e le migliori strategie contro la forte coalizione italica.
Fabio Massimo Rulliano e Decio Mure mossero con i eserciti consolari verso i confini dei territori nemici, il primo nella valle del Liri a controllo della zona settentrionale del Sannio, l'altro nel territorio di *Teanum Apulum*, per controllare la zona apula e lucana sul confinie sannita. Nelle azioni contro i Sanniti gli eserciti consolari fecero opera di devastazione del territorio e di logoramento del nemico, impedendo che si svolgesse la transumanza e devastando le coltivazioni e quindi distruggendo o requisendo i raccolti dei lavori agricoli per ridurre alla fame i Sanniti, anche con lo scopo di indurre i nemici ad affrontare in campo aperto i due consoli.
L'anno successivo, nel 296 a.C. furono affiancati a Rulliano e Decio Mure, i due pretori Appio Claudio Cieco e Lucio Volumnio Flamma.
In Etruria vennero inviate due legioni al comando di Appio Claudio Claudio mentre Volumnio Flamma fu inviato con le altre due legioni in Campania contro i Sanniti.
I Sanniti cercarono di contrastare in tutti i modi le vessazioni che i Romani infliggevano alla popolazione. Il loro condottiero Gellio Egnazio, che portava lo stesso *praenomen* del condottiero Stazio, comandante sannita durante la seconda Guerra Sannitica, ma di *gens* diversa, stava studiando il modo di spezzare l'accerchiamento romano al Sannio in modo da sferrare una controffensiva organizzata insieme agli alleati Etruschi, Celti ed Umbri.

> "Mentre nel Sannio venivano compiute queste imprese (non importa sotto il comando e gli auspici di chi), in Etruria molti popoli stavano preparando una grossa guerra contro i Romani; la mente dell'operazione era il sannita Gellio Egnazio. Quasi tutti gli Etruschi avevano deciso di prendere parte a quel conflitto, che aveva contagiato le popolazioni della vicina Umbria, e anche truppe ausiliarie formate da Galli attirati dai soldi".

Di nuovo Livio evidenzia come fossero i Sanniti a costituire la componente più importante della coalizione, ed il ruolo decisivo di Gellio Egnazio nello spingere la preparazione degli Etruschi alla guerrae l'intervento degli Umbri e dei Senoni considerati come truppe mercenarie e non un esercito organizzato.

> "Mentre entrambi i consoli e tutte le forze romane erano impegnati sul fronte della guerra etrusca, i Sanniti, allestito un nuovo esercito, cominciarono a met-

> tere a ferro e fuoco i territori soggetti al dominio romano: scesi in Campania e nell'agro Falerno attraverso il territorio dei Vescini, colsero un ingente bottino. Mentre Volumnio stava rientrando nel Sannio a marce forzate - per Fabio e Decio si stava già infatti avvicinando il termine della proroga dell'incarico -, le notizie relative all'esercito sannita e alle devastazioni nel territorio campano lo fecero deviare per andare a proteggere gli alleati"

Livio mette in evidenza come le esperienze degli anni precedenti e la campagna di Rulliano culminata nella battaglia del Lago Vadimene avessero costituito una scossa non solo per gli Etruschi, ma anche per gli altri italici, la cui principale preoccupazione era ora l'espansione romana.

> "Invece di porre termine alla guerra, questa spedizione del console ne aveva ampliato il raggio: infatti le genti che abitavano ai piedi dei monti Cimini [gli etruschi dei territori vulcenti e volsiniensi ndA] erano state gravemente danneggiate dalle incursioni romane, e avevano contagiato con il loro risentimento non solo i popoli dell'Etruria, ma anche quelli confinanti dell'Umbria. Per questo motivo misero insieme nei pressi di Sutri un esercito più numeroso di quanto non avessero mai fatto prima, e non si limitarono soltanto a trasferire l'accampamento al di là della selva ma, per l'impazienza di arrivare allo scontro, portarono anche l'esercito nella pianura".

Gli Etruschi tentarono di assoldare i Galli Senoni, pagandoli per combattere contro Roma; questi sostennero di aver ricevuto il denaro per non saccheggiare il territorio etrusco, ma di essere pronti a fare guerra ai Romani in cambio di territori in cui stanziarsi.

> "Ma mentre erano impegnati in queste faccende, un grosso contingente di Galli fece ingresso nel loro territorio, distogliendoli per qualche tempo dai loro progetti. Ricorrendo al denaro, di cui disponevano in grande quantità, cercarono di trasformare i Galli da nemici in amici, in maniera da poter affrontare la guerra con Roma contando sul loro appoggio militare. I barbari non negarono l'alleanza, limitandosi a trattare sul prezzo. Dopo aver negoziato e ricevuto quanto richiesto, quando ormai tutto era pronto per la guerra e gli Etruschi li invitavano a seguirli, i Galli negarono di aver pattuito il compenso per fare guerra ai Romani, sostenendo invece che la somma era stata riscossa per non saccheggiare il territorio etrusco e non tormentarne gli abitanti col ricorso alle armi.
> In ogni caso, se proprio gli Etruschi insistevano, i Galli avrebbero partecipato alla guerra, ma solo a patto di ottenere parte del territorio etrusco, in modo da potersi finalmente stanziare in una sede sicura. I popoli dell'Etruria organizzarono parecchie assemblee per prendere una decisione in proposito, senza però arrivare a risultati concreti, e non tanto perché non si sentissero di accettare una riduzione del loro territorio, quanto perché tutti inorridivano all'idea di avere come vicini un popolo tanto feroce. I Galli vennero così congedati, con una grossa somma di denaro conquistata senza correre rischi e senza fatica alcuna. A Roma la notizia dell'allarme da parte dei Gal-

li alleati agli Etruschi seminò il panico. Fu per questo che col popolo dei Piceni venne stipulato un trattato in tempi ancora più brevi".

L'alleanza nasva con molte difficoltà, e gli Etruschi non avevano fiducia nell'alleanza con Senoni che pure erano considerati fondamentali per sconfiggere i Romani. Livio tende a sottolineare la paura atavica dei Romani sdei Celti, tanto da seminare terrore nell'Urbe, ed a portare alla precipitosa alleanza dei Romani con i Piceni.

> "Nello stesso anno fu fondata una colonia a *Carseoli*, nel territorio degli Equicoli.
> Il console Fulvio celebrò il trionfo sui Sanniti. Quando le elezioni dei consoli erano ormai alle porte, cominciò a circolare la voce che Etruschi e Sanniti stavano allestendo grossi eserciti. Si diceva che in tutte le assemblee i capi etruschi venivano attaccati senza mezzi termini per non essere riusciti a trascinare in nessun modo i Galli in guerra, i magistrati sanniti per aver gettato allo sbaraglio contro i Romani l'esercito che era stato raccolto contro i Lucani. E così i nemici, unendo le proprie forze a quelle degli alleati, stavano per sollevarsi in guerra, e i Romani dovevano affrontare uno scontro impari".

I Romani, scrive Livio,

> "Sapevano che [gli Etruschi] era[no] la gente più ricca d'Italia quanto ad armi, uomini e denaro, e che come vicini avevano i Galli, un popolo nato tra il ferro e le armi, già disposto alla guerra per la sua stessa natura, e in particolare nei confronti dei Romani, che essi ricordavano, certo senza vana millanteria, di aver sottomesso e obbligato a un riscatto a peso d'oro. Se solo negli Etruschi albergava ancora lo spirito che in passato aveva animato Porsenna e i suoi antenati, non mancava nulla perché essi, cacciati i Romani da tutta la terra al di qua del Tevere, li costringessero a lottare per la propria salvezza, invece che per un insopportabile dominio sull'Italia. L'esercito sannita era lì, pronto per loro, con armi e denaro per pagare i soldati, disposto a seguirli su due piedi, anche se avessero voluto portarlo ad assediare addirittura Roma".

Livio dice esplicitamentee che fu Gallio Egnazio, oltre a coinvolgere gli Umbri, a ritenere necessario far entrare nel conflitto anche i Galli Senoni come mercenari, sottolineando così implicitamente il ruolo egemone dei Sanniti nella coalizione anti-romana:

> "La spedizione nell'agro campano aveva suscitato grande trepidazione a Roma. Inoltre, proprio in quei giorni, dall'Etruria era arrivata la notizia che dopo la partenza dell'esercito di Volumnio gli Etruschi erano corsi alle armi, e che Gellio Egnazio, comandante dei Sanniti, cercava non solo di spingere gli Umbri alla ribellione ma anche di allettare i Galli con la promessa di una grossa ricompensa".

Gli alleati avevano un'armata superiore,di numero ai Romani e potevano colpire da nord con gli Etruschi, da sud con i Sanniti e da est con i Galli Senoni.

> "A distogliere il senato da questi problemi furono la guerra in Etruria, che stava diventando sempre più preoccupante, e i frequenti messaggi di Appio che consigliava con insistenza di non trascurare i moti di quella regione: quattro popoli - Etruschi, Sanniti, Umbri e Galli - si stavano unendo in grado di contenere tutta quella massa di armati. Per questo motivo, e anche per presiedere le elezioni (la data era già alle porte), venne richiamato a Roma il console Lucio Volumnio. Questi, prima di chiamare le centurie al voto, dopo aver convocato l'assemblea generale, pronunciò un lungo discorso sulla gravità della guerra in Etruria. Disse che fino a quel momento, fino a quando cioè aveva gestito insieme al collega la campagna in Etruria, la guerra era stata così dura, che per sostenerla non erano stati sufficienti un unico comandante e un unico esercito.
> In seguito, stando a quanto si diceva, si erano aggiunti gli Umbri e i Galli con un grosso esercito. Tenessero bene a mente, quindi, che quel giorno venivano scelti i consoli destinati a fronteggiare quei quattro popoli. Personalmente, se non fosse stato convinto che il voto del popolo stava per designare al consolato l'uomo che in quel momento era giudicato senza alcun dubbio il miglior generale a disposizione, lo avrebbe nominato immediatamente dittatore".

Con un abile spostamento lungo i tratturi appenninici, sfilando lungo i territori alleati di Roma ed eludendo le forze romane che attuavano un capillare controllo del territorio ai confini dell'intero Sannio, Gellio Egnazio portò il grosso delle truppe sannite nel territorio degli Umbri, forse a *Perusia* (Perugia), dove si incontrò con le forze della Lega Etrusca.

Gellio era stato coperto dalle continue azioni di disturbo attuate da un altro condottiero sannita, Minazio Staio che, utilizzando nuclei mobili di cavalieri, mise a ferro e fuoco i territori dei Falerni e degli Aurunci, assaltando e depredando tutti gli insediamenti filoromani dell'area, distraendo e attirando verso di sé le truppe consolari.

I Romani, nel tentativo di contrastare questi violenti attacchi e pensando ad un'offensiva sannita, spostarono parte degli eserciti di Fabio Rulliano dal Liri e di Volumnio Flamma dalla Campania settentrionale nelle aree delle operazioni di Minazio Staio e, per avere un maggior controllo di quei territori, trasferì genti dall'Urbe formando il primo nucleo di quelle che diventeranno le colonie di *Minturnae* e *Sinuessa*.

L'azione di disturbo di Minazio Staio riuscì a attirare le truppe romane ed alleate verso la Campania, distraendo l'attenzione dai territori del Sannio settentrionale così che le truppe di Gellio Egnazio poterono allontanarsi indisturbate e congiungersi con gli alleati nell'Etruria centrale.

Quando le notizie circa la situazione giunsero ai consoli, Fabio Rulliano dispose un arruolamento di truppe puntando sulla qualità piuttosto che sul numero e promettendo loro un ricco bottino:

"Tutti i giovani si presentarono di corsa al console, arruolandosi ciascuno di sua spontanea volontà, tanto grande era il desiderio di prestare servizio militare agli ordini di quel generale. Circondato da questa massa di giovani, Fabio disse: "Ho intenzione di arruolare soltanto 4.000 fanti e 600 cavalieri. Porterò con me quanti daranno i loro nomi tra oggi e domani. A me preme più riportarvi in patria ricchi dal primo all'ultimo, piuttosto che fare la guerra con molti soldati".

Rulliano quindi partì in fretta verso il campo del pretore Appio Claudio Cieco che si trovava nei pressi di *Aharna*, città etrusca non identificata, menzionata solo da Livio, ad est di *Perusia*, nodo di strade che avrebbe permesso in caso di necessità di dirigersi sia verso l'Etruria settentrinale (Chiusi, Cortona ed Arezzo) che che verso l'Umbria (Gubbio e Foligno).

"Partito con un esercito adatto alle esigenze del momento e formato da uomini che erano tanto più fiduciosi e sicuri per il fatto che non era stata richiesta una grande quantità di uomini, si diresse in fretta al campo del pretore Appio, nei pressi della città di *Aharna*, che non distava molto dalle posizioni nemiche.
Il giorno dopo il campo venne spostato e il pretore Appio fu rispedito a Roma. Da quel momento i Romani non posero un campo stabile da nessuna parte: l'idea di Fabio era che a nessun esercito giovasse lo star fermo, e che anzi le marce e i cambiamenti di zona facessero acquistare in mobilità e in salute. Le marce, tuttavia, duravano quanto lo permetteva l'inverno non ancora concluso. All'inizio della primavera Fabio lasciò la seconda legione a Chiusi - un tempo chiamata *Camars* - e, affidato l'accampamento a Lucio Scipione coi gradi di propretore, rientrò a Roma per tenervi un consiglio di guerra".

Fabio si diresse in Umbria dove pose gli accampamenti invernali:
Nella primavera del 295 Rulliano lasciò la seconda legione a Chiusi al comando di Lucio Scipione e rientra a Roma.La mobilità dell'esercito in quell'inverno probabilmente fu svolta nell'area tra Arna e Chiusi , dove si poteva prevenire controllare l'arrivo degli eserciti alleati.
Secondo taluni autori Fabio e Decio partirono alla volta dell'Etruria subito dopo essere entrati in carica, senza però alcun accenno al sorteggio delle zone di operazione e ai dissapori tra i colleghi di cui si è già parlato.
Fabio e Decio partirono per l'Etruria senza notizie circa la direzione finale dei Sanniti.
Ma prima che i consoli arrivassero in Etruria, nei pressi di Chiusi comparve una massa di Galli Senoni, le cui intenzioni erano di attaccare l'esercito e l'accampamento romani. Scipione, che aveva il comando del campo, volendo sopperire all'inferiorità numerica con il favore della posizione, fece salire l'esercito su un'altura che si trovava tra la città e l'accampamento. Ma dato che nella fretta non aveva potuto fare controllare il percorso, raggiunse una cima che era già stata occupata dal nemico, salito dalla parte opposta. Così la legione, schiacciata da ogni parte dai nemici, fu presa alle spalle e sopraffatta. Alcuni autori sostengono che quel contingente fu

completamente annientato, al punto che non rimase in vita un solo soldato in grado di riferire la notizia della disfatta, e che i consoli, essendo ormai nei pressi di Chiusi, non ricevettero alcuna informazione su quel disastro fino al momento in cui non videro coi propri occhi i cavalieri dei Galli che portavano le teste dei romani uccisi appese al petto dei cavalli e conficcate sulle lance, e si esibivano nei loro caratteristici canti di trionfo.

Stando ad altri autori, i nemici sarebbero stati Umbri e non Galli, e la sconfitta avrebbe avuto minori proporzioni: a rimanere circondato sarebbe stato un reparto di soldati addetti al foraggiamento agli ordini del luogotenente Lucio Manlio Torquato, e il propretore Scipione Barbato sarebbe intervenuto con rinforzi dall'accampamento, e dopo aver riequilibrato le sorti della battaglia avrebbe piegato gli Umbri già vincitori, togliendo di nuovo dalle loro mani i prigionieri e il bottino.

Qui Livio aggiunge un'altra informazione, presa da annalisti precedenti, in cui ridimensiona il fatto come uno scontro di minore entità e riporta come secondo le altre fonti che l'attacco non fosse avvenuto ad opera dei Galli ma degli Umbri; comunque secondo Livio furono i Senoni e non gli Umbri ad attaccare, a causa dei precedenti tentativi dei Galli di invadere Roma.

Da dove provenivano questi Galli arrivati in Etruria?

Facevano parte della coalizione o erano bande di guerrieri celti che giravano per l'Etruria a loro piacimento offrendosi come mercenari alle varie città stato[27]? E, se realmente appartenevano alla coalizione italica, perché presero questa iniziativa autonoma?

Ciò lascia pensare che la coalizione non fosse ancora del tutto formata e che i Galli avevano il compito di trattenere le armate romane.

> "Così, mentre entrambi i consoli erano già partiti alla volta del fronte con quattro legioni, un massiccio contingente di cavalleria romana, 1.000 cavalieri campani forniti per quel conflitto, e un esercito di alleati e di Latini numericamente superiore a quello romano, non lontano da Roma altri due eserciti vennero collocati di fronte all'Etruria, uno nel territorio dei Falisci, l'altro nell'agro Vaticano. I propretori Gneo Fulvio e Lucio Postumio ricevettero la disposizione di accamparsi stabilmente in quelle zone".

Prima che Fabio Rulliano e Decio Mure fossero arrivati nei pressi di Chiusi non ricevettero nessuna notizia dell'accaduto fino a che non raggiunsero Chiusi, rendendosi conto personalmente dell'avvenuto.

Fabio una volta a Chiusi decise rapidamente di attaccare l' avversario non in Etruria ma in Umbria nel cuore dei territori occupati dai Senoni, acerrimi nemici di Roma, popolo mercenario che compiva incursioni dall'Umbria al Piceno all'Etruria. Il percorso seguito dai consoli fu probabilmente il più sicuro che da Chiusi attraverso la via di Perugia, Foligno ,valicava l'Appennino al passo di Colfiorito(o la via di Todi, Massa Martana, Mevania Foligno o Massa Martana ,Spoleto ,Foligno).

I Romani proseguirono in direzione di Camerino, città alleata, e attraverso la valle

---

[27] Esempi di mercenari celti in Etruria sono noti archeologicamente. A Volsinii (Orvieto) nei ranghi della locale aristocrazia, si era inserito un Celta il cui *nomen* originario,*Catacus, era mutato nell'etrusco Avile Katacinas, la cui tomba era nella necropoli di Crocifisso del Tufo

Esina raggiunsero l'agro dei Sentinati Umbri. In alternativa potrebbero aver seguito la via della Valtopina e valicato l'Appennino al Passo Croce d'Appennino, nel territorio degli Helvillati.

Anche alcune popolazioni sabine avverse a Roma si unirono alla coalizione italica nella speranza di affrancarsi dalle pesanti imposte costrette a versare nelle casse dell'Urbe, tanto che alla fine la lega dei popoli contro Roma potè contare su di un numero di guerrieri che assommava secondo gli autori antichi a non meno di 100.000 uomini.

Nel momento in cui ci si accorse della manovra delle forze sannite in marcia verso l'Umbria, Roma piombò nel panico ed il pretore Publio Sempronio Sofo, per rafforzare le difese della città, indisse un arruolamento di massa aperto perfino ai liberti.

L'esercito del console Appio Claudio Cieco, schierato a difesa dell'Urbe, venne rafforzato con le schiere prima inviate a fronteggiare Minazio Staio in Campania settentrionale.

Perché Rulliano lasciò due legioni di fronte all'Etruria in copertura quando le quattro legioni erano a Chiusi?

Prevedeva che in caso di sconfitta le due legioni avrebbero potuto fermare l'aavanzata contro Roma oppure era già previsto lo stratagemma di spostare rapidamente le due legioni in Etruria e Umbria?

> "Valicato l'Appennino, i consoli raggiunsero i nemici nel territorio di *Sentinum*, e si accamparono a circa quattro miglia da loro.
> Tra i nemici ci furono quindi riunioni, nelle quali venne deciso di non mescolarsi in un unico accampamento e di non dare battaglia tutti insieme. I Galli vennero aggregati ai Sanniti, gli Umbri agli Etruschi
> (…) I consoli inviarono una lettera rispettivamente a Fulvio e a Postumio: le disposizioni erano di abbandonare la zona di Faleri e l'agro Vaticano, e di portare i loro eserciti a Chiusi, mettendo a ferro e fuoco con la massima violenza il territorio nemico.
> La notizia di queste incursioni costrinse gli Etruschi a lasciare la zona di *Sentinum* per andare a proteggere il proprio paese".

Ciò pone una serie di interrogativi: perché Livio (o meglio, gli annalisti ripresi dallo storico patavino) sposta improvvisamente il teatro delle operazioni sull'altro versante degli Appennini?

Cosa intende con la frase *valicato l'Appennino*? Forse il passaggio dei monti in direzione della Gallia Senonia o da Chiusi (378 m) verso le alture di Chianciano (504 m), Montepulciano (605 m) per arrivare nella piana di *Sentinum* delle Serre di Rapolano, compresa tra Siena, Arezzo e Perugia?

Le altre due legioni romane dovevano distruggere i territori di Chiusi, alle spalle di Fabio e Decio Mure?

Infine, da dove passarono gli eserciti etruschi ed umbri per andare a difendere i loro territori i quali si trovavano alle spalle di Fabio Rulliano?

Dopo *Sentinum* non vi fu più uno scontro decisivo contro i Galli che permettesse ai vincitori di dettare dure condizioni all'avversario.

La rapida colonizzazione della Gallia Senonia è la dimostrazione che la battaglia si svolse nel territorio umbro-senone con la conseguente fondazione per reazione delle colonie militari di *Sena Gallica* nel 283 a.C., *Ariminum* nel 268 a.C. e con la *lex Flaminia* del 232 a.C. iniziò una massiccia colonizzazione dell'*Ager* Gallico e Piceno

Agli inizi del 295 a.C. le forze di ambedue gli schieramenti stavano prendendo posizione ed appariva chiaro che lo scontro sarebbe stato imminente. Il grosso delle truppe sannite era giunto nei pressi di *Perusia*, mentre gli alleati Umbri erano ad ovest della stessa città. Gli Etruschi erano schierati nelle zone a ridosso del loro territorio meridionale, i Celti erano nelle vicinanze del territorio piceno ed i Marsi si preparavano presidiando la loro terra e attendendo l'inizio delle ostilità.

Vediamo ora l'enità delle forze messe in campo dalle due parti: il numero e la qualità degli uomini, l'entità dei contingenti ausiliari, di cui Livio tratta ipotizzando un'ipotetica invasione da parte di Alessandro Magno: nei censimenti di quell'epoca i cittadini romani ammontavano a 250.000 unità: di conseguenza, anche nell'eventualità che tutti gli alleati latini si fossero dissociati in massa, la sola leva dei cittadini romani avrebbe permesso l'arruolamento di dieci legioni. In quegli anni spesso accadeva che partissero per il fronte quattro o cinque eserciti per volta, in Etruria, in Umbria (dove ai nemici si erano aggiunti i Galli), nel Sannio e in Lucania. In seguito, in tutto il Lazio, con i Sabini, i Volsci, gli Equi, nell'intera Campania, in parte dell'Umbria e dell'Etruria, tra i Piceni, i Marsi, i Peligni, i Vestini e gli Apuli, e lungo tutta la costa tirrenica abitata da Greci, da Turi fino a *Neapolis* e Cuma e di lì fino ad Anzio ed Ostia, Alessandro, secondo Livio, avrebbe trovato validi alleati oppure nemici già sconfitti in guerra.

I Piceni, stanziati nelle Marche meridionali, si dichiararono neutrali nel conflitto.

Questa loro posizione politica fu favorevole ai Romani, poiché una buona parte dell'Italia centrale fu non belligerante, consentendo loro di inoltrarsi verso nord, di attraversare i territori alleati e di avvicinarsi ai confini della Senonia senza incontrare ostilità da parte della gente locale.

Roma in questa situazione politico-geografica ebbe un canale preferenziale e favorevole che le consentì di spingersi nella Gallia Senonia, facendo anche affidamento sull'alleata Camerino, che si trovava a circa 35 miglia da *Sentinum*, allora occupata dai Senoni.

Presso *Sentinum*, su una delle vie che dall'Umbria conducevano nell'agro gallico dei Senoni, nel 295 a. C., ebbe luogo una delle maggiori battaglie della terza guerra sannitica, di importanza tale da meritarne una trattazione approfondita.

Ad essa parteciparono Galli e Sanniti secondo Polibio[28] (), Galli, Sanniti, Etruschi ed altri alleati secondo Diodoro Siculo[29] che qui usa e cita Duride. La loro testimonianza è confermata dai Fasti trionfali i quali riferiscono il trionfo del console di quell'anno Q. Fabio Rulliano de *Samnitibus et Etrusceis Galleis*, ed anche Livio[30] come vedremo menziona Sanniti, Galli, Umbri ed Etruschi[31].

Sebbene ritenga che questi ultimi due popoli si allontanassero prima della battaglia, essa fu combattuta secondo Polibio *con tutte le legioni* cioè con entrambi gli eserciti

---

[28] Pol. II, 19, 6
[29] Diod., *Hist.*, XXI, 6.
[30] X, 30, 8
[31] Il *De viris illustribus* sostituisce erroneamente i Marsi ai Sanniti nell'enumerazione dei popoli che combatterono a *Sentinum*, probabilmente per influsso della guerra sociale in cui i Marsi ebbero tal parte che essa fu anche detta *Marsica*

consolari, forse 30.000 uomini, e a conferma diciò la tradizione narra della *devotio* della morte eroica di uno dei consoli, P. Decio Mure, e del trionfo di Fabio Rulliano. L'importanza della battaglia si rispecchia nel racconto del contemporaneo Duride, il quale con estrema, ma significativa esagerazione, parlava di centomila nemici rimasti sul campo. Queste notizie e gli eventi successivi mostrano che si trattò di una battaglia risolutiva, quella che veramente assicurò l'unificazione dell'Italia media sotto il predominio romano. Essa fu preceduta secondo il racconto liviano da un'audacissima mossa dell'*Embratur* (attribuiamogli questo titolo per comodità: che lo portasse è possibile ma non provato) Gellio Egnazio, il quale nel 296 dal Sannio attraverso regioni suddite o amiche dei Romani era passato nell'Umbria per congiungersi con gli alleati settentrionali dei Sanniti. Nel complesso la tradizione sulla battaglia di *Sentinum*, anche se sono favolosi i particolari con cui è narrata presso Livio, e tali da non permettere militarmente una ricostruzione, deve considerarsi come sostanzialmente attendibile.

Pochi fatti della storia romana più antica sono confermati da tante testimonianze indipendenti. E tuttavia su pochi di quei fatti si è altrettanto sbizzarrita la ipercritica, supponendo una confusione tra Sanniti e Sabini, che nella nostra tradizione è documentata solo in casi rarissimi e d'importanza secondaria.

La tesi che i nomi dei generali sanniti del secoli IV e III a. C. siano ricopiati da quelli dei generali della guerra sociale, avanzata dal Beloch, è da considerarsi errata.

Si può piuttosto discutere se la *devotio* del console Decio riferita a questa battaglia sia o non storica. Certo la *devotio* di un Decio era riferita per la battaglia del Veseri del 340, per la battaglia di *Sentinum* e per quella di Ausculum del 279. L'ultima è probabilmente invenzione.

La morte di Decio a *Sentinum* non è da mettere in dubbio: non è certo però se la *devotio* sia stata riferita originariamente alla sola battaglia del Vesuvio o alla sola battaglia di *Sentinum* o ad entrambe.

La *devotio* era un particolare rituale religioso romano, forse di origine etrusca o più genericamente italica, col quale l'officiante, il *devotus*, era al tempo stesso anche la vittima offerta agli dei: si trattava di un contratto nel quale l'uomo, chiedendo un favore specifico, dava in cambio la propria vita come offerta agli dei. Tuttavia l'offerta non veniva riconosciuta agli dei a grazia ottenuta, ma in anticipo, obbligandoli a non poter rifiutare quanto richiesto.

Questo rito era compiuto soltanto in circostanze eccezionali, di gravissimo pericolo per la *Res Publica* e trovava quindi in genere applicazione in battaglia, nei casi in cui l'esercito romano si trovava a rischiare una rovinosa sconfitta.

Il rito prevedeva che il comandante (il console, il dittatore o il pretore) si consacrasse agli dei, invocandoli secondo un preciso ordine, con una preghiera in cui chiedeva la vittoria per Roma ed i suoi alleati in cambio del suo sacrificio, e di quello degli eserciti nemici, agli Dei Mani e a *Tellus* (la Terra).

Tito Livio (VIII, 9) parlando di Decio Mure ci tramanda esattamente lo svolgimento del rito. Seguendo le istruzioni del Pontefice Massimo, colui che lo compiva indossava la toga praetexta (tipica dei magistrati), quindi coprendosi il capo con un lembo della toga e levando la mano sinistra al di sotto di essa fino a toccarsi il mento, stando in piedi con un giavellotto posto sotto i piedi, recitava questa formula, un *carmen* dal grande potere evocativo:

> "O Giano, Giove, Marte padre, Quirino, Bellona, Lari, Divi Novensili, Dèi Indigeti, dèi che avete potestà su noi e i nemici, Dèi Mani, vi prego, vi supplico, vi chiedo e ottengo la grazia che voi accordiate propizi al popolo romano dei Quiriti potenza e vittoria, e rechiate terrore, spavento e morte ai nemici del popolo romano dei Quiriti.
> Così come ho espressamente dichiarato, per la Repubblica del popolo romano dei Quiriti, per l'esercito, per le legioni, per le milizie ausiliarie del popolo romano dei Quiriti, io immolo insieme con me agli Dèi Mani e alla Terra, le legioni e le milizie ausiliarie dei nemici".

Se invece il comandante sopravviveva, l'offerta non era stata gradita dagli dei e il malcapitato veniva interdetto a vita da tutti le cerimonie religiose private o pubbliche; gli era solo permesso di consacrare le sue armi a Vulcano o a qualsiasi altra divinità di sua scelta. Se addirittura il giavellotto, su cui il comandante aveva pronunciato la formula della devotio, era caduto in mano al nemico, era necessario un ulteriore rito di purificazione in onore di Marte, a cui si sacrificavano un maiale, una pecora e un toro (*suovetaurilia*).

Curiosamente, nelle tre occasioni in cui sarebbe stato effettuato il rito della *devotio*, il *devotus* sarebbe stato sempre un console Publio Decio Mure .

Sempre Livio[32] ci informa che il comandante poteva decidere di immolare agli dèi un qualsiasi soldato ai suoi ordini, anziché se stesso. In tal caso, se il legionario consacrato agli dei moriva, il patto era validamente concluso; se invece non moriva, era necessario realizzare una statua di oltre due metri (sette piedi) del legionario e sotterrarla, compiendo anche un sacrificio espiatorio; non era inoltre lecito a un magistrato romano passare sopra il luogo dove era stata sotterrata quella statua.

Quindi, armato, il *devotus* si lanciava a cavallo contro l'esercito nemico, alla ricerca della morte che avrebbe perfezionato il patto con le divinità.

Se il comandante moriva, era il segno favorevole che gli dei avevano accettato il voto; l'esercito romano, assistendo alla morte del suo condottiero, trovava quindi un rinnovato vigore e rovesciava le sorti della battaglia in suo favore, come risultato del patto stipulato con la *devotio*.

Ciò premesso, leggiamo ora quanto scritto da Livio a proposito di quella che è stata definita la "Battaglia delle Nazioni" e che segnò la definitiva consacrazione di Roma quale potenza egemone nella penisola italica:

> "All'inizio della primavera [295 a.C, ndA], Fabio lasciò la seconda legione a Chiusi, che un tempo si chiamava *Camars*, e affidato il comando dell'accampamento al propretore Lucio Scipione , egli tornò a Roma per una consultazione sulla guerra, sia che avesse preso lui tale iniziativa, perché la guerra vista coi propri occhi appariva più ardua di quanto aveva giudicato in base alle notizie avute, sia che fosse stato deliberatamente chiamato dal Senato ; vi sono infatti sostenitori di entrambe le versioni.
> Alcuni vogliono far credere che il suo richiamo sia stato provocato da Appio Claudio, il quale accresceva il terrore destato dalla guerra etrusca in Senato e davanti al popolo, come aveva fatto ripetutamente per lettera: non sarebbe ba-

---

[32] VIII, 10, 11-14

stato un solo comandante né un solo esercito contro quattro popoli; v'era il pericolo che uno solo non potesse sostenere tutto il peso della guerra, sia che attaccassero insieme su un solo fronte, sia che combattessero su fronti diversi. Egli aveva lasciato là due legioni romane, e con Fabio erano venuti meno di cinquemila uomini fra fanti e cavalieri.

Riteneva opportuno che il console Publio Decio raggiungesse al più presto il collega in Etruria, e che si assegnassero a Lucio Volumnio le operazioni nel Sannio; se il console preferiva partire per il proprio fronte, doveva essere Volumnio a raggiungere l'altro console in Etruria con un adeguato esercito consolare. Poiché il discorso del pretore otteneva il suo effetto su molti, dicono che Publio Decio abbia espresso il parere che si lasciasse ogni decisione a Quinto Fabio, fino a quando, o venisse lui a Roma, se poteva farlo senza danno per la Repubblica, o mandasse qualcuno dei suoi luogotenenti, dal quale il Senato potesse venire a sapere qual era l'entità della guerra in Etruria, e con quante forze e quanti comandanti si doveva condurla.

Fabio appena tornò a Roma, sia in Senato, sia quando fu fatto comparire dinanzi al popolo, tenne un discorso conciliante, in modo da, lasciar intendere ch'egli non voleva né ingigantire né sminuire le voci che correvano sulla guerra, e che nel procedere alla scelta di un altro comandante, più che pensare al proprio pericolo o a quello della Repubblica, egli secondava il timore degli altri: ma se volevano dargli un aiutante nella guerra e un collaboratore nel comando, come poteva dimenticare Il console Publio Decio, ch'egli aveva tante volte sperimentato quale collega?

Nessun altro era più indicato per unirsi con lui; le sue truppe insieme con quelle di Publio Decio sarebbero state sufficienti, e non vi sarebbe mai stato nemico troppo forte. Se poi il collega preferiva qualche altro incarico, allora gli dessero come aiutante Lucio Volumnio. Sia dal popolo, sia dal Senato, sia dal collega stesso fu lasciata a Fabio piena libertà di scelta; e quando Publio Decio mostrò d'essere pronto a partire per Il Sannio o per l'Etruria, fu tanta la gioia e l'esultanza, che si pregustava nell'animo la vittoria, e sembrava che al console fosse stato assegnato il trionfo, non la guerra.

Trovo presso alcuni autori che Fabio e Decio partirono per l'Etruria subito all'inizio del loro consolato, senza il minimo cenno sul sorteggio degli incarichi e sui contrasti fra i colleghi di cui ho parlato prima. Vi sono invece di quelli che, non accontentandosi di esporre neppure questi fatti, vi. hanno aggiunto le accuse di Appio, davanti al popolo, contro Fabio assente, l'ostinazione del pretore verso il console presente e un'altra contesa fra i colleghi, perché Decio avrebbe preteso che ognuno si prendesse cura della zona d'operazioni che gli era toccata in sorte. La certezza sullo svolgersi degli eventi si comincia ad. averla dal momento in cui entrambi i consoli partirono per la guerra.

Ma, prima che i consoli giungessero in Etruria, i Galli Senoni mossero in gran numero alla volta di Chiusi, disponendosi ad assalire la legione e l'accampamento dei Romani.

Scipione, che aveva il comando del campo, pensando di dover rimediare con la posizione all'inferiorità numerica dei suoi, fece salire l'esercito su un colle che sorgeva fra la città e l'accampamento; ma, come avviene quando si è presi alla sprovvista, s'avviò alla sommità senza aver ben esplorata il cammino. e questa era già stata occupata dai nemici ch'erano saliti da un'altra parte. Così la legione fu presa in mezzo assalita alle spalle e stretta com'era da ogni parte dal nemico.

Alcuni affermano perfino che ivi la legione sarebbe stata annientata, al punto che non rimase nessuno da poter dare la notizia, e che l'annunzio di quella sconfitta sarebbe stato recato al consoli, i quali si trovavano ormai non lontano da Chiusi, non prima che fossero in vista i cavalieri dei Galli, che portavano teste appese al petti dei cavalli e infisse su picche, e festeggiavano la vittoria coi loro tipici canti. Vi sono di quelli i quali tramandano che erano Umbri, non Galli, e che la sconfitta subita non fu così grave sarebbero stati accerchiati alcuni foraggiatori e in loro aiuto sarebbe accorso dal campo il propretore Scipione insieme coi luogotenente Lucio Manlio Torquato; riaccesasi la battaglia, gli Umbri vittoriosi sarebbero stati vinti a loro volta, e ad essi sarebbero stati tolti i prigionieri e la preda.

Più verosimile che ad infliggerci quella sconfitta siano stati i Senoni anziché gli Umbri, perché come spesso altre volte, così soprattutto quell'anno la città fu in preda al terrore di un improvviso attacco da parte dei Galli. Pertanto, oltre ad essere partiti per la guerra entrambi i consoli con quattro legioni e un grosso contingente di cavalleria romana con mille cavalieri scelti mandati per quella guerra dai Campani, e con un esercito di alleati e di Latini maggiore di quello romano, altri due eserciti furono inviati a fronteggiare l'Etruria non lunge dall'Urbe, uno nel territorio dei Falisci, l'altro nell'agro Vaticano. i propretori Cneo Fulvio e Lucio Postumio Megello. ricevettero entrambi l'ordine di acquartierarsi in quel luoghi.

I consoli, valicato l'Appennino. raggiunsero il nemico nel territorio Sentinate; ivi, a circa quattro miglia di distanza, fu posto l'accampamento. Si tennero quindi delle consultazioni fra i nemici, e si convenne di non congiungere tutte le forze in un solo accampamento e di non scendere a battaglia contemporaneamente; i Galli si unirono ai Sanniti, gli Etruschi e gli Umbri. Venne fissato il giorno del combattimento; alla battaglia furono destinati i Sanniti e i Galli; gli Etruschi e gli Umbri ebbero l'incarico di assalire il campo romano proprio nel mezzo del combattimento.

Guastarono questi piani tre disertori di Chiusi. i quali durante la notte passarono di nascosto, al console Fabio gli rivelarono i progetti dei nemici; essi, furono quindi congedati con dei doni, perché continuassero a spiare e riferissero qualunque nuova decisione venisse presa. I consoli scrivono a Fulvio e a Postumio di far avanzare i loro eserciti, rispettivamente dal territorio dei Falisci e dall'agro Vaticano, verso Chiusi, e di devastare con estrema violenza il paese dei nemici.

La notizia di tale devastazione indusse gli Etruschi ad allontanarsi dal territorio di *Sentinum* per difendere il loro paese.

Per due giorni i due schieramenti provocarono il nemico, a battaglia; per due giorni non si ebbe alcun fatto degno di nota: pochi furono i ,caduti da entrambe le parti, e gli animi furono eccitati a una battaglia regolare più che non si giungesse a un'azione decisiva. Il terzo giorno si scese in campo con tutte le forze.

Mentre gli eserciti erano schierati in linea, una cerva che fuggiva un lupo, cacciata, dal monti, corse giù per i campi in mezzo alle due formazioni; quindi le bestie si volsero in direzioni opposte, la cerva verso i Galli, Il lupo verso i Romani.

Il lupo fu lasciato passare tra le file; la cerva fu trafitta dal Galli. Allora un soldato romano ch'era tra gli antesignani:" Là si è volta la fuga e la strage, disse dove vedete giacere morta la cerva sacra a Diana; qui il lupo vincitore sacro a Marte, sano e salvo, ci ha richiamato alla mente la stirpe di Marte e del nostro fondatore".

I Galli si disposero all'ala destra, I Sanniti alla sinistra.

Contro i Sanniti Quinto Fabio schierò, come ala destra, la prima e la terza legione, contro i Galli, come ala sinistra, Decio schierò la quinta e la sesta; la sesta nel Sannio col proconsole Lucio Volumnio. Al primo scontro si lottò con tale parità di forze che, se ci fossero stati gli Etruschi e gli Umbri, o in battaglia o nell'accampamento, dovunque ci si fosse volti, si sarebbe dovuta subire una sconfitta. Ma, quantunque la sorte della guerra fosse ancora incerta e la fortuna non avesse ancora deciso quali forze avrebbe fatto prevalere, la battaglia non era affatto uguale nell'ala destra e nell' ala sinistra. I. Romani dalla parte di Fabio stavano sulla difensiva più che passare parte all'offensiva, e si cercava di protrarre la lotta fino al più tardi possibile, perché il comandante sapeva perfettamente che i Sanniti e i Galli erano così irruenti al primo scontro, ch'era già molto sostenerne l'impeto; ma col prolungarsi della lotta l'animo dei Sanniti a poco a poco cede, e i Galli, poi, hanno anche un fisico del tutto intollerante alla fatica, la loro foga s'esaurisce e, mentre all'inizio della lotta sono più che eroi, alla fine valgono meno delle femmine. Egli cercava dunque di conservare il più possibile integre le forze del suoi soldati per il momento in cui il nemico si lasciava di solito sopraffare.

Decio, più impetuoso per l'età e per il vigore dell'animo, gettò tutte le forze di cui disponeva nel primo scontro. e, poiché l'assalto della fanteria gli sembrava troppo lento, egli lancia nella lotta la cavalleria, e in mezzo al più forte squadrone di giovani incita il fiore della gioventù a scagliarsi, insieme con lui contro il nemico: duplice sarebbe stata la loro gloria diceva se la vittoria cominciava dall'ala sinistra e dalla cavalleria.

Due volte fecero ripiegare la cavalleria dei Galli; la seconda, mentre si erano spinti troppo lontano e già accendevano la lotta In mezzo alle schiere dei fanti, furono atterriti da un nuovo genere di combattimento; Il nemico, stando armato su carri da guerra e da trasporto, avanzò con gran frastuono di cavalli e di ruote e spaventò i cavalli dei Romani non abituati a quel tumulto.

Così quasi un terrore panico disperde la cavalleria vittoriosa; la fuga impreveduta abbatte quindi cavalli e uomini lanciati in una corsa sfrenata. Di qui lo scompiglio si trasmise anche ai reparti delle legioni, e molti antesignani furono travolti dall'impeto dei cavalli e dei carri spinti in mezzo alle loro file; l'esercito dei Galli, ch'era sopraggiunto appena visto il nemico in preda al terrore, non lasciò ad essi il tempo di riprendere fiato e di riaversi. Decio gridava loro dove volessero fuggire e quale speranza riponevano nella fuga; si parava innanzi a quelli che indietreggiavano e richiamava i dispersi; quindi, visto che nessuna forza valeva a trattenere quegli uomini sgominati, chiamando per nome il padre Publio, Decio. "Cos'altro aspetto"disse "ad andare incontro al fato della mia famiglia? Questo è il destino della nostra stirpe, di essere vittime espiatorie per

stornare i pubblici pericoli. Ora lo offrirò in sacrificio, insieme con me _le legioni dei nemici alla Terra e gli dei Mani». Detto ciò ordinò al pontefice Marco Livio, al quale scendendo in campo aveva imposto che di suggerirgli le parole con le se stesso e le legioni del nemici cito del popolo romano dei Quiriti.
Immolatosi quindi con la stessa preghiera e nello stesso atteggiamento con cui aveva voluto autoimmolarsi suo padre Publio Decio presso il Veseri, nella guerra latina, dopo aver aggiunto secondo la formula solenne ch'egli cacciava avanti a sé la paura, la fuga, la strage e il sangue, l'ira degli dèi celesti ed inferi, che avrebbe colpito con funeste maledizioni le insegne, i dardi, e le armi. dei nemici, e che lo stesso luogo sarebbe stato la tomba sua, dei Galli e dei Sanniti, dopo aver così imprecato contro se stesso e contro i nemici, spronò il cavallo dove più folta vedeva la schiera dei Galli, ed esponendosi volontariamente ai dardi nemici cadde ucciso.
La battaglia assunse poi un aspetto quasi sovrumano. I Romani, perduto il comandante, avvenimento questo che altre volte suole essere causa di terrore, cessavano di fuggire e volevano ricominciare daccapo il combattimento; I Galli, e soprattutto lo stuolo che s'assiepava attorno al cadavere del console, come usciti di sé sprecavano i loro dardi scagliandoli a vuoto; alcuni erano storditi e non pensavano né al combattimento né alla fuga. Dall'altra parte invece il pontefice Livio, al quale Decio aveva passato i littori e aveva ordinato di assumere le funzioni di comandante, gridava che i Romani avevano vinto, che s'erano disimpegnati con la morte del console; i Galli e i Sanniti appartenevano alla madre Terra e agli dei Mani; Decio trascinava e chiamava a sé la schiera immolata insieme con lui, e presso i nemici regnavano ovunque la furia e lo spavento. Poi, mentre questi uomini risollevavano le sorti della battaglia, sopraggiungono coi rinforzi presi dalla retroguardia Lucio Cornelio Scipione e Caio Marcio, che avevano ricevuto l'ordine dal console Quinto Fabio di accorrere in difesa del collega. Allora si viene a sapere la sorte di Publio Decio, che un grande incitamento a tutto osare per la salvezza della Repubblica. Pertanto, poiché i Galli restavano in file serrate ergendo dinanzi, a sé una barriera, di scudi e non sembrava facile un combattimento a corpo a corpo, per ordine dei luogotenenti furono raccolti i giavellotti ch'erano sparsi a terra in mezzo alle due schiere, e furono: scagliati contro la testuggine nemica; e benché la maggior parte di questi si conficcasse negli scudi e ben pochi nei corpi, il cuneo venne abbattuto, cosicché molti cadevano storditi col corpo illeso. Queste erano state le alterne vicende della fortuna nell'ala sinistra dei Romani".

D parte sua Rulliano aveva ingaggiato la linea di Gellio, senza spingere troppo,, aspettando che la fatica si facesse sentire tra i Sanniti.
Mentre Decio si sacrificava contro i Senoni, Rulliano si accorse che gli assalti nemici avevano perso di vigore, ed ordinò alla cavalleria campana di caricare sul fianco avversario ed alla fanteria di avanzare respingendo il nemico dalle posizioni tenute sino ad allora. Vedendo che i Sanniti, a causa della spossatezza, non opponevano più una seria resistenza, Rulliano lanciò la fanteria all'assalto, compresi i *triarii* e le riserve.
I Sanniti non ressero l'urto dei legionari e le loro linee si sfaldarono, mentre un numero sempre più consistente di guerrieri si diede ad una fuga precipitosa verso

l'accampamento, superando lo schieramento dei Galli ed abbandonandoli nella mischia; e, mentre la cavalleria dei *socii* campani attaccava i Senoni, i romani inseguirono i gli uomini di Gellio Egnazio sin sotto il loro accampamento fortificato, dove, accalcandosi intorno alle porte troppo strette per permettere il passaggio contemporaneo di tutti i fuggiaschi, cercarono di riformare una linea di battaglia, ma furono facile preda dei Romani; anche Gellio Egnazio venne ucciso, e il campo sannita espugnato, nella peggiore disfatta della storia sannita:

"Sull'ala destra Fabio dapprima, come s'è detto innanzi ,aveva tirato in lungo il giorno temporeggiando; poi, quando gli sembrò che né le grida dei nemici, né il loro impeto, né i dardi ch'essi scagliavano avessero più lo stesso vigore, ordinò ai comandanti della cavalleria di compiere con le ali una manovra d'aggiramento sul fianco dei Sanniti, in modo che al segnale convenuto li caricassero trasversalmente col maggior impeto possibile, e successivamente ai suoi di avanzare a poco a poco e di far indietreggiare il nemico. Appena s'accorse che non s'incontrava resistenza e che la stanchezza si faceva chiaramente sentire, radunate tutte le truppe ausiliarie, ch'egli aveva riservato, per quel momento, lanciò all'assalto le legioni e diede al cavalieri il segnale di piombare sul nemico.
I Sanniti non sostennero l'urto, e, oltrepassando perfino lo schieramento dei Galli, dopo aver abbandonato nella lotta gli alleati, si precipitavano in fuga disordinata verso l'accampamento; i Galli, in formazione di testuggine, restavano in file serrate. Allora Fabio, saputa la notizia della morte del collega, ordinò alla schiera dei Campani, circa cinquecento cavalieri, di allontanarsi dallo schieramento e di piombare, compiendo un giro, alle spalle dei Galli; a loro dovevano poi tener dietro i principi della terza legione, col compito d'incalzare e di fare a pezzi i nemici in preda al terrore, dove vedevano la loro schiera scompigliata dalla carica dei cavalieri. Dopo aver promesso in voto a Giove Vincitore un tempio e le spoglie dei nemici, egli si diresse al campo dei Sanniti, dove si riversava tutta la moltitudine sgominata. Perfino sotto lo steccato, poiché per le porte non poteva passare una simile massa di gente, fu tentato il combattimento da parte di coloro ch'erano rimasti fuori per la ressa; ivi cadde Gello Egnazio ,il comandante in capo dei Sanniti; quindi i Sanniti furono, ricacciati entro lo steccato, e dopo breve lotta l'accampamento fu conquistato e i Galli furono sorpresi alle spalle.
Quel giorno furono uccisi venticinquemila nemici, ottomila furono fatti prigionieri; ma non fu una vittoria senza perdite; infatti caddero settemila uomini dell'esercito di Publio Decio e millesettecento di quello di Fabio. Fabio, dopo aver mandato degli uomini a cercare il cadavere del collega, fece ammassare le spoglie dei nemici e le bruciò in onore di Giove Vincitore. Il cadavere del console non si poté trovare quel giorno, perché era coperto da cumuli di Galli che v'erano stesi sopra; fu trovato il giorno seguente e riportato con gran pianto dei soldati. Messo quindi da parte ogni altro pensiero, Fabio celebra i funerali del collega con tutti gli onori e con giuste lodi.
Negli stessi giorni anche le operazioni condotte in Etruria dal propretore Cneo Fulvio diedero il risultato che ci si augurava: oltre al gravi danni inflitti al nemico con le devastazioni dei campi, si combatté anche con successo, furono uccisi più di tremila Perugini e Chiusini, e catturate schiera di Sanniti, in fuga at-

traverso il territorio dei Peligni, fu circondata dai Peligni stessi; di cinquemila uomini ne furono uccisi circa un migliaio.

Grande fu la fama di quella giornata in cui si combatté nel territorio di *Sentinum*, anche a volersi attenere alla realtà, ma alcuni esagerando andarono oltre i limiti del credibile, poiché scrissero che nell'esercito nemico v'erano seicentomila fanti, quarantaseimila cavalieri e un migliaio di carri, compresi naturalmente gli Umbri e i Tusci, che avrebbero partecipato anch'essi alla battaglia; e per accrescere anche il numero dei Romani, essi aggiungono ai consoli Lucio Volumnio, comandante in qualità di proconsole, e alle legioni dei consoli il suo esercito.

In diversi annali quella vittoria viene attribuita ai due consoli: nel frattempo Volumnio era occupato nella spedizione nel Sannio e, dopo aver costretto l'esercito sannita a riparare sul monte Tiferno, lo travolgeva costringendolo alla fuga, senza lasciarsi mettere in soggezione dalla natura impervia del terreno. Quinto Fabio, lasciato a Decio il compito di presidiare l'Etruria col proprio esercito, riportò a Roma le sue legioni e ottenne il trionfo su Galli, Etruschi e Sanniti. I soldati lo seguivano nella sfilata, e nei rozzi canti militari la valorosa morte di Decio venne celebrata non meno della vittoria di Fabio, e tra le lodi rivolte al figlio venne richiamata la memoria del padre, il cui sacrificio e i cui successi in campo pubblico erano stati adesso eguagliati. Dal bottino raccolto in guerra ogni soldato ricevette ottantadue assi di rame, un mantello e una tunica, che in quel tempo erano riconoscimenti militari non certo disprezzabili.

Pur avendo conseguito questi successi, né in Etruria né nel Sannio c'era ancora la pace: infatti, dopo il ritiro dell'esercito voluto dal console, i Perugini avevano riaperto le ostilità e i Sanniti erano scesi a compiere saccheggi in parte nel territorio di *Vescia* e di Formia, e in parte nella zona di *Aesernia* e nella valle del Volturno. A fronteggiarli venne inviato il pretore Appio Claudio con l'esercito di Decio. Fabio, ritornato in Etruria per il riaccendersi delle ostilità, uccise 4.500 Perugini e ne catturò circa 1.740, che vennero riscattati al prezzo di 310 assi a testa: il resto del bottino raccolto venne lasciato ai soldati. Le truppe sannite, delle quali una parte aveva alle calcagna il pretore Appio Claudio mentre l'altra Lucio Volumnio, raggiunsero l'agro Stellate; lì si accamparono nei pressi di Caiazia le forze sannite riunite, mentre Appio e Volumnio allestirono un unico accampamento. Si combatté con estremo accanimento, perché i Romani erano spinti dal risentimento per un popolo che si era già tante volte ribellato, mentre i Sanniti si battevano ormai per salvare le poche speranze residue. Vennero uccisi 16.300 Sanniti, e 2.700 fatti prigionieri. Tra i Romani i caduti furono 2.700. Se quell'anno fu fortunato per i successi in campo militare, a funestarlo e a turbarne la serenità furono una pestilenza e una serie di prodigi. Arrivò infatti la notizia che in molti luoghi era piovuta terra e che numerosi soldati dell'esercito di Appio Claudio erano stati colpiti da fulmini: per queste ragioni vennero consultati i libri sibillini. Quell'anno Quinto Fabio Gurgite, figlio del console, condannò al pagamento di un'ammenda alcune matrone riconosciute colpevoli, al cospetto del popolo, del reato di adulterio, e col denaro ricavato fece edificare il santuario di Venere che sorge accanto al Circo Massimo. Erano ancora in corso le guerre contro i popoli del Sannio, delle quali stiamo parlando già da quattro libri e per la durata di quarantasei anni, a partire dal consolato di h, che furono i primi a guidare le legioni nel Sannio. E per non passare in rassegna le disfatte subite da una parte e dall'altra e i disagi sopportati - che però non riuscirono a fiaccare quei temperamenti tenaci , basterà ricordare che nel corso dell'ultimo anno i Sanniti erano stati sconfitti a nell'agro Sentinate, nel territorio dei Peligni, sul Tiferno e nell'agro Stellate, o da soli o insieme con altri popoli, ad opera di quattro eserciti e quattro comandanti romani; che avevano perso il loro comandante più capace, che vedevano Etruschi, Umbri e Galli, i loro alleati, ridotti nelle stesse condizioni in cui essi stessi versavano; che ormai non erano in grado di sostenersi né con le proprie forze né con quelle degli altri. Eppure non volevano rinunciare allo scontro. Tanto lontani erano dal rinunciare a difendere la propria libertà, anche se con scarso successo, e preferivano uscire battuti piuttosto che abbandonare un tentativo di successo. Chi mai potrebbe stancarsi, scrivendone o leggendone, della lunghezza di quelle guerre, che non riuscirono a stancare gli uomini che le combatterono?

Postumio, l'altro console, visto che nel Sannio non aveva più materia di guerra, guidò il suo esercito in Etruria, e in un primo tempo mise a ferro e fuoco il territorio dei Volsinii. Poi, a breve distanza dalle mura, si scontrò coi nemici usciti in campo aperto per difendere le proprie terre. Vennero uccisi 2.800 Etruschi; gli altri scamparono grazie alle città che si trovavano nei dintorni. L'esercito venne poi portato nel territorio di *Rusellae*, e lì non ci si limitò a saccheggiare le campagne, ma venne anche espugnata la città. Più di 2.000 uomini vennero fatti prigionieri, mentre di poco inferiori per numero furono quelli uccisi lungo le mura. Ciò non ostante la pace ottenuta in Etruria fu maggiore motivo di gloria e più determinante rispetto alla guerra portata quell'anno: tre città potentissime, tra le più in vista dell'Etruria - ossia *Volsinii*, Perugia e Arezzo -, chiesero la pace, e dopo essersi accordate col console nel garantire vestiti e viveri all'esercito purché fosse loro concesso di inviare ambasciatori a Roma, ottenero una tregua quarantennale. A ciascuna venne comminata un'ammenda di 500.000 assi, da pagare in contanti. Poiché il console, più per abitudine che per speranza di ottenerlo, aveva chiesto al senato il trionfo per questi successi, vedendo che alcuni erano propensi a non concederglielo perché aveva impiegato troppo tempo a uscire dalla città, mentre altri si opponevano perché si era trasferito dal Sannio in Etruria senza la relativa autorizzazione del senato - e si trattava o di suoi nemici o di amici del collega decisi a consolarlo con un identico rifiuto -, disse: "Io non sarò, o senatori, tanto rispettoso della vostra autorità, da scordarmi della mia carica di console. In virtù della stessa autorità con la quale ho condotto le guerre, portandole a termine con esito positivo, dopo aver sottomesso il Sannio e l'Etruria, e aver ottenuto la vittoria e la pace, celebrò il trionfo".

E dopo aver pronunciato queste parole, abbandonò il senato. Ne nacque una controversia tra i tribuni della plebe: alcuni sostenevano che avrebbero posto il veto, per evitare che quel suo trionfo venisse a costituire un pericoloso precedente, mentre altri dichiararono che avrebbero fatto ricorso al diritto di intercessione in favore del trionfatore contro i loro colleghi. La questione venne sottoposta al giudizio del popolo e fu chiamato il console: questi, dopo aver ricordato che i consoli Marco Orazio e Lucio Valerio, e poco tempo prima Gaio Marcio Rutulo, padre del censore in carica, avevano trionfato per volere del popolo e non per decreto del senato, dichiarò che anche lui avrebbe presentato la cosa al giudizio del popolo, se solo non avesse saputo che certi tribuni della plebe al servizio degli ottimati si sarebbero opposti alla proposta. Per lui, in quel preciso momento e per i giorni a venire, la volontà e il favore del consenso popolare avrebbero contato più di qualunque decreto. Il giorno successivo, con il sostegno di tre tribuni della plebe contro il veto di sette e la volontà del senato, il console celebrò il proprio trionfo con un grande concorso di popolo. Anche sulle vicende di quell'anno la tradizione storica non è concorde. Claudio sostiene che Postumio, conquistate alcune città del Sannio, venne poi sconfitto e sbaragliato in Apulia, e costretto a rifugiarsi ferito e con pochi uomini a Luceria. A condurre la campagna in Etruria sarebbe stato Atilio che avrebbe riportato il trionfo. Fabio scrive invece che entrambi i consoli combatterono nel Sannio e presso Luceria, e che l'esercito venne poi portato in Etruria, senza però specificare da quale dei due consoli; che presso *Luceria* le perdite furono gravi da entrambe le parti, e che il tempio a Giove Statore venne promesso in voto durante quella battaglia. Il tempio l'aveva promesso già Romolo in passato, ma fino a quel momento era stato consacrato solo lo spazio sui cui doveva sorgere il sacrario: quell'anno finalmente il senato, già vincolato per la seconda volta dallo stesso voto e preso come fu da uno scrupolo di natura religiosa, decretò che il tempio venisse effettivamente edificato".

Accennando a *Sentinum*, Polibio scrivea sua volta (2,19,5-6)

"Dopo questi fatti un' altra volta tre anni dopo i Sanniti e Galli unitisi insieme si opposero ai Romani nel territorio dei Camerti e molti ne sconfissero nel cimento . In tale occasione i Romani ,moltiplicando le loro attività di fronte alla sconfitta loro toccata ,uscirono pochi giorni dopo dagli accampamenti e, azzuffatesi con tutte le forze nel territorio dei Sentinati contro i predetti ,i più ne uccisero, i rimanenti costrinsero a fuggire precipitosamente ciascuno alle proprie dimore"
"

Per il Sannio fu una disfatta di immense proporzioni. Tra i morti, almeno dieci-quindicimila (su un totale secondo Livio di 25.000 caduti alleati) vi era lo stesso Gellio Egnazio insieme a migliaia di Sanniti; i soli cinquemila superstiti, decimati, ripiegarono verso il Sannio, venendo fatti oggetto a continui attacchi da parte dei Peligni, una tattica di guerriglia che i sanniti conoscevano bene e che ora sperimentavano sulla propria pelle., e che dovette infliggere nuove sanguinose perdite ai vinti di *Sentinum*:

."Mentre erano in fuga attraverso il territorio dei Peligni, le truppe sannite furono circondate dai Peligni stessi, e dei 5.000 originari ne vennero uccisi grosso modo 1.000".

LA *LEGIO LINTEATA* E LA BATTAGLIA DI AQUILONIA

Rifugiatisi tra le loro montagne, i Sanniti dopo la durissima sconfitta di *Sentinum* e la perdita di Gellio Egnazio si riorganizzarono per prepararsi all'inevitabile scontro con gli eserciti di Roma che, in modo inesorabile, sarebbero arrivati per "finire il lavoro" e conquistare l'intero territorio.

Dal canto suo, Roma era consapevole che una tale occasione'favorevoledifficilmente si sarebbe potuta ripresentare, ed era comunque determinata ad eliminare, una volta per tutte, la costante minaccia costituita dai suoi ormai antichi nemici sanniti.

Fino alla fine del 294 a.C. i Sanniti, sempre arroccati tra le montagne appenniniche, cercarono di spezzare quella morsa in cui i Romani avevano costretto l'intera Lega. Una lunga catena di *oppida* presidiati dalle legioni romane controllava, questa volta in modo meticoloso, il territorio del Sannio, dal quale partivano le incursioni sannite nelle terre dei Falerni e degli Aurunci, per devastare e saccheggiare i territori campani.

Le II e IV legioni, comandate dal pretore Volumnio Flamma che non aveva preso parte alla battaglia di *Sentinum* ed a guardia del territorio a sud del Lazio, ebbero scontri cruenti con le schiere sannite tanto chedovettore venire rinforzate dalle legioni di Appio Claudio Cieco, rimpinguate con nuove leve.

Eletto console nel 294 a.C., con il collega Marco Atilio Regolo, a Postumio Megello venne affidata una delle due parti dell'esercito romano nel Sannio, perché si riteneva che i Sanniti stessero armando ben tre eserciti: uno da inviare in Etruria, un secondo in Campania ed il terzo per la difesa del loro territorio.

Postumio, fermato inizialmente da un malore, non fu in grado di aiutare il collega a scongiurare l'imboscata in cui venne colto presso i Monti della Meta. Riprese le forze, prima si diresse a Sora, e da lì nel Sannio, dove prese Milionia con la forza, poi Feritro, abbandonata dagli abitanti ai romani. Di particolare importanza è la descrizione di come il console romano, temendo che a Feritro lo attendesse un tranello, applichi meticolosamente e con grande cautela, tutte le canoniche disposizioni per l'assedio, dovendo anzitutto trattenere l'ardore dei suoi stessi soldati i quali non vedevano l'ora di scalare le mura deserte.

> "A Quinto Fabio e Publio Decio seguirono come consoli Lucio Postumio Megello e Marco Atilio Regolo.
> Vennero entrambi inviati nel Sannio, perché correva voce che i nemici avessero arruolato tre eserciti, e cioè uno per ritornare in Etruria, uno per riprendere a devastare le terre della Campania e uno per difendere il proprio territorio. Postumio venne trattenuto a Roma da una malattia.
> Atilio, ligio alle decisioni prese dal senato, partì invece immediatamente per piegare la resistenza dei nemici prima che uscissero dal Sannio. L'imboscata sannita al campo romano nei pressi dei Monti della Meta, non fu certo privo di efficacia e ridiede coraggio ai Sanniti, che non solo impedirono ai Roma-

ni di avanzare, ma anche di andare a rifornirsi di viveri nel loro territorio: gli uomini addetti al vettovagliamento erano costretti a tornare indietro nella zona assoggettata di Sora. La notizia dell'episodio, descritto a Roma in termini più allarmanti di quanto in realtà non fosse, spinse il console Lucio Postumio appena uscito dalla malattia a partire dalla città. Comunque, prima di mettersi in marcia, dopo aver dato ordine ai soldati di concentrarsi a Sora, inaugurò il tempio della Vittoria, che aveva fatto edificare in qualità di edile curule usando il denaro ricavato dalle ammende. Ricongiuntosi poi con l'esercito a Sora, di lì raggiunse il campo del collega nel Sannio.

I Sanniti allora si ritirarono, non avendo più speranze di poter fronteggiare con successo i due eserciti, e i consoli si misero in marcia in direzioni diverse con l'intento di mettere a ferro e fuoco le campagne e di attaccare i centri abitati.

Postumio cercò in un primo tempo di impossessarsi con la forza di Milionia. Poi, vedendo che questa tattica non dava grossi risultati, ricorse a dispositivi d'assedio e alla fine riuscì a conquistarla appoggiando vigne alle mura. Lì, nonostante la città fosse già occupata, si continuò a combattere in tutti i settori dalle dieci fino quasi alle due del pomeriggio, e l'esito fu a lungo incerto; ma alla fine i Romani si impadronirono della cittadella. I Sanniti uccisi furono 3.200, quelli fatti prigionieri 4.700; venne raccolto altro bottino. L'esercito fu poi condotto a Feritro, i cui abitanti erano usciti di nascosto nel cuore della notte attraverso la porta opposta, portando con sé quanto poteva essere trasportato. Di conseguenza il console, non appena arrivò nei pressi della città, cominciò ad avvicinarsi con l'esercito schierato e pronto a sostenere una battaglia simile a quella affrontata a Milionia. In un secondo tempo, notando che in città regnava un profondo silenzio e vedendo che sulle torri e sulle mura non c'erano né armi né uomini, per non cadere incautamente in un tranello, trattenne i soldati che non vedevano l'ora di scalare le mura deserte, e ordinò a due squadroni di cavalieri latini di esplorare accuratamente tutta la cinta muraria. I cavalieri videro spalancate una porta e lì accanto un'altra nella stessa zona, e sulle vie che le attraversavano riconobbero le tracce della fuga notturna dei nemici. Cavalcarono poi con prudenza attraverso le porte, e si resero conto che le vie cittadine si potevano percorrere in assoluta tranquillità. Riferirono al console che la città era stata abbandonata, come era evidente dall'assenza di abitanti, dalle tracce recenti della fuga e dai cumuli di oggetti abbandonati alla rinfusa nel trambusto della notte. Ascoltato questo rapporto, il console guidò l'esercito verso la zona dove erano entrati i cavalieri latini. Fatte fermare le truppe non lontano dalla porta, ordinò a cinque cavalieri di entrare in città, predisponendo che dopo una limitata perlustrazione all'interno tre rimanessero in quello stesso punto (se tutto sembrava tranquillo), e due tornassero a riferire l'esito della missione. Quando i cinque rientrarono riferendo di essere arrivati fino a un punto da dove si poteva spingere lo sguardo in tutte le direzioni e di aver di là ovunque constatato solitudine e silenzio, il console ordinò subito ai reparti armati alla leggera di entrare in città, dando nel frattempo agli altri disposizione di fortificare l'accampamento. Entrati in città e abbattute le porte delle abitazioni, i soldati trovarono soltanto pochi vecchi e invalidi, insieme con le sole cose che, essendo troppo difficili da trasportare, erano state abbandonate.Se ne impossessarono, e dai prigionieri vennero a sapere che in molte città dei dintorni era stato deciso per volontà comune l'evacuazione dei residenti; che i loro concittadini erano partiti nel cuore della notte, e che probabilmente avrebbero trovato lo stesso deserto anche in molti altri centri. Si prestò fede alle parole dei prigionieri, e il console occupò le città deserte".

Nel 294 vennero eletti consoli Marco Atilio Regolo e Lucio Postumio Megello. Entrambi i consoli vennero incaricati di guidare l'esercito romano nel Sannio, perché si riteneva che i Sanniti stessero armando tre eserciti, uno da inviare in Etruria, un secondo in Campania ed il terzo per la difesa del loro territorio. Giunto in territorio Sannita, l'esercito romano subì un attacco dai nemici, mentre si trovava ancora all'interno dell'accampamento; anche se con difficoltà, i romani riuscirono a respingere fuori dal castrum gli attaccanti.
Dopo l'imboscata subita ad opera dei Sanniti, il console Marco Atilio Regolo, seppe che i Sanniti si erano diretti verso Luceria; vi condusse quindi l'esercito, per affrontare ancora una volta quello Sannita. La battaglia che ne scaturì fu durissima ed incerta, tanto che il console dovette addirittura minacciare i propri soldati affinché combattessero. La vittoria andò a Regolo, ma il prezzo di vite pagato per ottenerla fu talmente alto che, una volta tornato a Roma, Marco Atilio Regolo non ottenne il trionfo.
Ecco quanto scrive al proposito Tito Livio:

"A Quinto Fabio e Publio Decio seguirono come consoli Lucio Postumio Megello e Marco Atilio Regolo. Vennero entrambi inviati nel Sannio, perché correva voce che i nemici avessero arruolato tre eserciti, e cioè uno per ritornare in Etruria, uno per riprendere a devastare le terre della Campania e uno per difendere il proprio territorio. Atilio, ligio alle decisioni prese dal senato, partì invece immediatamente per piegare la resistenza dei nemici prima che uscissero dal Sannio. L'imboscata sannita al campo romano nei pressi dei Monti della Meta, non fu certo privo di efficacia e ridiede coraggio ai Sanniti, che non solo impedirono ai Romani di avanzare, ma anche di andare a rifornirsi di viveri nel loro territorio: gli uomini addetti al vettovagliamento erano costretti a tornare indietro nella zona assoggettata di Sora. La notizia dell'episodio, descritto a Roma in termini più allarmanti di quanto in realtà non fosse, spinse il console Lucio Postumio appena uscito dalla malattia a partire dalla città. Comunque, prima di mettersi in marcia, dopo aver dato ordine ai soldati di concentrarsi a Sora, inaugurò il tempio della Vittoria, che aveva fatto edificare in qualità di edile curule usando il denaro ricavato dalle ammende. Ricongiuntosi poi con l'esercito a Sora, di lì raggiunse il campo del collega nel Sannio. I Sanniti allora si ritirarono, non avendo più speranze di poter fronteggiare con successo i due eserciti, e i consoli si misero in marcia in direzioni diverse con l'intento di mettere a ferro e fuoco le campagne e di attaccare i centri abitati.
Come per Lucio Postumio Megello così anche per l'altro console, Marco Atilio, la campagna non fu certo facile. Mentre era alla guida delle legioni sulla strada per Luceria - che aveva saputo attaccata dai Sanniti -, gli si parò

innanzi il nemico ai confini del territorio di Luceria. Fu la rabbia a rendere pari le forze in campo: la battaglia si svolse nell'incertezza e a fasi alterne, ma il verdetto finale fu più pesante per i Romani, sia perché non erano abituati alla sconfitta, sia perché all'atto di allontanarsi dal campo, più ancora che nel pieno dello scontro, si accorsero quanto fossero numericamente superiori le loro perdite e i loro feriti. Perciò tra i soldati al rientro al campo ci fu una tale ondata di sconforto, che se solo li avesse colti nel corso della battaglia li avrebbe portati a una pesante sconfitta. La notte fu ugualmente carica di tensioni, perché i Romani erano convinti che i Sanniti attaccassero di lì a poco l'accampamento, o che altrimenti alle prime luci del giorno si dovesse ricominciare a combattere col nemico reduce dalla vittoria. Gli avversari avevano subito perdite minori, anche se non potevano contare su un morale più alto.

Non appena fu giorno, volevano andarsene senza combattere, ma c'era una sola strada e passava proprio vicino al nemico. Così, essendosi messi in marcia attraverso quella via, diedero ai Romani l'impressione di essere diretti ad attaccare l'accampamento. Il console diede disposizione agli uomini di armarsi e di seguirlo al di là della trincea, e ordinò ai luogotenenti, ai tribuni e ai prefetti alleati ciò che ciascuno di essi avrebbe dovuto fare. Tutti si dissero pronti a eseguire ogni ordine, ma rilevarono che i soldati erano demoralizzati, dopo aver passato una notte insonne tra le ferite e i lamenti dei moribondi. Se i nemici si fossero avvicinati all'accampamento romano prima del sorgere del sole, la paura sarebbe stata così grande da far abbandonare agli uomini i posti di combattimento. Al momento a trattenerli dalla fuga era solo la vergogna, ma per il resto erano come degli sconfitti. Quando il console udì queste parole, decise di andare in giro di persona a parlare ai soldati, e appena arrivava presso i vari reparti rimproverava subito quelli che indugiavano a vestire le armi, e domandava quale fosse il motivo di tutti quei tentennamenti e quelle esitazioni. Diceva che i nemici sarebbero entrati nell'accampamento, se essi non ne fossero usciti, e che si sarebbero trovati a combattere di fronte alle proprie tende, se non volevano andare a combattere al di là della trincea: la vittoria - ricordava - è si incerta per chi prende le armi e va a combattere, ma quelli che attendono il nemico disarmati e senza difendersi sono destinati alla schiavitù o alla morte. Di fronte a queste aspre rampogne, gli uomini replicavano di essere stremati per la battaglia del giorno prima, di non avere più a disposizione né forze né sangue, e di aver l'impressione che il numero dei nemici fosse ancora superiore rispetto alla giornata precedente. Nel frattempo l'esercito nemico si stava avvicinando, e quando lo si poté distinguere per il diminuire della distanza, gli uomini cominciarono a dire che i Sanniti avevano con sé i paletti per la trincea, e che avrebbero certamente circondato l'accampamento con una palizzata. Allora il console gridò che era indegno accettare una simile vergognosa umiliazione da un nemico vile più di ogni altro, e aggiunse:

"Dunque ci lasceremo assediare anche all'interno dell'accampamento, e moriremo di fame con ignominia, piuttosto che valorosamente - se sarà necessario - a colpi di spada?".

Ciascuno si regolasse nel modo che gli sembrava più degno di se (e che gli dei lo aiutassero): il console Marco Atilio, se nessun altro lo voleva seguire, avrebbe marciato contro il nemico anche da solo cadendo in mezzo alle insegne dei Sanniti, piuttosto che vedere l'accampamento romano circondato da una palizzata. I luogotenenti, i tribuni, tutti gli squadroni di cavalleria e i centurioni dei reparti scelti salutarono con un applauso le parole del console. Allora i soldati, toccati nell'onore, si armarono contro voglia, uscirono contro voglia dal campo schierati in una fila lunga e rarefatta, e con l'aria di chi era già battuto marciarono contro il nemico che non aveva certo né il morale più alto né maggiori speranze di vittoria. E così, non appena i Sanniti videro le insegne romane, dalle prime file alle ultime cominciò subito a correre voce che i Romani - come essi temevano - stavano uscendo dall'accampamento per impedire loro il passaggio. Quindi non c'era più alcuno sbocco aperto nemmeno per la fuga, ed era inevitabile cadere lì o uscire vivi passando sui corpi dei nemici stesi a terra.

Accatastati i bagagli nel mezzo, si armarono e si disposero in ordine di battaglia nei rispettivi reparti. Lo spazio tra i due eserciti era ormai molto ridotto, ed entrambi erano fermi nell'attesa che i nemici levassero il grido di battaglia e si lanciassero all'assalto. Ma da una parte e dall'altra non c'era alcuna inclinazione allo scontro, e si sarebbero allontanati in direzioni opposte intatti e illesi, se solo non avessero temuto che il nemico si avventasse su quanti si stavano ritirando. Fra quei soldati poco ispirati e incerti la battaglia iniziò meccanicamente e in sordina, con un grido né unanime né convinto, e con nessuno che si muovesse dal proprio posto. Allora il console romano, per suscitare le energie, spedì fuori dalle file alcuni squadroni di cavalleria. Ma poiché buona parte di essi vennero sbalzati da cavallo e altri gettati nello scompiglio, dallo schieramento sannita ci fu chi accorse per finire i cavalieri caduti, e dalla parte romana intervennero in aiuto dei compagni. La battaglia prese allora vigore. Ma i Sanniti erano accorsi più numerosi e con maggiore determinazione, e i cavalieri romani trascinati dai cavalli imbizzarriti calpestavano quegli stessi compagni arrivati in loro soccorso. Da quel momento cominciò la fuga, che coinvolse l'intero schieramento romano. E i Sanniti stavano già attaccando alle spalle i fuggitivi, quando il console andò a cavallo di fronte alla porta dell'accampamento, vi lasciò una guarnigione di cavalieri cui diede il compito di trattare da nemici chiunque - romano o sannita - si fosse avvicinato alla trincea, e quindi andò anch'egli a sbarrare la strada ai suoi uomini che stavano cercando di raggiungere disordinatamente l'accampamento, rivolgendo loro parole minacciose:

"Dove andate, soldati? Anche là vi troverete di fronte armi e uomini, e finché il vostro console sarà vivo, non entrerete nell'accampamento se non da vincitori: scegliete se preferite scontrarvi con dei concittadini o con dei nemici".

Mentre il console pronunciava queste parole, i cavalieri circondarono i fanti brandendo le lance, e ingiunsero loro di tornare a combattere. A venire in aiuto non fu solo il valore del console, ma anche il destino, perché i nemici non affondarono l'inseguimento, e ci fu così il tempo per voltare le insegne e per rivolgere il fronte dall'accampamento al nemico.

I Romani si misero allora a incitarsi l'uno con l'altro e a rigettarsi nella mi-

schia: i centurioni strappavano le insegne agli alfieri e le portavano avanti, gridando ai compagni che i nemici erano pochi e venivano allo sbaraglio con i reparti allo sbando. Nel frattempo il console, levando le mani al cielo e alzando la voce in modo che tutti lo potessero sentire, promise in voto un tempio a Giove Statore, se l'esercito romano avesse smesso di fuggire e si fosse lanciato nella mischia travolgendo le legioni sannite. In ogni parte dello schieramento tutti fecero quanto era nelle loro possibilità per riequilibrare le sorti della battaglia - comandanti, soldati semplici, fanti e cavalieri. Si ebbe l'impressione che a fianco dei Romani intervenisse anche una volontà divina, tanto facilmente venne capovolta la situazione: i nemici furono allontanati dall'accampamento e immediatamente risospinti verso il punto in cui la battaglia era iniziata. Là furono costretti a fermarsi perché la strada era sbarrata dai bagagli accatastati nel mezzo: allora, per impedire che i Romani vi mettessero mano, formarono un cerchio di uomini armati intorno ai bagagli stessi. Ma davanti erano pressati dalla fanteria, e alle spalle avevano i cavalieri. Così, presi nel mezzo, furono uccisi o fatti prigionieri. I prigionieri ammontarono a 7.800, che vennero spogliati dal primo all'ultimo e fatti passare sotto il giogo. I caduti toccarono il numero di 4.800. Ma anche per i Romani quella vittoria non fu una festa: quando infatti il console fece contare i soldati che mancavano all'appello dopo quei due giorni di scontri, gli venne riferito che le perdite raggiungevano le 7.800 unità.
Mentre in Apulia si verificavano questi eventi, l'altro esercito dei Sanniti tentò di conquistare Interamna, una colonia romana situata sulla via Latina, ma non riuscì nell'impresa. Allora il nemico mise a ferro e fuoco le campagne. Mentre però i Sanniti stavano trascinando via gli uomini - tra i quali c'erano dei coloni fatti prigionieri - e le bestie rastrellate, si imbatterono nel console che tornava vincitore da Luceria, e non si limitarono a perdere il bottino, ma finirono per essere massacrati perché procedevano in una formazione lunga e sfilacciata. Il console fece proclamare un bando col quale venivano convocati a Interamna i legittimi proprietari per riconoscere e riprendersi le rispettive cose, e lasciando lì l'esercito si spostò a Roma per presiedere le elezioni. Richiese il trionfo ma non gli fu accordato, perché aveva perduto tutte quelle migliaia di uomini, e perché aveva fatto passare i prigionieri sotto il giogo, senza però porre delle condizioni".

Oltre ad impegnarsi in opere di contenimento nei territori confinanti con il Sannio, i Romani si prodigarono per annientare le forze ribelli degli Etruschi e degli Umbri che ancora imperversavano nelle rispettive aree di provenienza, chiudendo quel corridoio attraverso cui si erano stabilite le relazioni di alleanza tra i vari popoli italici. I Sanniti, consapevoli dell'imminente invasione romana dei loro territori, impegnarono tutte le loro forze per difendere dall'assalto finale le loro ultime roccaforti.
Prepararono ed organizzarono la dura lotta di posizione mobilitando tutti gli uomini a loro disposizione ed equipaggiarono con nuove "fulgide" armi un corpo speciale di guerrieri, la celebre e discussa *Legio Linteata*; costituita da uomini vincolati da un giuramento sacro di vincere o di morire, questa legione aveva il compito di difendere gli ultimi baluardi fortificati sorti a contrastare gli eserciti consolari in

quella parte di Sannio ancora libero.
Scrive Livio a proposito della *Legio Linteata*:

> "E avevano [i Sanniti] cercato anche il sostegno degli dei, iniziando, per così dire, i soldati con un antico rito sacramentale: in tutto il Sannio venne bandita la leva militare con una legge inusitata, in virtù della quale qualunque giovane in età non si fosse presentato alla chiamata dei comandanti o avesse lasciato il paese senza autorizzazione sarebbe stato maledetto e consacrato a Giove. La convocazione per tutti gli effettivi venne fissata ad Aquilonia, dove convennero circa 40.000 soldati, che rappresentavano il meglio di tutte le forze sannite. Là, al centro dell'accampamento, venne tracciato un recinto delimitato da picchetti e assicelle e ricoperto con una tela di lino, che misurava circa duecento piedi tanto in lunghezza quanto in larghezza. All'interno del recinto celebrò i sacrifici attenendosi alle indicazioni di un antico libro rilegato in lino il sacerdote Ovio Paccio, un uomo molto avanti con gli anni, che sosteneva di aver desunto quel rito da un'antica usanza sannita, praticata un tempo dagli antenati quando avevano concepito il progetto di strappare Capua agli Etruschi. Concluso il sacrificio, il comandante in capo ordinò a un banditore di convocare gli uomini più in vista per ascendenti e valore, facendoli venire uno per volta. L'intero apparato della cerimonia era allestito in modo da suscitare negli animi timore religioso: contribuivano a questo effetto soprattutto gli altari al centro del recinto integralmente coperto, le vittime sgozzate intorno agli altari e i centurioni in cerchio con le spade in pugno.
> I convocati venivano fatti avvicinare agli altari, più come vittima che come effettivo partecipante al sacrificio, e dovevano giurare di non rivelare quanto avevano visto o sentito in quel punto. Mediante una formula intimidatoria venivano costretti a giurare che sarebbero state maledette le loro persone, la famiglia e la stirpe, qualora non fossero scesi in campo là dove i comandanti li guidavano, o avessero abbandonato il campo di battaglia, o ancora vedendo qualcuno darsi alla fuga non lo avessero ucciso su due piedi. All'inizio alcuni che non accettavano di prestare questo giuramento vennero passati per le armi davanti agli altari, e i loro cadaveri distesi tra le vittime servirono poi da monito agli altri affinché non si tirassero indietro. Quando poi i nobili sanniti si furono vincolati con questo giuramento, il comandante fece i nomi di dieci di loro e ordinò che ciascuno di essi scegliesse un altro uomo, e questi un altro ancora fino a raggiungere la cifra di 16.000. Quella legione, dalla copertura del recinto all'interno del quale la nobiltà aveva consacrato se stessa, venne chiamata *linteata*.
> A quanti ne facevano parte vennero consegnate armi sfavillanti ed elmi crestati, in modo da distinguerli in mezzo a tutti gli altri. Il resto dell'esercito ammontava a poco più di 20.000 uomini che, quanto a forza fisica, valore militare e armamento, non erano inferiori alla legione linteata. Tutti questi effettivi, il meglio delle forze del Sannio, si accamparono nei

pressi di Aquilonia.*³³"*

Livio sembra qui introdurre, nel fluire della narrazione annalistica, una sorta di pausa "antiquaria", come la definisce Filippo Coarelli, destinata a sottolineare la particolare solennità del momento che precede lo scontro di Aquilonia. Una soluzione del tutto analoga la ritroviamo a proposito di un altro momento centrale delle guerre sannitiche, nel 310, quando viene introdotta una lunga descrizione dell'equipaggiamento dell'esercito sannita

> "Vi erano due eserciti sannitici, caratterizzato il primo da scudi ricoperti d'oro, il secondo da scudi ricoperti d'argento... Le tuniche dei primi erano policrome, quelle dei secondi di candido lino".

È importante notare che i due episodi in questione, quello del 310 e quello del 293, mettono in scena due membri della stessa gens, padre e figlio: rispettivamente, L. Papirio Cursore, quattro volte console e nel 310 dittatore per la seconda volta e L. Papirio Cursore, console del 293.

Lo stretto rapporto, che è quasi di identità, tra i due fatti d'arme, è stato notato da tempo, e talvolta spiegato con una duplicazione. Lo stesso Livio, del resto, sottolinea chiaramente la relazione tra i due episodi.

Anche senza ricorrere a una soluzione estrema, come la duplicazione, si deve pensare che le informazioni sull'episodio più antico fossero scarsissime, ciò che dovette indurre Livio a servirsi, per completare le lacune, del materiale relativo all'episodio più recente: questo sembra confermato anche dalla strettissima relazione tra le due descrizioni dell'equipaggiamento sannita, che caratterizza queste, e solo queste, occasioni, come non manca di sottolineare ancora una volta lo stesso Livio.

A un esame più attento, appare anzi evidente che si tratta di due parti di uno stesso testo: la descrizione delle armi che appare a proposito dell'evento del 310 doveva trovarsi in origine subito dopo la descrizione del giuramento della Legio Linteata, proprio dove ci attenderemmo una più ampia descrizione dell'equipaggiamento di questa e dell'altro esercito, che è invece sintetizzata da un semplice *ibis arma insignia data*, cui si aggiunge solo il dettaglio delle *cristatae galeae, ut inter ceteros erninerent*, calco quasi letterale di *galeae cristatae, quae speciem magnitudini corporum adderent* che troviamo nel testo relativo al più antico episodio.

Siamo dunque in grado di ricostruire una lunga descrizione dell'esercito sannita, che sembra tratta piuttosto da una fonte antiquaria che da una fonte annalistica: l'attribuzione puntuale, "storicizzata" a due episodi diversi (ma strettamente collegati) delle guerre sannitiche richiede una spiegazione: nonostante l'insistenza di Livio sulla "novità" che avrebbero rappresentato tanto la cerimonia iniziatica quanto l'armamento, sembra infatti evidente che si doveva trattare di fatti correnti e tutt'altro che eccezionali.

Resta comunque da chiarire il motivo che indusse a introdurre questo frammento

---

[33] La possibilità che si tratti in origine di una fonte antiquaria risulta anche dal ricordo della stessa operazione in Paul. Fest, p. 102 L.: *Legio Samnitium linteata appellata est, quod Samnites intrantes singuli ad aram velis linteis circumdatam non cessuros se Romano militi iuraverunt"*

"antiquario" proprio in coincidenza di episodi collegati ambedue con membri della gens Papiria.
Dobbiamo in primo luogo notare che il testo non ha trovato nessuna grazia presso gli storici moderni, nonostante la sua ovvia rilevanza: da ultimo, E.T. Salmon ne ha pronunciato una radicale condanna identificandovi una rielaborazione tarda, ispirata all'armamento dei gladiatori Sanniti.
Ora, a parte il fatto che anche quest'ultimo dovrebbe derivare, in ultima istanza, da più antiche armi dell'esercito sannita, come sottolinea Coarelli, si può facilmente accertare, sulla base delle numerose rappresentazioni pittoriche, l'aspetto particolarmente sontuoso di queste nel IV secolo a.C.. Un confronto puntuale con la descrizione di Livio è poi riconoscibile in un notissimo frammento di pittura funeraria proveniente dall'Esquilino: si tratta di un documento contemporaneo ai fatti riportati da Livio. Resta semmai da spiegare la ragione per cui in ambedue i casi si tratti di Papirii; inoltre, da identificare la fonte da cui deriva lo stesso Livio.
Restando all'interno della documentazione pittorica, va ricordato il passo di Festo, in cui si menziona un affresco con la rappresentazione del trionfo di L. Papirio Cursore, il console del 293, nel tempio di Consus, da lui fondato sull'Aventino dopo il trionfo del 272: esistevano quindi a Roma documenti figurativi suscettibili di documentare l'aspetto dell'armamento sannitico, in epoca contemporanea agli episodi che qui interessano, e nel caso specifico questi sono collegati proprio a uno dei due membri della gens Papiria di cui ci stiamo interessando. Di queste scene possono darci un'idea le pitture provenienti da un'altra tomba dell'Esquilino, il cosiddetto *Sepolcro Arieti*, dove può riconoscersi una scena di trionfo preceduta da rappresentazioni di combattimenti, in cui si possono identificare gli episodi che avevano determinato la concessione del trionfo al personaggio sepolto nella tomba, certo un membro importante dell'aristocrazia repubblicana.
Se però la descrizione liviana dipende, almeno parzialmente, da un documento figurativo, esso può forse essere collegato con un monumento preciso, il tempio di Quirino sul colle Quirinale
Sappiamo da Livio che L. Papirio Cursore, il console del 293, dedicò il tempio di Quirino, che nessun autore antico attribuisce a un voto da lui fatto nel corso della battaglia (e del resto l'edificio non avrebbe potuto esser terminato in un tempo così breve); si deve pensare che esso sia stato votato dal padre nel corso della sua dittatura, mentre il figlio lo dedicò e lo ornò con le spoglie del nemico.
Plinio il Vecchio aggiunge che:

> "Secondo Fabio Vestale, L. Papirio Cursore realizzò per primo, dodici anni prima dello scontro con Pirro, un orologio solare presso il tempio di Quirino, momento della dedica di questo, che in precedenza era stato votato da suo padre".

Il collegamento tra il dittatore del 310 e il console del 293 riappare di nuovo in rapporto con la costruzione del tempio di Quirino, dove erano conservate, come trofei di vittoria, proprio le armi dell'esercito sannita descritte da Livio nell'excursus più volte citato. È probabile che il tempio - come quello, prossimo e contemporaneo di *Salus*, e quello di Consus, realizzato dallo stesso Papirio Cursore, e certamente molti altri, come si ricava da vari indizi - presentasse una decorazione pittorica, con precise rappresentazioni delle campagne sannitiche che ne avevano determinato la costruzione: non si può escludere che proprio in queste pitture si possa riconoscere una delle fonti della descrizione liviana.

E' stato già notato, del resto , che lo stesso Livio, a proposito della dedica del tempio di Quirino, sembra rifarsi non a un testo di origine pontificale, ma piuttosto a un documento di carattere trionfale, analogo, ad esempio, alla colonna di Duilio: si potrebbe pensare ad un'iscrizione esposta nello stesso tempio, analoga a quelle documentate in casi analoghi .

Tutte queste considerazioni inducono a riconsiderare con più fiducia il frammento "antiquario" di Livio, che appare derivato - direttamente, o piuttosto indirettamente - da documenti di grande valore, praticamente contemporanei ai fatti narrati, che furono probabilmente raccolti da un annalista antico, forse lo stesso Fabio Pittore.

Se tutto questo è vero, il rito collocato da Livio al campo di Aquilonia può essere reinterpretato come un documento storico reale: non nel senso di un evento puntuale, ma piuttosto come un documento di carattere etnografico affidabile, anche se in parte deformato in funzione polemica, come mostrano i particolari macabri sull'uccisione dei renitenti, che possono anche venir interpretati in modo meno tendenzioso, come vedremo.

Il carattere iniziatico della cerimonia non può sfuggire, ed è del resto affermato a chiare note dallo stesso Livio: *ritu quodam sacramenti vetusto velut initiatis militibus*.

Il testo liviano è confermato da un passo di Festo :

"Una legione dei Sanniti è chiamata linteata perché i Sanniti, accedendo uno alla volta ad un'area sacra circondata da teli di lino, giuravano di non retrocedere di fronte al soldato romano[34]."

Si tratta dunque non già di un uso nuovo ed isolato, sia pure tratto da modelli antichi, ma di un costume corrente: una *sacratio*, tipo di iniziazione militare largamente nota ai popoli italici (ed anche agli Etruschi). È quasi inutile insistere sulla funzione sacrale rivestita in antico dalle stoffe di lino: l'uso riguarda qui non solo l'abbigliamento dei soldati, ma anche la recinzione del luogo destinato alla cerimonia e lo stesso *liber linteus* da cui è tratto il rituale.

Siamo dunque in presenza, scrive Filippo Coarelli, di un *templum* destinato a funzioni particolari, che ne giustificano anche le notevoli dimensioni (200 x 200 piedi): utilizzato cioè per l'iniziazione militare dell'esercito sannita, o meglio, di un particolare corpo di *élite*, la Legio Linteata appunto.

La descrizione dell'apprestamento ci è apparsa affidabile, anche per la precisione delle misure e degli altri particolari tecnici, a differenza, come si è visto, della lettura *événementielle* che Livio ne fornisce. Se ne deduce che la localizzazione ad Aquilonia non è accettabile: come è possibile infatti che la complessa e certamente lunga cerimonia si svolgesse al campo, immediatamente prima di una battaglia decisiva e in presenza del nemico?

Tutto induce a collocarla in un tempo e in un luogo diversi: un luogo attrezzato allo

---

[34] *Legio Samnitium linteata appellata est quod Samnites intrantes singuli ad aram velis linteis circumdatam non cessuros se Romano militi iuraverant*" Fest.*De verborum signifcatione*, s.v. *Legio linteata*, 102 Lindsay:

scopo, nel quale non possiamo non identificare il sito di raccolta, dove doveva svolgersi l'inquadramento iniziale delle nuove leve.

Questo luogo, nel caso del Sannio Pentro, non può che essere il santuario di Pietrabbondante, in cui Adriano La Regina ha giustamente identificato una "capitale" politico-sacrale dei Pentri, proponendone l'identificazione con *Cominium*, mentre, tra gli altri, Di Iorio e Coarelli propendono per identificare Pietrabbondante con *Bovianum Vetus*.

Le caratteristiche militari del santuario, a partire almeno dalle guerre sannitiche, risultano evidenti dalle numerose armi, prede belliche in gran parte tolte ai Romani: in perfetta simmetria con il culto capitolino di Roma. Non è certo un caso se, nella sua ricostruzione immediatamente precedente la guerra sociale, il tempio principale di Pietrabbondante, ricostruito a tre celle e con tre altari, si ispirò al modello del tempio capitolino.

Altri gruppi di guerrieri operarono nelle zone di confine e, in rapporto alle uccisioni che avvennero in quel periodo direttamente negli accampamenti delle truppe consolari romane poste a controllo del territorio del fiume Liri, dovettero essere nella possibilità di compiere sorprendenti azioni rapide e molto cruenti.

Nel 293 a.C. i Romani riuscirono nel loro intento di soggiogare tutte quelle popolazioni schieratesi con i Sanniti contro di loro durante la "Battaglia delle Nazioni" di *Sentinum*, potendo così riorganizzare tutte le loro forze per l'assalto finale al Sannio.

Concordate le linee base dell'azione, il grosso delle forze romane si mosse alla volta del Sannio, sia partendo dalla valle del medio Liri, avendo la loro base ad *Intermna Lirenas*, sia da *Teanum Sidicinum*, nella Campania Settentrionale. Le roccaforti sannite di *Cominium* ed Aquilonia erano l'obiettivo principale, le difese occidentali nell'area di *Aesernia* dove si era organizzato il grosso della *Legio Linteata*.

Allo stato attuale delle ricerche, non è possibile individuare l'ubicazione di queste fortezze sul territorio del Sannio ma, in relazione alle basi di partenza degli eserciti consolari, si presume che la loro ubicazione fosse nel Sannio nordoccidentale.

Il console Spurio Carvilio Massimo, muovendo da *Interamna Lirenas* verso nord lungo il fiume Rapido oltrepassò *Casinum*, invase e saccheggiò la città sannita di *Amiternum*, devastò la zona di Atina e si fermò nei pressi delle mura di *Cominium*.

Contemporaneamente l'altro console Papirio Cursore, figlio dell'omonimo console che combatté i Sanniti vent'anni prima, mosse dalla Campania settentrionale e oltrepassando il massiccio del Matese, devastò e saccheggiò Duronia e pose in assedio Aquilonia.

In campo romano, il console Sp. Carvilio prese il comando delle legioni lasciate ad *Interamna* da M. Atilio e con esse occupò *Amiternum*, *oppidum* di una certa importanza se l'operazione costò ai Sanniti duemilaottocento morti e quattromiladuecentosettanta prigionieri, ma non identificabile con un'antica città sabina sita nei pressi del fiume Pescara, che ancor oggi nella valle aquilana chiamasi Aterno (*Aternus*), e della quale esistono le rovine presso il villaggio di S. Vittorino, perché Livio ci fa sapere che Carvilio mosse alla volta del Sannio (*in Samnium profectus*:X, 39, 2) né ci sono dubbi sulla tradizione del testo. L'altro console arruolato un nuovo esercito, espugnò *Duronia*, città di incerta ubicazione, ma sita verisimilmente nel territorio dei Pentri. Entrambi i comandanti romani passano, quindi, all'opera devastatrice nel Sannio occidentale e specialmente nel territorio di *Atina*, centro dei Volsci e perciò corrispondente all'omonima cittadina in provincia di Frosinone: così facendo, giungono Carvilio a *Cominium* e Papirio ad *Aquilonia, ubi summa rei Samnitium erat* (X, 39, 5). Nei pressi di questa città né si sospese del tutto il guerreggiare né si attaccò con impegno: i due consoli si tengono giornalmente informati di qualunque avvenimento, per quanto anche la vigilanza di Carvilio fosse rivolta più ad *Aquilonia* che a *Cominium*, consapevole che le operazioni militari avrebbero ivi assunto un carattere decisivo (*maiore discrimine:*X, 39, 7).

Papirio, quando ravvisò l'opportunità di dare battaglia al nemico, si accordò col collega, affinché questi muovesse contemporaneamente all'attacco di *Cominium* per impedire l'accorrere di rinforzi ad *Aquilonia*. Né omise, dimostrando il suo fine intuito d'esperto comandante, di tenere alto il morale dei suoi uomini, che potevano essere impressionati dall'apparato militare dei nemici. Le parole del console sortirono l'effetto voluto nell'animo dei soldati, che sono presi da un violento ardore combattivo. Livio si sofferma anche a descrivere gli auspici, i preparativi alla battaglia e lo schieramento delle truppe; senza tralasciare di aggiungere qualche pennellata intesa a fissare gli stati d'animo delle due parti in campo: *Romanos ira, spes, ardor certaminis avidos hostium sanguinis in proelium rapit; Samnitium magnam partem necessitas a.C. religio invitos magis quam inferre pugnam cogit* (X, 41, 1).

La battaglia infuria ed i Sanniti riescono a mala pena a sostenere l'impeto travolgente delle legioni romane; di rincalzo ecco apparire Sp. Nauzio (altri annalisti tramandano il nome di Ottavio Mecio) con le truppe ausiliarie, che sollevano un polverone non giustificato dal numero effettivo dei soldati. Era un espediente, infatti: si trattava degli addetti al trasporto dei bagagli (*calones*), che procedevano a dorso di mulo trascinandosi rami frondosi. Anche la visibilità era ridotta a causa della polvere che essi facevano sollevare. Sembrava, visto da lontano, un vero esercito in marcia, del quale si distinguevano in prima fila armi ed insegne, con la cavalleria in posizione arretrata. L'espediente ben congegnato raggiunse il suo scopo, tanto è vero che *fefellit non Samnites modo sed etiam Romanos* (X, 41, 6). Il console Papiro capì al volo la situazione e con scaltra perspicacia non fece che confermare l'errore dei suoi. A gran voce, in modo che i Sanniti potessero udire, e ripetutamente gridava che *Cominium* era caduta e che si stava avvicinando l'altro console vincitore; in più andava dicendo ai suoi uomini che bisognava risolvere il combattimento, a tutti i costi, prima che la vittoria non si potesse attribuire all'intervento dell'altro esercito. Perciò egli dà alla cavalleria il segnale di muovere alla carica: *provolat eques*, scrive Livio (X, 41, 9) usando un singolare collettivo corrispondente ad un plurale italiano, come si incontra più frequentemente in poesia che in prosa, ed un verbo che indica propriamente l'*uscir volando,* donde lo *slanciarsi in avanti;* e se ne vedono le conseguenze: *infestis cuspidibus in medium agmen hostium ruit perruptique ordines, quacumque impetum dedit* (*ibid.*). Il nemico è sbaragliato: la fanteria dei Sanniti trovò riparo nell'accampamento o in *Aquilonia,* mentre *nobilitas equitesque Bovianum perfugerunt* (X, 41, 11).

Che si tratti di *Bovianum Undecimanorum*, l'odierna Boiano, non c'è dubbio ed è approvato da quanto scrive anche Dionigi d'Alicarnasso (XVII, 18, 4), che muovere il console da *Aquilonia* verso la regione dei Pentri; inoltre, la cosa confermerebbe che Livio, quando in precedenza ha parlato di *Bovianum* (X, 12, 9), si riferiva all'odierna Pietrabbondante.

Lucio Volumnio occupò l'accampamento nemico prima che L. Scipione (nel suo citato elogium non si accenna a questa battaglia) espugnasse *Aquilonia,* dove la resistenza è maggiore, perché la città offriva, con le sue mura, una buona difesa. Sul far della sera anche *Aquilonia* cadde nelle mani dei Romani, ma il console, che non aveva potuto seguire tutti gli avvenimenti e si preoccupava di radunare i reparti essendo prossima la notte, ritenne opportuno, per timore di insidie, di non prendere possesso della città.

Col favore delle tenebre i Sanniti superstiti del sanguinoso scontro- Livio in X, 42, 5 ci parla di 20.340 morti- riescono a sfuggire all'accerchiamento attraverso una porta che s'apriva nel tratto di mura non ancora conquistate dai Romani. Con eguale fortuna si svolsero, per il console Carvilio, le operazioni sotto *Cominium* che venne in tal modo conquistata (X, 43, 1 sgg.). Le truppe sannite inviate in aiuto alla città non intervengono nel combattimento e, per quanto incalzate dai Romani, riuscirono almeno in parte a rifugiarsi incolumi a *Bovianum* (X, 43, 15).

"L'anno che seguì ebbe un console, Lucio Papirio Cursore, famoso sia per la gloria conquistata dal padre sia per quella personale, nonché una grossa guerra e una vittoria sui Sanniti quale nessuno fino a quei giorni - salvo Lucio Papirio, padre appunto del console - aveva mai riportato. E il caso volle che i nemici preparassero la guerra con lo stesso sforzo e lo stesso spiegamento di mezzi, arricchendo le truppe di armi più sfarzose e ricche che mai

(segue il passo già riportato circa la *Legio Linteata*, che qui omettiamo)

I consoli partirono da Roma: il primo fu Spurio Carvilio, cui erano state assegnate le vecchie legioni, lasciate l'anno prima dal console Marco Atilio nella zona di Interamna. Marciando alla volta del Sannio alla testa di queste legioni, mentre i nemici tenevano riunioni segrete impegnati nelle loro pratiche di iniziazione, conquistò con la forza la città di Amiterno togliendola ai Sanniti. In quel luogo caddero 2.800 uomini, i prigionieri furono 4.270. Arruolato un nuovo esercito come era stato stabilito, Papirio espugnò la città di Duronia. Catturò meno uomini del collega, uccidendone però un numero più alto. In entrambe le zone venne conquistato un ricco bottino. I due consoli poi, dopo aver effettuato scorrerie ad ampio raggio nel Sannio, e devastato in particolar modo la zona di Atina, arrivarono Carvilio a Cominio, e Papirio ad Aquilonia, dove si era concentrato il grosso delle truppe sannite. Là, per alcuni giorni, le due parti, pur senza astenersi del tutto da azioni militari, non arrivarono mai però a uno scontro vero e proprio: provocavano il nemico se era inattivo, tornavano sui propri passi se opponeva resistenza, e ingannavano il tempo rendendosi minacciosi più che attaccando battaglia. Qualunque fosse l'operazione intrapresa o sospesa, ogni decisione in merito, anche la più insignificante, veniva rinviata da un giorno all'altro.

L'altro esercito romano, che si trovava a venti miglia di distanza, e il collega lontano partecipavano col pensiero alla gestione di tutte le operazioni, e Carvilio era più concentrato su Aquilonia di quanto non lo fosse Cominio che la stava assediando. Lucio Papirio, preparata ormai ogni cosa per il combattimento, inviò un messaggero al collega per dirgli che era sua intenzione, se gli auspici fossero stati favorevoli, di attaccare battaglia il giorno successivo: era necessario che anche Carvilio attaccasse Cominio con la maggior forza d'urto possibile, perché i Sanniti non avessero più modo di inviare dei rinforzi ad Aquilonia. Il messaggero ebbe un giorno di tempo per compiere il tragitto: ritornò nella notte riferendo che il collega approvava il piano. Inviato il messaggero, Papirio aveva subito convocato un'assemblea, durante la quale tenne un lungo discorso sull'arte di gestire le guerre in generale, e in particolare sulle attrezzature che al presente i nemici potevano vantare, e che risultavano più belle a vedersi di quanto non fossero efficaci all'atto pratico: infatti non erano certo i cimieri a procurare le ferite e il giavellotto romano era in grado di trapassare anche gli scudi colorati e carichi d'oro, e quell'esercito sfavillante per il candore delle tuniche si sarebbe sporcato di sangue, quando fossero entrate in azione le spade. In passato suo padre aveva fatto a pezzi un altro esercito sannita tutto oro e argento, e quelle spoglie aveva garantito maggiore rinomanza al nemico vittorioso che ai Sanniti stessi. Forse era destino che la sua gens e il suo nome si opponessero agli sforzi maggiori dei Sanniti, e riportassero quelle spoglie che rappresentavano uno straordinario ornamento anche per i luoghi pubblici. Gli dei immortali erano dalla parte dei Romani, dopo che i patti tante volte richiesti erano stati altrettante volte violati. E se era mai possibile penetrare nei disegni della mente divina, gli dei non erano mai stati tanto avversi a nessun esercito quanto a quello che, dopo essersi macchiato con un rito sacrilego in cui il sangue umano era stato mescolato a quello delle bestie, avviato a una duplice ira divina, temendo da una parte l'ira degli dei testimoni dei patti conclusi coi Romani, e dall'altra le maledizioni legate al giuramento pronunciato, aveva giurato contro la propria volontà, odiava il giuramento, ed era intimorito contemporaneamente dagli dei, dai concittadini e dai nemici.

Esposte queste cose - di cui era venuto a conoscenza tramite le rivelazioni dei disertori - di fronte a uomini già infiammati dal risentimento, questi ultimi, pieni di speranze sia negli dei sia negli uomini, chiesero all'unisono battaglia, rammaricandosi che lo scontro fosse rinviato al giorno successivo e trovando intollerabile il ritardo di un giorno e di una notte. Passata la mezzanotte, quando gli venne riferita la risposta del collega, Papirio si alzò in silenzio e ordinò all'aruspice addetto ai polli di trarre gli auspici. Nel campo non c'era un solo uomo che non ardesse dal desiderio di combattere, e dai gradi più alti a quelli più subalterni tutti avevano dentro la stessa fiamma: il comandante guardava alla determinazione dei soldati, i soldati a quella del comandante. Questo diffuso spirito venne trasmesso anche a quanti stavano passando in rassegna gli auspici: infatti, anche se i polli non stavano affatto mangiando, l'aruspice giunse a falsare l'auspicio e annunciò al console un pasto quanto mai favorevole. Felicissimo il console riferì ai suoi che gli auspici erano eccellenti e che avrebbero combattuto col favore degli dei; diede così il segnale di battaglia. Mentre stava già per uscire dall'accampamento, un disertore riferì che venti coorti sannite di circa 400 uomini l'una erano partite alla volta di Cominio. Il console inviò subito un messaggio al collega per informarlo della cosa; ordinò poi di accelerare le operazioni.

Distribuì i riservisti nelle posizioni più adatte e assegnò loro i rispettivi ufficiali. A capo dell'ala destra piazzò Lucio Volumnio, alla sinistra Lucio Scipione, affidando la cavalleria ad altri luogotenenti, Gaio Cedicio e Tito Tre-

bonio. A Spurio Nauzio diede disposizione di far togliere i basti ai muli e di portarli in fretta, insieme ad alcune coorti di ausiliarii, su un'altura ben visibile; gli ordinò di farsi notare, a combattimento iniziato, alzando un polverone quanto più fitto possibile. Mentre il comandante sbrigava queste disposizioni operative, tra gli aruspici sorse una controversia circa gli auspici tratti quel giorno, e la lite arrivò alle orecchie di alcuni cavalieri romani che, pensando non fosse una questione priva di rilievo, ne riferirono a Spurio Papirio, figlio del fratello del console, dicendogli che erano sorte contestazioni sugli auspici. Quel giovane, nato prima della dottrina che insegna a disprezzare gli dei, si informò sui fatti, per evitare di riferire solo dicerie prive di fondamento, poi riportò la cosa al console. Questi gli rispose così: "Onore alla tua virtù e al tuo zelo. Però, se quanti traggono gli auspici danno falsi annunci, essi attirano su di sé la maledizione divina. A me è stato annunciato un pasto consumato con grande voracità, ciò che rappresenta un ottimo auspicio per l'esercito e il popolo romano". Ordinò così ai centurioni di schierare gli aruspici nelle prime file. Anche i Sanniti fecero avanzare le loro insegne, seguite dagli uomini con le loro armature splendenti, uno spettacolo straordinario anche per i nemici. Prima dell'urlo di guerra e dell'inizio delle ostilità, l'aruspice addetto ai polli, colpito da un giavellotto lanciato a caso, cadde nelle prime file. Quando la cosa venne riferita al console, questi commentò così:
"Gli dei sono presenti sul campo di battaglia: il colpevole è stato punito".
Mentre il console pronunciava queste parole, un corvò gracchiò ad alta voce lì davanti a lui. Felice per questo segno beneaugurante, il console ordinò di suonare il segnale di attacco e di alzare il grido di guerra, affermando che mai in passato gli dei erano intervenuti con maggior tempestività nelle vicende umane.

Avendo così accuratamente sincronizzato le loro azioni, i due consoli si trovarono a circa trenta chilometri l'uno dall'altro, mantenendosi in contatto con messaggeri.
Così i comandanti romani decisero di attaccare lo stesso giorno, sia contro *Cominium* che contro Aquilonia.
L'esercito consolare di Papirio Cursore si scontrò con le difese imbastite dalla *Legio Linteata* schierata ad Aquilonia, mentre Carvilio Massimo impegnò a fondo le sue truppe per espugnare *Cominium*.

> "La battaglia venne combattuta con estremo accanimento, anche se lo spirito con cui i contendenti la affrontarono era di gran lunga differente: a trascinare in battaglia i Romani, assetati di sangue nemico, erano la rabbia, la speranza e la determinazione; buona parte dei Sanniti, costretti dalla necessità e dalle fobie religiose più a resistere che ad attaccare, combatteva invece controvoglia. E certo non avrebbero retto al primo grido di guerra e al primo assalto dei Romani - abituati com'erano alla sconfitta da ormai molti anni -, se a trattenerli dalla fuga non fosse stata un'altra più forte paura, relegata nel loro intimo. Avevano infatti ancora davanti agli occhi tutto l'apparato di quel rito segreto - i sacerdoti armati, cadaveri di uomini e bestie ammassati alla rinfusa, gli altari lordi di sangue pio ed empio, la terribile pro-

fessione di fede e l'invocazione delle furie, a maledire la stirpe e la famiglia. Erano questi gli ostacoli che impedivano la fuga ai Sanniti, intimoriti più dalla loro gente che dai nemici. La pressione dei Romani si esercitava sia sulle due ali sia sul centro, portandoli a seminare la strage tra i nemici attoniti per il timore degli dei e degli uomini. Resistevano senza troppa convinzione, come uomini cui soltanto la codardia impedisca di darsi alla fuga. Il massacro era già arrivato quasi alle insegne, quando da un lato si alzò un gran polverone, come di solito succede per il passaggio di un esercito in marcia. Era Spurio Nauzio (anche se alcuni autori sostengono si trattasse di Ottavio Mecio), a capo delle coorti ausiliarie. Il polverone che sollevavano era molto più consistente di quanto non comportasse il loro numero, perché gli uomini in groppa ai muli trascinavano rami frondosi. Davanti, attraverso l'aria resa torbida dal polverone, si scorgevano le insegne e le armi: poco più dietro il pulviscolo più spesso e denso faceva pensare che a chiudere la marcia fosse la cavalleria, e il trucco non ingannò soltanto i Sanniti ma anche i Romani. Il console diede consistenza all'errata interpretazione, gridando ad alta voce nelle prime file - in modo che le sue parole arrivassero anche ai Sanniti - che Cominio era stata presa, e che il collega reduce dalla vittoria si stava avvicinando: quindi si impegnassero a fondo per la vittoria prima che il merito toccasse interamente all'altro esercito.

Gridò queste parole dritto sul cavallo, poi diede ordine ai tribuni e ai centurioni di aprire il passaggio per la cavalleria (in precedenza aveva già avvisato Trebonio e Cedicio che, non appena lo avessero visto vibrare l'asta in alto, lanciassero i cavalieri a caricare il nemico con la maggiore violenza possibile). Al segnale convenuto tutto si svolse come era stato concertato: tra le file della fanteria venne lasciato libero il passaggio, i cavalieri si lanciarono avanti e caricarono lancia in resta le schiere nemiche, sfondandone i ranghi dovunque irrompevano. Volumnio e Scipione incalzavano seminando la morte tra i nemici in ritirata.

Fu allora che, non potendo più nulla la minaccia degli dei e degli uomini, le coorti linteate vennero travolte, senza distinzione tra quanti avevano prestato giuramento o meno, non temendo più nient'altro se non il nemico. I fanti scampati alla battaglia ripararono nell'accampamento o ad Aquilonia, mentre i nobili e i cavalieri fuggirono a Boviano.

I cavalieri romani inseguirono la cavalleria, i fanti la fanteria. Le due ali si mossero in direzioni differenti: la destra verso l'accampamento sannita, la sinistra verso la città. Volumnio prese l'accampamento molto prima, mentre dalle parti della città Scipione incontrò maggiore resistenza, non certo perché gli sconfitti avessero più coraggio, quanto perché una cinta muraria è certo più indicata di una trincea a respingere un assalto armato. E gli assediati, scagliando pietre dalle mura, tenevano lontani i nemici. Scipione, convinto che se non si fosse giunti a una soluzione rapida - prima che gli animi si riprendesso dalla sorpresa -, l'assedio di quella città fortificata sarebbe andato troppo per le lunghe, chiese ai soldati se accettavano di buon grado di essere ricacciati dalle porte della città, pur avendo vinto la battaglia, mentre l'altra ala si era impossessata dell'accampamento. Tutti protestarono a gran voce; allora Scipione, sollevato lo scudo sopra la testa, si avviò per primo verso la porta. Gli altri si inquadrarono a testuggine e irruppero in città. Cacciarono i Sanniti occupando la cinta nei pressi della porta, senza però avere il coraggio di addentrarsi ulteriormente, visto il numero esiguo della loro formazione.

Il console in un primo tempo non era al corrente di questi avvenimenti ed era impegnato a chiamare a raccolta gli uomini, perché il sole stava ormai per tramontare e l'imminente oscurità rendeva tutto insidioso e pieno di pericoli, anche per il vincitore. Spintosi un pò più avanti, vide sulla sua destra che l'accampamemnto nemico era stato occupato, mentre dalla sinistra sentì arrivare dalla città un boato misto di urla di battaglia e grida di terrore. Proprio in quel momento infuriava la battaglia presso la porta. Avvicinatosi in sella al cavallo, non appena vide i suoi uomini sulle mura e si rese conto di non avere più la situazione sotto controllo, perché l'imprudenza di pochi gli offriva il destro per portare a termine una grande impresa, diede ordine di richiamare le truppe già raccolte, e ingiunse loro di avanzare verso la città. Entrati dalla parte più vicina, vi si fermarono perché stava calando la notte. Nel corso della notte i nemici si ritirarono.

In quella giornata furono uccisi, nella zona di Aquilonia, 20.340 Sanniti, 3.870 furono fatti prigionieri e vennero catturate novantasette insegne militari.

Stando a quanto è stato tramandato, pare che non si fosse mai visto un comandante tanto allegro nel corso di una battaglia, sia per la sua naturale disposizione di carattere, sia per la fiducia che aveva nel successo dell'impresa. In virtù di questa determinazione, non riuscì a trattenerlo dall'attaccare battaglia nemmeno l'auspicio controverso, e proprio nel pieno dello scontro, quando di solito si promettono in voto i templi agli dei, egli promise a Giove Vincitore che in caso di vittoria sull'esercito nemico gli avrebbe offerto un bicchierino di vino al miele, dopo un'abbondante libagione personale di vino puro. La promessa andò a genio agli dei, che rivolsero in bene gli auspici".

Purtroppo gli storici ci non hanno tramandato il nome dei comandanti sanniti, soffermandosi più su aspetti non molto significativi che però concorsero, all'epoca delle redazioni degli annali, ad accrescere la fama delle famiglie dell'Urbe i cui avi parteciparono a queste violente battaglie.

La superiorità numerica dei Romani, unita alle informazioni che i disertori fornirono ai consoli, portò i Sanniti alla disfatta ed all'annientamento della *Legio Linteata*., se davvero esisteva.

I combattimenti furono così cruenti che si protrassero per l'intera giornata fino a tarda notte. Alla fine, espugnate ambedue le roccaforti, si contarono più di cinquantamila morti lasciati sul campo. I guerrieri superstiti della *Legio Linteata* trovarono rifugio a Bovianum, dove organizzarono un estremo tentativo di difesa

Quella romana fu una grande vittoria, da cui tanta gloria derivò ai consoli tanto da rendere i loro nomi ricordati dalle generazioni successive.

La razzia effettuata nelle città sannitiche espugnate fu tale da permettere a Spurio Carvilio Massimo di erigere, sul Campidoglio, una statua di bronzo raffigurante Giove tanto imponente da essere visibile fin dai Colli Albani, fatta, come ricorda

Plinio Seniore, con le armi prese alla *Legio linteata*:

> "Sp. Carvilio eresse anche la statua a Giove nel *Capitolium*, dopo aver
> vinto i Sanniti che combattevano sotto il giuramento ad una legge sacra,
> una statua fatta dalle loro corazze, schinieri e scudi[35]".

Fu un successo tanto decisivo quanto celebrato. L'aver espugnato il sistema di fortificazioni della regione di *Aesernia* significò l'aver annientato le difese del più cruciale dei confini del Sannio. I consoli decisero di sfruttare così la situazione.
Rinforzate le proprie truppe con nuovi rinforzi, Papirio Cursore si spinse nella valle dei Pentri, ossia l'area alle falde del Matese attraversata dal tragitto del trattuto Pescasseroli - Candela, dove, in un attacco particolarmente cruento, riuscì a conquistare la roccaforte di *Saepinum*.
Le truppe di Carvilio Massimo si spinsero nel Sannio settentrionale procedendo ad un'azione sistematica di assoggettamento, conquistando Velia *Palumbinum* ed *Herculaneum*, le roccaforti a guardia del territorio di Aufidena. Le azioni degli eserciti romani si conclusero con l'arrivo dell'inverno.
Solo con l'inizio della primavera del 292 a.C. ripresero le attività belliche contro le popolazioni sannitiche, ma non senza difficoltà. Il console Fabio Gurgite, impegnato contro i Caudini, trovò una dura resistenza da parte delle schiere sannite comandate da Gavio Ponzio e solo l'intervento di Quinto Fabio Rulliano evitò la sopraffazione e l'uccisione dello stesso Gurgite. Durante il sanguinoso scontro, i Sanniti non riuscirono a respingere le rimpinguate schiere dei guerrieri romani organizzati e comandati da ben due consoli che, con netta superiorità di forze, apportarono ai nemici gravi perdite.
Nell'impeto della battaglia il comandante Gavio Ponzio cadde prigioniero e venne subito tradotto a Roma dove, dopo un breve periodo di detenzione nel carcere mamertino, fu decapitato.
Nel 291 a.C. si strinse il cerchio attorno alle superstiti comunità sannite. Due eserciti consolari penetrarono nel Sannio e, mentre le schiere di Fabio Gurges sottomisero le stremate ed impaurite popolazioni nell'area dell'ormai distrutta roccaforte di *Saepinum* nel territorio del Matese meridionale, conquistando ed occupando anche *Cominium Ocritum*, l'altro console Postumio Megello, muovendo dall'Apulia, assoggettò le popolazioni irpine conquistando tutte le loro roccaforti ed anche la potente *Venusia* dove, in breve tempo, venne insediata la più grande colonia latina di cui si ha ricordo.
L'anno successivo furono inviati nel Sannio i consoli Manlio Curio Dentato e l'antenato di Silla, Publio Cornelio Rufino.
Con quattro legioni operanti sul territorio, i Romani annientarono qualsiasi tentativo di ribellione o barlume di resistenza ancora in essere, eliminarono tutto ciò che poteva costituire una minaccia al sopraggiungere della nuova organizzazione governativa, causando molteplici sofferenze alla popolazione falcidiata ed ormai stremata.
Le Guerre sannitiche erano finite, ma non lo scontro tra i due popoli.

---

[35] Plin. Nat. Hist., XXXIV, 18, 43.Che si tratti proprio delle armi della *Legio Linteata* lo prova la frase: *victis Samnitibus sacrata lege pugnantibus*

EPILOGO.
DALLA PACE DEL 290
ALLA BATTAGLIA DI PORTA COLLINA.

Nel 290 a.C. si concluse l'epopea delle *Guerre Sannitiche* con la stipula di un nuovo trattato con i sopravvissuti delle comunità sannite che ancora si identificavano in un "popolo" e con il conseguente drastico ridimensionamento dell'intero territorio del Sannio.

Solo Cartagine e la Partia sarebbero stati paragonabili ai Sanniti come avversari di Roma: né i Galli, né i Germani, né i Britanni od i Daci avrebbero ispirato nei Romani tanto odio e tanto ammirato timore quanto le genti del Sannio

Come scrisse E. T. Salmon nel suo fondamentale saggio sui Sanniti, per gli sconfitti la fine della Terza guerra sannitica dovette essere una dura e umiliante esperienza. I metodi brutali usati da Curio Dentato e Cornelio Rufino nella campagna conclusiva non ci vengono descritti, ma ce ne possiamo fare un'idea dalla quantità di bottino e dal numero di prigionieri che ne derivarono. Dalla loro vendita si ricavarono più di tre milioni di libbre di bronzo; ciò consentì allo stato romano di emettere la sua prima serie di monete (il famoso *aes grave*) e di dare l'avvio a un sistema monetario che fu rapidamente adottato, se non imposto, in tutta l'Italia centrale. Il saccheggio non fu tutto: è lecito ritenere che sui Sanniti gravò l'onere di fornire alle truppe nemiche cibo e vestiario, dato che requisizioni seguivano regolarmente la guerra, nell'uso dei Romani, che le consideravano il prezzo della cessazione delle ostilità.

I termini del trattato non ci sono noti; Livio usa l'espressione *renovatum est*, ma non si può pensare che esso ripetesse le stesse condizioni dei precedenti. Del resto, Livio usa la stessa espressione nel caso dei trattati fra Roma e Cartagine, che sappiamo essere stati diversi fra loro.

Dopo tutto, i Sanniti erano stati ridotti alla sottomissione, non avevano negoziato la pace ed è quindi certo che i loro rapporti con Roma dovessero subire un netto cambiamento a loro sfavore. Il territorio del Sannio era stato indubbiamente ridotto, e buona parte delle terre che gli erano state sottratte erano fra le più fertili.

Lo storico canadese prosegue: Un'ampia area a sud dell'Ofanto fu destinata alla nuova colonia latina insediata a Venusia, i cui abitanti sanniti vennero privati dei loro beni. Inoltre, a nord i romani s'impadronirono di terre a ovest del Volturno.

Deve essere stato questo il momento in cui la valle dell'alto e medio Volturno sostituì il Liri quale linea di confine fra i due stati. In altre parole, la Lega Sannitica perse *Cominium*, *Atina*, Aquilonia, *Casinum*, *Venafrum* e *Rufrae*. *Cominium* e *Rufrae* non compaiono più nella storia, mentre *Atina*, *Casinum* e *Venafrum* divennero *praefecturae* romane. Non sappiamo esattamente quando ciò avvenne, ma sembra probabile che esse smisero di essere "sannite" dal 290 a.C. in poi.

Venafrum non poteva certamente far più parte del Sannio, se è corretta l'ipotesi che alcune monete del III secolo recanti scritte in osco ne provengano; ma ciò significherebbe anche che la città era, a quell'epoca, uno "stato indipendente" e non ancora una *praefectura* romana.

In altri termini, continua Salmon, insieme ad *Aquinum*, *Teanum* e alle colonie latine di *Cales*, *Fregellae*, *Suessa Aurunca* e Interamna, essa costituiva una zona cuscinetto fra il territorio romano e quello sannita. Anche sulle sorti di Aquilonia sappiamo qualcosa dalle monete: le poche rinvenute testimoniano che anche tale città era divenuta un'entità distinta e non faceva più parte di uno stato tribale del Sannio, e ciò deve essere avvenuto nel III secolo, in quanto la dea guerriera raffigurata sul rovescio della moneta ricorda analoghe figure che compaiono sulle emissioni di *Cales* e *Teanum* in quel periodo. E' possibile che Venafrum ed Aquilonia siano divenute "romane" dopo la guerra di Pirro.

Per quanto ne sappiamo, il resto del Sannio rimase intatto dopo la terza guerra, e presumibilmente la Lega Sannitica rimase in vita, ma anche in questo caso non è pensabile che potesse "rinnovare" il trattato con Roma su un piano di parità. Il Sannio non uguagliava più Roma; era ormai nettamente inferiore allo stato romano sia come estensione sia come popolazione. Inoltre la pace, come già osservato, non era stata negoziata, bensì imposta e, quindi, da questo momento in poi, come ricorda ancora Salmon, i Sanniti erano *socii*, ma non dotati d'uguaglianza giuridica con i Romani. Quando essi ripresero le armi, nel corso della guerra contro Pirro, Livio dice che *Samnites defecerunt*.

Anche se l'uso di tale termine in un'*Epitome* liviana non va inteso troppo letteralmente, non vi è però dubbio che, dal punto di vista dei Romani, i Sanniti in quella circostanza effettivamente si ribellarono. I *socii* presso cui fu inviato Fabrizio nel 284 a.C., nel vano tentativo di impedir loro di schierarsi con Taranto e altri nemici di Roma, erano indubbiamente i Sanniti; diventando *socii* di Roma, i Sanniti avevano l'obbligo di accettarne le decisioni per quanto riguardava la politica estera, di fornirle truppe ogni volta che venissero richieste, e di astenersi da atti d'aggressione nei confronti dei loro vicini. Un elemento che poteva offrire qualche consolazione era che il loro territorio, benché ridotto, per lo meno non era stato diviso, e ciò permetteva la sopravvivenza della loro Lega. Ma anche questo modesto conforto era sminuito dal fatto di aver dovuto accettare colonie latine sul suolo sannita, di avere almeno tre delle frontiere controllate da esse, e di non poter perciò più nutrire alcuna speranza di espansione. In effetti, il tempo di un Sannio realmente indipendente era ormai trascorso.

Tuttavia non fu la fine del conflitto tra Roma ed i Sanniti.

Cinque anni dopo la conclusione della Terza guerra sannitica i Romani si trovarono impegnati a nord e a sud.

A nord i Romani entrarono in guerra con i Galli Senoni a cui si unirono anche alcune città etrusche. Le comunità italiote dell'estremo sud, la maggior parte delle quali era in declino, erano esposte alle pressioni crescenti dei Lucani e dei Bruzi. Taranto era l'unica città che avrebbe potuto offrir loro protezione ma esse non se ne fidavano temendo che potesse sfruttare a suo vantaggio la situazione. I soldati mercenari di cui Taranto si avvaleva era gente senza grossi scrupoli. Thurii chiese l'aiuto di Roma che, accettando la richiesta, alimentò il rischio di trovarsi in guerra con Lucani e Bruzi, nonché con Taranto. La politica di espansione verso sud era favorita e sostenuta a fondo da una fazione della nobiltà patrizio - plebea. Nel 284 a.C. Roma inviò grossi eserciti sia a nord che a sud; al comandante inviato al nord, Cecilio Metello, fu inflitta una disastrosa sconfitta nei pressi di *Arretium* da parte dei Galli Senoni.

Per i Sanniti, la notizia del rovescio di *Arretium* fu il segnale che quella sarebbe stata una buona occasione per vendicarsi.

I Sanniti scesero in campo, iniziando una guerra che durò ben sedici anni (284 - 272 a.C.) e che avrebbe meritato di essere definita quarta guerra sannitica. Il motivo per cui questo conflitto non ha assunto tale denominazione è da addebitare al fatto che ad esso presero parte non solo i Sanniti ma anche i Lucani, Bruzi, Messapi e Italioti. Le fonti letterarie che abbiamo a disposizione indicano che tutti i Sanniti presero parte al conflitto; Livio nomina in modo esplicito i Caudini e gli Irpini e, anche in assenza di un'esplicita menzione, è ragionevole pensare che anche i Carricini e i Pentri non siano rimasti fuori dal conflitto. Taranto era la città greca più ricca dell'Italia meridionale e non vedeva di buon occhio l'espandersi della potenza romana.

Nel 303 a.C. Roma e Taranto avevano stipulato un trattato in base al quale Roma si impegnava a non navigare nelle acque del golfo di Taranto e del Mar Ionio. In seguito alle guerre sannitiche, Roma era diventata padrona della Lucania e la suddetta alleanza cominciava a starle stretta. Nel 282 a.C, mentre i cittadini di Taranto stavano celebrando le feste di Dioniso, alcune navi da guerra romane attraversarono le acque territoriali tarantine, suscitando l'ira dei cittadini. Questa fu la prima scintilla della guerra tra Roma e Taranto; quest'ultima poteva contare sull'appoggio dei popoli italici subordinati a Roma, tra cui Lucani, Bruzi e Sanniti. Ma ciò che diede una grossa spinta a Taranto nella lotta contro Roma fu la figura di Pirro, il re dell'Epiro, una regione che corrispondeva pressappoco all'odierna Albania. Pirro aveva concepito l'ambizioso piano di riunire sotto il suo regno l'Epiro e l'Italia meridionale fino al Volturno, la Sicilia e parte dell'Africa settentrionale dominata dai Cartaginesi. Su richiesta di Taranto, Pirro sbarcò in Italia nella primavera del 280 a.C. e affrontò l'esercito romano nella pianura di Eraclea, sulla costa della Lucania. Grazie alla sua abilità tattica e alla presenza degli elefanti (i Romani li vedevano per la prima volta e li chiamarono buoi lucani) Pirro sconfisse l'esercito avversario. La vittoria di Pirro costò tuttavia molte perdite al suo esercito: il numero dei soldati morti eguagliava quasi quello dei nemici (da qui deriva ancora oggi la frase "*vittoria di Pirro*"). A questo punto Pirro, con i suoi alleati Sanniti, Lucani e Bruzi avanzò verso nord a circa sessanta chilometri da Roma ma si rese conto che, nonostante le sue alleanze, non avrebbe potuto annientare la potenza romana.

Gli alleati del sovrano epirota subirono a loro volta una dura sconfitta ad opera del console L. Emilio Barbula cui venne decretato il trionfo *de Tarentineis, Samnitibus et Sallentineis*.

I Romani, poi, erano riusciti a formare un esercito di 40.000 uomini che affrontò quello di Pirro ad Ascoli Satriano di Apulia. Anche questa volta Pirro uscì vittorioso dal confronto, nel quale era morto (e ancora una volta si parla di devotio, ma probabilmente è una leggenda) il console Publio Decio Mure, figlio dell'eroe di *Sentinum* e nipote di quello di Saticola e del Vesuvio; rendendosi conto di poter vincere solo battaglie ma non la guerra definitiva, Pirro inviò a Roma il suo ministro Cinea per chiedere trattative di pace ma, contemporaneamente, Cartagine propose a Roma un'alleanza contro Pirro. In base a questa alleanza, Roma avrebbe dovuto agire nell'Italia meridionale mentre Cartagine doveva tenere sotto controllo la Sicilia ove i Cartaginesi erano riusciti a conquistare gran parte delle città tra cui Siracusa, approfittando della morte del tiranno di Siracusa Agatocle. Roma accettò l'alleanza con Cartagine e Pirro, lasciato un esercito a presidiare Taranto, si diresse in Sicilia ove riuscì a liberare Siracusa dall'assedio cartaginese.

Egli avrebbe voluto continuare le operazioni in Sicilia ma le avversità delle città dell'isola glielo impedirono. Allora Pirro ritornò in Italia meridionale ove affrontò l'esercito romano a *Malventum*. Qui l'esercito epirota fu sconfitto e i Romani, in ricordo del lieto evento, mutarono il nome della città da *Malventum* a *Beneventum*.

Con la stessa metodicità impiegata nelle fasi conclusive della terza guerra sannitica, i Romani annientarono le tribù sannite, una dopo l'altra. Il conflitto fu portato a termine dagli stessi generali che avevano risolto il terzo conflitto, ovvero Papirio Cursore e Carvilio Massimo, che nel 272 celebrarono l'ultimo duplice trionfo sui Sanniti ed i loro alleati (*Tarentineis, Samnitibus et Lucaneis et Brutteis*).

Se nel passato i Romani si erano prefissati come obiettivo quello di accerchiare i Sanniti, ora il loro scopo andava oltre e mirava allo smembramento politico del Sannio. Gli Irpini dovettero abbandonare un'ampia fascia di terra che si estendeva dalla Campania all'Apulia, finendo per essere così geograficamente separati dai Pentri. Da allora gli Irpini persero il loro antico nome di *Samnites* a favore del loro specifico nome tribale, ovvero Irpini. La tribù dei Caudini, di cui Trebula faceva parte, subì a sua volta una totale disintegrazione: Telesia, Caiatia, *Cubulteria* e *Trebula* divennero nominalmente stati indipendenti), ovvero furono costrette a stringere singoli trattati di alleanza con Roma. *Caiatia*, *Cubulteria* e *Telesia* emisero monete di bronzo; il fatto che esse fossero simili a monete coniate ad *Aquinum*, *Venafrum*, *Teanum Sidicinum*, *Cales* e *Suessa Aurunca* indica chiaramente che le città sannite furono incoraggiate o costrette ad abbandonare il Sannio e formare una lega monetaria con le confinanti comunità dell'Italia occidentale.

I Caudini, alla pari degli Irpini, persero la loro denominazione di *Samnites* ma, a differenza degli Irpini, non furono nemmeno più designati col loro nome tribale; ogni comunità prese il nome della sua città: Caiatini erano, ad esempio, gli abitanti di *Caiatia*, Cubulterini quelli di *Cubulteria*, Trebulani quelli di *Trebula*. I Pentri furono costretti a cedere dei territori lungo il confine occidentale della loro regione. Non sappiamo la sorte che toccò ai Carecini, ma è probabile che il loro stato fu soppresso. Quando, più tardi, Augusto divise l'Italia in regioni, soltanto i Pentri furono ammessi alla IV *Regio* che prese ufficialmente il nome di Samnium"annio". I Caudini furono annessi alla *Regio* I *Latium et Campania*, mentre gli Irpini presero a far parte della *Regio* II denominata *Apulia*.

La Prima guerra punica non coinvolse i territori sanniti; tuttavia non va dimenticato come una delle cause del conflitto fosse costituita dalla questione dei mercenari in massima parte Sanniti noti come *Mamertini*, gli uomini (o i figli) di Mamers.i, assoldati da Agatocle, tiranno di Siracusa.

Dopo la morte di questi, nel 289 a. C., i Mamertini si impadronirono di Messina con scorrerie e saccheggi compiuti nel territorio circostante e nel Bruzio (donde però furono cacciati dai Romani). Per liberarsi da una guarnigione cartaginese chiamata in aiuto contro i Siracusani di Gerone II i Mamertini si rivolsero ai Romani, i quali, passato lo stretto nel 264, misero piede sul suolo siciliano dando inizio alle guerre puniche.

Ciò che interessa particolarmente è come Festo colleghi questi mercenari al *Ver sacrum*, come scrive esplicitamente, affermando che il *princeps* (prob. *Meddix*) Stennio Mettio avesse dichiarato di aver visto in sogno Apollo che aveva chiesta esplicitamente una *primavera sacra* per far cessare il morbo che aveva colpito il Sannio:

> "Sthennius Mettius eius gentis princeps, convocata ciuium suorum contione, exposuit se vidisse in quiete præcipientem Apollinem ut si uellent eo malo liberari, ver sacrum voverent",

Si tratta dunque di *Sacrati* a Mamers, appartenenti alla *verheia*, che si offrono come mercenari alle città siceliote in lotta con Cartagine e tra di loro, a seguito di una pestilenza che aveva colpito il Sannio; il che vuol dire che le antiche tradizioni sabelliche erano ancora in uso nel III secolo a.C..
Né è da escludere che, più che dalla pestilenza essi fossero dei veterani della terza guerra sannitica che non riuscivano più ad inserirsi in un contesto pacificato.
Ecco il passo di Festo:

> "I Mamertini si chiamano così per questo motivo. Essendosi abbattuta su tutto il Sannio una grave pestilenza,
> Stennio Mettio, un capo di quella gente, convocata un'assemblea dei suoi cittadini, affermò di aver visto in sogno Apollo, il quale esortava che, se volevano essere liberati da quel morbo, dovevano votare una primavera sacra, e cioè dovevano immolargli qualunque cosa fosse nata durante la primavera successiva: liberatisi dal male grazie al fatto di aver compiuto ciò che era stato prescritto, dopo il ventesimo anno si diffuse una pestilenza del medesimo genere.
> E così, consultato nuovamente, Apollo rispose che essi non avevano ancora sciolto il voto perché gli uomini non erano stati sacrificati; tuttavia, se li avessero espulsi, senza dubbio sarebbero stati liberati da quella disgrazia. Così comandati, quelli lasciarono la patria, ed essendosi insediati nella parte della Sicilia che ancora è detta *Tauricana*, vennero in aiuto ai Messinesi sfiniti da una nuova guerra e li liberarono. Per ringraziarli dei loro meriti, questi li invitarono a entrare nella cittadinanza e a condividere il loro territorio, e assunsero un solo nome, cosicché furono chiamati Mamertini, poiché, messi a sorte dodici nomi di divinità, fu estratto *Mamers*, che nella lingua degli Osci significa Marte.
> Di questa storia è fonte Alfio nel primo libro della Guerra cartaginese."

Dopo la morte di Agatocle il governo repubblicano instauratosi in Siracusa dovette venire a patti coi numerosi mercenarî del disciolto esercito del tiranno, a ciascuno di essi fu promessa la cittadinanza e un lotto di terre. Ma, sopraggiunte presto discordie fra gli antichi e i nuovi cittadini di Siracusa, i Mamertini s'indussero ad accettare denaro in cambio delle terre ricevute e ad abbandonare la città. Sulla via del ritorno, però, quando già stavano per salpare dalla Sicilia verso la penisola, riuscirono a impadronirsi a tradimento della città di Messina: vennero uccisi tutti gli uomini adulti, la città, le donne, i beni dei cittadini vennero confiscati dai Mamertini, ben presto i nuovi padroni di Messina sparsero il terrore in tutta la regione orientale dell'isola a nord di Siracusa: le campagne erano sistematicamente saccheggiate, alcune città furono prese o distrutte, altre sottoposte a tributo
Verso la fine dell'estate del 278 a. C. Pirro sbarcò in Sicilia; i Mamertini, ben sapen-

do che il re d'Epiro avrebbe fatto pagar loro care le violenze commesse a danno delle città siceliote, non esitarono ad allearsi coi Cartaginesi.

Ma i Mamertini ebbero la peggio nell'impari lotta: trovatisi presto i Cartaginesi nell'impossibilità di coprire il loro territorio dalle offese di Pirro, i Mamertini furono più volte battuti dai Greci in scontri parziali e sconfitti infine in grande battaglia campale; perdettero la maggior parte dei loro oppida, o per usare il termine osco, *hocres,,* e solo la decisione di Pirro di rinunciare al proseguimento della guerra in Sicilia, permise loro di rmantenere il possesso di Messina.

Partito Pirro, i Mamertini rialzarono la testa, incoraggiati e appoggiati dai Cartaginesi. Né si contentarono di riguadagnare le antiche posizioni in Sicilia, ma, accordatisi coi Campani di Reggio, si diedero a scorrazzare anche nel *Bruttium* distruggendo Caulonia e occupando Crotone, dopo che ne ebbero massacrato il presidio romano. Toccò allora a Roma stessa prendere le armi contro i temibili predoni; Reggio fu assediata e costretta ad arrendersi; i Campam ivi catturati furono giustiziati, la città restituita ai suoi cittadini greci: Cartagine lasciò fare, Siracusa appoggiò le operazioni dei Romani nel 270 a. C.. Per i Mamertini fu un duro colpo,e la loro potenza ne fu scossa anche in Sicilia; tanto più che Siracusa si andava ora meglio apparecchiando alla lotta, dopo che il pronunciamento di Mergane aveva posto a capo, prima dell'esercito poi dello stato, il valente condottiero Gerone.

Nel 265 a. C.Gerone venne battuto dai Mamertini in un primo scontro presso Centuripe, ma dopo ave riorganizzate le forze siracusane, tornò di nuovo ad attaccare i mercenari: i due eserciti, forti ognuno di più di 10.000 fanti e 1500 cavalieri, si scontrarono presso il fiume Longano, nella pianura di Milazzo; i Mamertini furono sconfitti e per la maggior parte uccisi

Per evitare che Messina, oramai indifesa cadesse nele mani didi Gerone, i Mamertini si rivolsero di nuovo all'aiuto di Cartagine, non osando fare la stessa richiesta ai Romani: troppo fresco era il ricordo della terribile punizione inflitta ai mercenari osci di Reggio. I Cartaginesi acconsentirono alla richiesta dei Mamertini. ed un presidio punico occupò l'acropoli di Messina a protezione della città; Gerone, poiché una guerra con Cartagine non era nelle sue intenzioni, riconobbe il fatto compiuto e sospese le ostilità contro i Mamertini. Ma i Romani non vollero assistere indifferenti allo stanziarsi dei Cartaginesi sullo stretto di Messina, in una posizione che li rendeva in grado di interrompere le comunicazioni fra il Tirreno e lo Ionio, e d'altra parte i Mamertini non erano affatto entusiasti del protettorato cartaginese; anzi un forte gruppo di essi avrebbe preferito, fin da principio, la presenza di un presidio romano nella città. Il partito filoromano guadagnò rapidamente terreno e - aiutato probabilmente anche dall'attività di agenti romani - finì per prevalere. tanto che i Mamertini si rivolsero a Roma, sollecitandola ad assumere la loro protezione nel 264 a. C..

Fu questa, come è noto, la scintilla che accese il grande incendio: lo sbarco di Appio Claudio a Messina segnò al tempo stesso la fine della storia dei Mamertini e l'inizio della guerra fra Roma e Cartagine.

Nel 225 a.C. in occasione dell'invasione gallica dell'Etruria, Polibio scrive che i Sanniti mobilitarono in appoggio ai Romani settantamila fanti e settemila cavalieri che combatterono a Talamone, tra i più consistenti contingenti alleati[36].

Nella Seconda guerra punica Annibale, nella discesa verso il meridione della penisola, meditò di adottare una particolare strategia militare basata sulla speranza (sic!) di far insorgere le popolazioni italiche sottomesse dai Romani, in modo da creare un compatto coinvolgimento dei popoli indigeni contro la dominazione romana.

Invano Annibale aveva sperato nell'aiuto soprattutto delle popolazioni di lingua osca, conoscendo bene quali pessimi rapporti erano esistiti in passato tra le popolazioni dell'Italia meridionale ed i Romani.

Invece. furono proprio i Sanniti, ormai inclusi nelle file militari di Roma, a dare filo da torcere ad Annibale, ed in particolar modo nei pressi di *Geronium*, presso Larinum nel 216. dove il *Magister Equitum* M. Minucio Rufo venne salvato dalla disfatta proprio per l'intervento delle schiere sannite comandate dal pentro Numerio Decimio[37].

Ma dopo la rovinosa disfatta romana di Canne, molte tra le schiere degli Italici che, dopo l'accordo tra la città di Capua ed Annibale, passarono deliberatamente se non proprio dalla parte del cartaginese ma ad uno stato di cosciente astensione da molte di quelle vicende belliche. Tra i Sanniti soltanto i Caudini e gli Irpini defezionarono da Roma; i Pentri non lo fecero, tanto che i Cartaginesi saccheggiarono *Bovianum*, - in quell'occasione venne distrutto il santuario di Pietrabbondante- ma molti Sanniti sicuramente seguirono il condottiero cartaginese..

In seguito Annibale fu costretto dall'offensiva romana in Spagna ad abbandonare l'idea della conquista dell'Italia e, dopo una parentesi sicula, scelse di tornarsene in Africa, più che altro sospinto dagli eserciti consolari. Così sicuramente lo seguirono quei guerrieri sanniti che si erano arruolati con i cartaginesi dopo Canne, per sottrarsi alla sorte che spettava ai traditori di Roma; forse ad uno di essi apparteneva la splendida corazza trilobata italica rinvenuta a Qsou es Safr, risalente come datazione alle guerre sannitiche: è stato proposto, sia pure con parecchia fantasiia, che la corazza, realizzata tra la fine del IV e gli inizi III secolo a.C.) in origine potesse far parte parte del corredo di un guerriero della *Legio Linteata* e che la preziosa corazza sia stata conservato da un suo discendente e riutilizzata in occasione delle guerre annibaliche: ma naturalmente nulla permette di considerare tale ipotesi più di una fantasia.

Oltre al drastico riassetto politico del Sannio, come ulteriore misura precauzionale contro una possibile ripresa delle ostilità da parte dei Sanniti, dopo le guerre contro Pirro e Annibale, i Romani dovettero probabilmente costringerli a smantellare le fortificazioni in varie parti del Sannio e a trasferire alcune delle loro posizioni elevate più verso zone piannegianti. E' chiaro come non tutti i trasferimenti dei centri fortificati furono imposti con la forza ma, alcuni di essi, dovettero avere un decorso naturale.

Nel 180 i proconsoli C. Cornelio Cetego e M. Bebio Panfilo attaccarono di sorpresa

---

[36] Scive Polibio nel passo già citato nel capitolo dedicato ai *socii*: " Le liste d'arruolamento furono così presentate: (...) dei Sanniti 70.000 fanti e, con questi, 7.000 cavalieri, degli Iapigi e dei Messapi, poi, complessivamente 50.000 fanti e 12.000 cavalieri, dei Lucani 30.000 fanti e 3.000 cavalieri, dei Marsi, Marrucini, Frentani e Vestini 20.000 fanti e 4.000 cavalieri", Pol. *Hist.*, 2,24.. A Pietrabbondante sono state ritrovate numerose paragnatidi a tre borchie, forse relative ad elmi celtici offerti come trofeo dopo Talamone.
[37] Liv. XXII, 24,12.

i Liguri Apuani: dodicimila si arresero, quarantamila (capi e famiglie) furono trasportati nel Sannio.[38]

Consultato il Senato, i due proconsoli presero la decisione di deportare 40.000[39] capifamiglia con mogli e figli in una zona di *ager publicus* già appartenuto ai Taurasini vicino a *Beneventum*. Gli Apuani inviarono ambasciatori promettendo la consegna di ostaggi e di tutte le armi pur di non essere costretti ad abbandonare *...penates, sedemque, in qua geniti essent, sepulcra maiorum.* (Liv., XL,38, 1), ma i Romani furono irremovibili e i Liguri, raggiunta la sede assegnata, condivisero l'antico *pagus Aequanus* degli *Hirpini* con la colonia di *Beneventum*. Le rovine del loro centro urbano si trovano in un bosco in località Macchia di Circello, e qui essi vissero per secoli in isolamento etnico col nome di *Ligures Baebiani et Corneliani*; a testimoniarne la presenza nel territorio ancora in età imperiale rimane la *Tabula Alimentaria* ritrovata a Macchia di Circello nel 1831. Si tratta di un reperto di straordinaria importanza risalente all'anno 101 d.C.: elenca i fondi e i proprietari ai quali era stata concessa, per volontà dell'imperatore Traiano, una somma di denaro in prestito, all'interesse del 2,5%. Il ricavato degli interessi era destinato ai fanciulli poveri. La Tavola è oggi conservata presso il Museo delle Terme in Roma.

Questo significa che la fine del conflitto tra Romani e Sanniti avrebbe reso le condizioni di vita più sicure. Da questo momento in poi i Sanniti potevano rimpiangere la loro libertà perduta. Come gli altri popoli italici, essi dovettero rimanere umiliati e sottomessi fino ai giorni della guerra sociale.

La Guerra Sociale è stata definita la più grande e sanguinosa guerra mai combattuta sul suolo italiano prima dell'avvento delle armi da fuoco. Secondo alcune stime, provocò circa la metà delle vittime della Grande Guerra (300'000). E' la guerra da cui nasce lo Stato romano inteso come organizzazione statale di tutta la penisola italiana; quella in cui, per la prima volta, un esercito scende in campo in nome dell'idea di Italia. Al termine di questa guerra, gli attuali italiani si troveranno su un terreno di almeno teorica indipendenza ed eguaglianza. Ad ogni effetto, l'atto di nascita della nostra nazione.

Sia dal punto di vista militare che da quello politico, la guerra si concluse con una sostanziale sconfitta di Roma, della sua classe dirigente, della sua politica istituzionale. Dopo due anni di tremende batoste, l'orgogliosa città-stato dei patrizi si trasformò, volente o nolente, nella capitale di un'organizzazione ai cui vertici potevano ascendere cittadini di ogni parte d'Italia: dall'arpinate Cicerone, fino all'etrusco Mecenate, fino all'umbro-sabino imperatore Vespasiano.

Gli storici latini furono molto abili nel trasformare in sofferta vittoria questa sostanziale sconfitta. Eppure, che di sconfitta si sia trattato lo rivela un episodio emblematico: neanche il feroce tiranno Silla, che pure sterminerà i Sanniti, rei di essersi schierati qualche anno dopo a fianco del partito democratico nella guerra civile,

---

[38]Cfr. J. Patterson, *Sanniti, Liguri e Romani - Samnites, Ligurians and Romans*, Circello 1988

[39]La cifra di 70.000 depoertati data da Livio è sicuramente esagerata. Il territorio montuoso degli Apuani non era in grado di sostenere una popolazione di 200.000 persone (considerando una famiglia media composta da cinque membri) ai quali aggiungere altri 35.000 apuani catturati l'anno successivo e quelli sfuggiti sulle montagne che dovevano essere ancora abbastanza numerosi se solo nel 177 a.C. scesero in guerra a fianco dei *Friniates* e, per l'ultima volta, nel 155 a.C. contro *Luna* che fu salvata dall'intervento di un esercito consolare. Ragionevole invece il totale di 47.000 persone deportate nel Sannio

avrà il coraggio di rimettere in discussione i diritti acquisiti dagli italiani. Cittadini romani saranno diventati e cittadini romani resteranno.

Secondo la ricostruzione di E.T. Salmon nel suo volume sui Sanniti[40], l'esito di questa guerra fu deciso, in ultima analisi, proprio dagli Umbri. I quali, nel momento decisivo del conflitto, scesero in campo a fianco degli insorti italici, convincendo i Romani a cedere ed a concedere ad essi la cittadinanza romana, con parità di diritti.

Fino all'80 a.C., il dominio di Roma (l'*ager publicus*) si estendeva su circa un quarto della penisola italiana. La cittadinanza romana era appannaggio, al di fuori dell'Urbe, delle città latine e delle colonie romane, nonché della maggior parte delle aristocrazie locali, soprattutto umbre, etrusche e campane.

Il resto del paese era organizzato in due modi: per città – stato (Umbri, Etruschi, Magna Grecia) o per tribù (Marsi, Sanniti, Peligni, Apuli, etc.). L'organizzazione tribale era tipica dei popoli che ancora non avevano adottato un'economia schiavistica, o che l'avevano fatto ancora in parte. Erano ancora maggioritarie forme collettive di utilizzazione della terra, era molto presente la piccola proprietà contadina, e, proprio per questo, dalle zone ancora tribali proveniva la maggior parte dei soldati di Roma. Lo schiavismo diffuso, infatti, portava generalmente alla proletarizzazione ed all'immiserimento dei contadini, i quali non potevano più equipaggiarsi per andare in guerra.

Città e tribù erano in ogni caso legate a Roma da trattati di alleanza, spesso stipulati solo verbalmente, che non prevedevano il versamento di tributi in denaro (Roma avrà una rozza moneta solo a partire dalle guerre annibaliche, alla fine del III secolo a.C.), spesso anche vantaggiosi, in casi limite persino totalmente paritari. L'Urbe pretendeva dai suoi alleati solo due cose: regimi aristocratici che tenessero il popolo al loro posto e, soprattutto, la fornitura di ingenti quantitativi di truppe e mezzi. Truppe e mezzi che spettava solo all'Urbe utilizzare, in quanto gli alleati (socii) cedevano ad essa ogni potere in materia di politica estera e di difesa.

A questo pagamento di tributo in uomini non corrispondeva una parità di diritti. Roma si ingeriva spesso nella vita delle comunità locali; nel 193 a.C. il Senato vietò i popolarissimi culti di Dioniso con una delibera che violava esplicitamente la sovranità nazionale degli altri Stati della penisola; i magistrati romani in visita ispettiva trattavano ignobilmente i magistrati delle città in cui si trovavano a passare; le truppe fornite dagli alleati venivano schierate nei luoghi e nelle posizioni più rischiose, e si calcola che avessero almeno il doppio della media dei morti registrati fra i militari romani. Per tacere dei frequentissimi, generalizzati episodi di nonnismo. Chi si opponeva era semplicemente massacrato.

Questo andazzo continuò per secoli, in forme sempre più accentuate. C'è da dire che i popoli ad organizzazione tribale, meno assimilati ai Romani, venivano trattati molto peggio degli altri, mentre i nostri antenati Umbri e le città magno-greche godevano generalmente di molta maggiore considerazione e di un miglior trattamento.

Sotto la cenere della quotidiana disperazione delle classi subalterne italiche covava quindi il malcontento. Il grave errore dei romani fu di comportarsi con tanta arroganza e disprezzo, da estendere quest'odio anche a consistenti segmenti delle classi aristocratiche.

Negli ultimi decenni del II secolo a.C., il partito popolare romano cercò di combattere il latifondismo e di difendere la piccola proprietà agricola, in crisi, ridistribuen-

---

[40] E. T. Salmon, *Samnium and the Samnites* Cambridge 1967, tr. it Torino 1985.

do ampie parti dell'*ager romanus*.

Nel 91 a.C. Piceni, Marsi, Vestini, Peligni, Marrucini, Frentani, Pompeiani, Venusini, Japigi, Lucani e Sanniti si unirono in una formidabile alleanza politica, dandosi istituzioni comuni, alternative rispetto a quelle romane, e chiedendo la cittadinanza romana. In particolare, i Marsi, i più vicini a Roma, marciarono pacificamente sulla capitale per presentare questa loro richiesta. Con incredibile cecità politica, patrizi e plebei romani risposero negativamente.

I tempi erano maturi per una rivolta generalizzata degli alleati italici contro Roma; la lega che era stata costituita fra gli alleati a scopi politici si tramutò in una organizzazione militare.

L'episodio che scatenò la guerra sociale ebbe luogo ad *Ausculum* (Ascoli Piceno) nel 91 a.C. Il pretore Caio Servilio, venuto a sapere che Ascoli scambiava ostaggi con le città circostanti, si recò sul luogo con un piccolo reparto. Riuniti gli abitanti in un teatro, infiammò gli ascolani con un discorso dai toni ostili e minacciosi. Il clima era già teso, il discorso fu la goccia che fece traboccare il vaso: la platea assalì Servilio uccidendolo assieme al suo legato, successivamente, tutti i cittadini romani che si trovavano in città furono massacrati.

La rivolta di Ascoli era il segnale che gli altri italici stavano aspettando. Si formarono due gruppi di rivolta: sul fronte settentrionale, capitanata da Marsi e Piceni, oltre ad altre tribù satelliti quali i Peligni e i Vestini.

Il capo de Marsi era Quinto Pompedio Silone, già amico di Druso, quello dei Piceni Caio Iudacilio. Silone e i Marsi, durante il conflitto, capitanarono le operazioni militari di questo gruppo., sul fronte meridionale, capitanata da Sanniti e Lucani, i cui capi erano rispettivamente Caio Papio Mutilo e Ponzio Telesino. Papio Mutilo con il titolo di *Embratur* (*imperator*) venne posto al comando delle operazioni militari nel sud.

Con Roma rimasero L'Umbria e L'Etruria, oltre alle colonie greche del sud Napoli, Nola, Reggio e Taranto e le altre. Era una rivolta piuttosto pericolosa, all'interno della penisola, nel cuore stesso della società italico-romana. Inoltre i capi della rivolta, compresi gli uomini che avevano a disposizione, non erano certamente degli incapaci, essendo stati addestrati alla guerra proprio dai romani che se ne erano serviti in molte battaglie, a partire dalla riforma di Mario.

I rivoltosi potevano disporre di una forza di circa 100.000 uomini, erano addestrati, come si è già detto, equipaggiati con le stesse armi dei romani e forse maggiormente dediti alla causa per la quale combattevano rispetto ai nemici. I romani, per contro, mettevano sul piatto della bilancia lo stesso numero di uomini e potevano contare sull'appoggio delle proprie colonie, situate in posizioni strategiche su tutto il territorio italico. Umbri, Etruschi e Magna Grecia, per ora, restavano con Roma.

I ribelli si organizzarono in una Lega con un proprio esercito, e stabilirono, la capitale dello stato italico a *Corfinium*, nella regione dei Peligni, al centro della rivolta, che venne significamente ribattezzata *Italica*, dove crearono la sede del senato comune e mutarono il loro nome da Lega Sociale a Lega Italica.

Coniarono una propria monetazione: alcuni demari d'argento recavano la scritta *Italia*; due raffiguravano il toro che abbatteva la lupa romana e il ritratto del sannita Gaio Papio, definito nella legenda *Embratur*, comandante supremo, come vedremo più avanti.

Gli Italici organizzarono, come detto, un esercito di oltre 100.000 uomini costituito in legioni secondo l'ordinamento romano; un raggruppamento venne posto al comando del condottiero marso Quinto Poppedio Silone, e venne schierato a nord, nel Piceno e negli Abruzzi, mentre l'*Embratur* sannita Papio Mutilo prese la guida delle forze concentrate a sud, in Campania e nel Sannio; i piani prevedevano un'avanzata convergente verso il Lazio. Anche i romani mobilitarono circa 100.000 legionari: a nord si schierò il console Publio Rutilio Lupo , mentre a sud fronteggiarono l'esercito di Mutilo, le legioni al comando dell'altro console Lucio Giulio Cesare.

Infine, la lega dei rivoltosi organizzò uno stato parallelo, con proprie leggi, proprie istituzioni, propri consoli e propri senatori, perfino una propria moneta (nella quale un toro, simbolo dei sanniti, prendeva a cornate la lupa capitolina).

Prima di attaccare, i rivoltosi fecero un ultimo tentativo di sistemare le cose inviando una delegazione a Roma nella quale si chiedeva la concessione della cittadinanza in cambio della pace. Il senato rifiutò. A ribadire la scelta, Quinto Vario, un tribuno della plebe sostenuto dagli equites, costituì una commissione incaricata di processare i traditori della patria. Druso fu accusato di aver innescato la rivolta degli italici, molti dei suoi sostenitori furono condannati.

La guerra ebbe inizio nel 91 a.C., lo stesso anno della sollevazione di Ascoli. I primi anni furono contraddistinti, per i romani, da numerosi insuccessi. Gli italici attaccarono dapprima le fortezze, dandosi all'azione di guerriglia, in un secondo momento cominciarono le battaglie campali vere e proprie.

Gli italici attaccarono dapprima le fortezze, dandosi all'azione di guerriglia, in un secondo momento cominciarono le battaglie campali vere e proprie.

Nel sud l'esercito romano era capitanato dal console Lucio Giulio Cesare (uno dei legati era Silla). Il tentativo di attaccare i Sanniti portò ad una rovinosa sconfitta ad opera di Papio Mutilo.

Agli inizi del conflitto Gaio Papio operò con successo contro i romani in Campania. Grazie ad uno stratagemma catturò Nola, incorporando la guarnigione locale nel suo esercito. Gli ufficiali romani che rifiutarono di passare al nemico vennero lasciati morire di inedia; il pretore Lucio Postumio venne anch'egli ucciso. Mutilo fu in grado di porre sotto il suo controllo diverse altre città, conquistandole militarmente o inducendole a sottomettersi senza spargimento di sangue. Il console romano Lucio Giulio Cesare venne inviato a soccorso della città di Acerra, sotto assedio da parte di Mutilo.

Cesare poteva contare su un forte contingente di cavalleria ausiliaria numida; Mutilo quindi astutamente mostrò loro il principe Oxinta (figlio di Giugurta, re dei Numidi, Oxinta era stato inviato al confino dai romani nella città di Venusiae si era unito ai ribelli) vestito con un abito regale, in un tentativo di indurre tali forze a disertare. Nonostante ciò l'attacco sannita al campo romano fu fallimentare; dopo aver subito gravi perdite gli italici vennero costretti a ritirarsi. Tale episodio fu la prima seria sconfitta degli italici nella guerra sociale

I Romani persero l'importante città di *Venafrum*, sul confine sannitico, oltre ad arretrare in Campania, dove le città di Nola, Salerno, Pompei, Ercolano e Stabia passarono al nemico. Anche *Aesernia* fu costretta alla resa dopo un assedio.

Fino a pochi anni fa C. Papius Mutilus, il comandante supremo, ossia *l'Embratur*, dei Sanniti durante la guerra sociale, era noto solamente per quel poco che di lui riferiscono gli autori antichi in connessione con gli avvenimenti bellici e per la legenda delle monete coniate dagli insorti italici negli anni 90-88 a.C . Il suo nome era talvolta confuso con quello del padre, o con quello di altri personaggi appartenenti alla stessa gens. Nuovi documenti epigrafici in lingua osca, pubblicati da Stefania Capini, rinvenuti nella zona di Bovianum, e soprattutto nel santuario di Ercole a Campochiaro, consentono ora di ricostruire la genealogia dei Papii dalla fine del III a tutto il I secolo a.C. L'argomento è stato poi approfondito da Adriano La Regina.

Nella sua forma latina il nome del comandante sannita è tramandato solo parzialmente: Papius Mutilus .

La serie dei già ricordati denari d'argento con legenda osca coniata da Gaio Papio Mutilo reca la formula onomastica trimembre seguita dal *cognomen* e dal titolo di imperatore, *Gaavis Paapiís Gaavieís Mútil embratur*, titolo forse assunto dopo le vittorie del 90:

Al nord operavano il console Publio Rutilio Lupo, che aveva tra i suoi legati Caio Mario, ritornato dall'Oriente. Nel 90 a.C. i Marsi attaccarono l'esercito romano a sorpresa, presso il fiume Tolero, nel territorio degli Equi. Il console morì assieme a 8.000 soldati, solo Mario riuscì ad impedire la completa catastrofe continuando la resistenza sul quel fronte.

Lo sfavorevole volgere degli eventi ebbe come effetto un tentennamento degli alleati Umbri ed Etruschi: alcune comunità passarono con i rivoltosi, altre si mostravano indecise.

A quel punto, capendo che l'occasione non si sarebbe presentata mai più, Umbri ed Etruschi si unirono alla rivolta.

Un legato romano, Plozio, si scontrò con gli Umbri a Otricoli, pericolosamente vicino a Roma.

Nulla sappiamo dagli storici romani sull' esito dello scontro. Fatto sta che, subito dopo, alla fine del 90 a.C. il console Lucio Giulio Cesare decise di varare una legge che permetteva a quelle comunità che non erano ancora passate col nemico di acquisire la cittadinanza romana (*lex Julia*). Questa legge riuscì ad arrestare la rivolta in Umbria ed Etruria, dove le città ancora indecise ritornarono saldamente dalla parte di Roma.

Un' altra legge successiva diede la spallata decisiva. All'inizio del 89 a.C. I tribuni Marco Pluzio Silvano e Caio Papirio Carbone vararono una legge che permetteva di estendere la cittadinanza romana a tutte le comunità che entro due mesi avessero manifestato a un pretore il desiderio di usufruire di tale diritto. La legge seminò grande discordia tra i ribelli italici, incrinandone l'iniziale compattezza d'intenti.

C'è da aggiungere che i nuovi cittadini non furono uniti alle tradizionali 35 tribù latine, ma furono divise in altre 8 tribù aggiuntive, piuttosto poche in rapporto al numero di nuovi cittadini, che pur essendo superiori di numero ai romani, avevano così minor rappresentanza nelle assemblee, ma comunque i primi passi in questa direzione erano stati fatti, e le prime conseguenze politiche non tardarono a ripercuotersi sulla compattezza dei nemici.

Sempre nell'89 infine, il console Strabone propose una legge speciale (*lex Pompeia*) che permetteva ai membri delle colonie della Gallia Cisalpina di acquisire la cittadinanza, oltre a quelle comunità latine al di là del Po che fossero rientrate nell'orbita romana.

Una volta pacificate Umbria ed Etruria, tra manovre politiche e battaglie minori, i romani sconfissero pesantemente i Marsi, che nel frattempo erano accorsi in aiuto degli Etruschi. Strabone e il suo esercito uccisero 15.000 avversari, spegnendo di fatto ogni velleità della tribù ribelle (89 a.C.). Le operazioni si concentrarono quindi su Ascoli. La città venne assediata e vide la vittoria in battaglia dell'esercito romano, che però non potè subito entrare in città, occupata prontamente da Iudacilio, che ne era prontamente accorso in aiuto. L'assedio continuò ancora per qualche mese, finché i notabili della città decisero per la resa, con la disapprovazione di Iudacilio, che dopo averli condannati a morte, decise di suicidarsi col veleno. I Romani entrarono nella città, uccisero i notabili e deportarono la popolazione. Ascoli era caduta, e con lei *Italica*, che ritornò ad essere *Corfinium* (89 a.C.).

Tutto il fronte nord della ribellione crollò. Oltre ai Marsi e ai Piceni, si arresero anche i Vestini e i Peligni.

All'inizio dell'88 a.C. la capitale dei rivoltosi si era spostata ad Aesernia, con i Sanniti che capeggiavano la rivolta.

Silla operava in Campania, mostrando oltre alla sua abilità militare anche la sua spietata crudeltà. Mentre un altro contingente romano aveva conquistato la Puglia, Silla invase la Campania meridionale riconquistando le città di Pompei, Ercolano e Stabia. Penetrò poi nel Sannio fino a raggiungerne la città più importante, Boviano, che costrinse alla resa.

Fu in seguito al tali avvenimenti che, molto probabilmente, Trebula divenne un municipio romano governato da *quadrumvires*.

Nell'89 a.C. Gaio Papio non riuscì a contrastare l'avanzata di Lucio Cornelio Silla nel Sannio. Sconfitto in battaglia e ferito riparò ad Aesernia.

Nelle successive lotte intestine tra i romani Mutilo appoggiò il partito di Mario, assieme a diversi esponenti sanniti di spicco come Ponzio Telesino. È possibile che Mutilo ottenne la cittadinanza romana. La fazione mariana venne tuttavia sconfitta da Silla nell'82 a.C. e Gaio Papio divenne una delle vittime del periodo del terrore scatenato da Silla. La sua morte viene descritta da Tito Livio, che colloca tale evento nell'80 a.C..

Sottoposto a proscrizione, Mutilo si suicidò sulla soglia dell'abitazione della moglie che rifiutò di accoglierlo.

Della moglie di Mutilo conosciamo il nome, Bastia secondo Livio, oppure Bassia, secondo Granio Liciniano. Bassius, a differenza dell'altro, è un gentilizio noto, presente nel Sannio, ma esclusivamente a Beneventum nelle forme *Basseus/Bassaeus*, ove esisteva anche un *fundus Bassianus, in pertica Beneventana* .

Non vi è quindi motivo per dare maggior credito alla tradizione liviana, come si è invece ritenuto in passato. Il nome è stato tramandato in entrambi i casi nella descrizione della morte del comandante sannita, suicida nell'anno 80, dinanzi alla porta posteriore della casa della moglie, che lo aveva respinto perché proscritto.

Nell'epitome di Livio non è menzionato il luogo ove si era compiuta la drammatica fine di Mutilus, indicato solamente con le parole *ad posticias aedes Bastiae uxoris*.

Liciniano è invece più esplicito: *quom ne ab uxore quidem Bassia noctu Teani reciperetur*.

Sappiamo da Cicerone che una delle infelici mogli di Stazio Albio Oppianico era una Papia, che abitava a *Teanum Apulum*, il luogo dove l'*Embratur* si diece la morte .

Questa Papia, come tutte le altre donne con cui Oppianico aveva contratto matrimonio, era certamente di famiglia altolocata, e dopo il divorzio era tornata nella sua casa di *Teanum*. Qui ella allevava il figliolo che sarebbe stato vittima, a *Larinum* nella casa paterna, dell'infanticidio istigato dalla perfida e potente Sassia. E' dunque evidente che la proprietà dei Papii a *Teanum Apulum*, una *domus* oppure una villa, apparteneva a Papio Mutilo, se questi stava tentando, prima del suicidio, di raggiungere la moglie nella casa di *Teanum*. Ciò significa anche che Papia, moglie di Oppianico, era figlia di C. Papio Mutilo e di Bassia.

È plausibile che personaggi appartenenti alla famiglia di Gaio Papio Mutilo si siano successivamente trasferiti a Roma ottenendo la cittadinanza romana. Uno di fu Marco Papio Mutilo, console nel 9 d.C. Con Ottaviano Augusto.

A questo punto la rivolta continuava solo in alcune regioni della Campania, della Lucania, del Sannio e del *Bruttium* (Calabria meridionale), oltre che a Nola. Il movimento meridionale, che pur continuò a combattere fino all'82 a.C. si era ormai molto indebolito. Fu per questo gli insorti cercarono l'appoggio di Mitriade, re del Ponto, che nel frattempo si preparava a combattere i romani per motivi personali, e che non fece in tempo comunque a portare aiuto ai rivoltosi.

Nell'89 d.C. Mitridate invase la provincia romana d'Asia massacrando, del resto, moltissimi Italici ivi residenti. Lucio Cornelio Silla, acerrimo nemico dei Sanniti, fu designato come comandante dell'esercito che avrebbe dovuto fronteggiare Mitridate in Oriente. I Sanniti ripresero però le armi nell'83 a.C., anno in cui Silla ritornò in Italia dall'Oriente ove era stato a combattere vittoriosamente contro Mitridate VI Eupatore, ovvero il re che era riuscito a far ribellare a Roma la provincia d'Asia.

Proprio Silla, che nel frattempo aveva iniziato l'assedio di Nola, fu costretto a tornare a Roma per far fronte alle nuove minaccie provenienti dall'Oriente. Pur non considerandosi definitivamente sedata, la rivolta interna era ormai decisamente ridimensionata.

Dal punto di vista militare spicca la figura del condottiero sannita Gaio Ponzio Telesino, originario di Telesia, uno dei principali centri del Sannio e possibile discendente di Gaio Ponzio, il vincitore delle Forche Caudine.

Ponzio Telesino guidò tra il 90 e l'88 a.C, come testimoniano alcune fonti storiche, i Sanniti nella Guerra Sociale anche se rivestì un ruolo di primo piano, soprattutto nella Guerra civile romana dell' 83-82 a.C. Contrastare la fazione aristocratica romana, guidata da Lucio Cornelio Silla arroccata nella sua convinzione e provare a condurre quella democratica alla vittoria, era impresa ben ardua ma nonostante ciò, Ponzio non si perse d'animo. Insieme al suo contingente composto da circa 70.000 uomini e affiancato dai Lucani di Marco Lamponio, marciò in direzione di *Praeneste*, lungo la via Latina, per liberare il giovane Gaio Mario, assediato all'interno dall'esercito sillano. Ma furono fermati, ben prima di giungere alla meta. Silla si era difatti portato rapidamente verso sud, fermando l'avanzata nemica e nonostante l'arrivo dei rinforzi diretti da Lucio Giunio Bruto Damasippo e Gaio Albinio Carrina, i Sanniti dovettero abbandonare il proprio obiettivo. Convinto che la situazione sarebbe addirittura peggiorata e preoccupato dal pericolo che Gneo Pompeo sarebbe potuto giungere a dar manforte a Silla, Ponzio Telesino cambiò strategia e cominciò a marciare con il suo esercito, di notte e con grande rapidità, verso Roma, approfittando del fatto che era stata lasciata, nel frattempo, incustodita, contando di massacrarne gli abitanti e di radere al suolo l'Urbe, in una sorta di vendetta per il secolare conflitto; ma l'arrivo di Cornelio Silla sorprese i Sanniti presso Porta Collina, dove si trova oggi il Ministero delle Finanze in via XX Settembre.

Ponzio, giunto sui colli Albani la sera del primo novembre, si accampò, mentre a Roma si diffondeva il panico; ma proprio allora Silla raggiunse la capitale, e pose il campo davanti alla Porta Collina, presso il santuario di Venere Ericina. Ponzio, ormai accampato vicino alla città, accettò la battaglia, e lo scontro avvenne verso sera: l'ala destra di Silla, comandata da Licinio Crasso, attaccò subito con successo, mentre l'ala sinistra non sopportò l'urto sannita e ripiegò in disordine nella città. Forse per iniziativa di alcuni veterani, la porta Collina venne improvvisamente chiusa: e così i fuggiaschi, vistasi tagliata la ritirata, rincuorati dalla presenza e dall'esempio di Silla, si rivolsero nuovamente contro il nemico che li incalzava. La linea romana venne così ristabilita e, dopo una lotta durata parte della notte tra il due ed il tre, il nemico fu sconfitto e i Romani riuscirono a conquistarne l'accampamento, catturando moltissimi prigionieri anche fra i capi.

I sanniti che non caddero in combattimenti vennero tutti uccisi nel Foro, mentre Silla teneva un discorso: Ponzio Telesino e i suoi ufficiali furono decapitati e le loro teste, in segno di ludibrio, furono portate sotto le mura di Preneste.

Fu la fine ingloriosa dei conflitti tra il Sannio e Roma, centonovantotto aa
nni dopo la fine della Terza guerra sannitica.

In mancanza del testo liviano, andato perduto, riportiamo la descrizione che della battaglia fa Plutarco di Cheronea nella sua vita di Silla:

> "Tuttavia, nell'ultima lotta il sannita Telesino, come un atleta di riserva messo a combattere con il lottatore stanco, per poco non lo atterrò e lo abbatté alle porte di Roma. Aveva raccolto una folta schiera e, insieme a Lamponio il Lucano, si dirigeva veloce verso Preneste per liberare Mario dall'assedio; ma quando venne a sapere che Silla e Pompeo gli correvano contro, uno di fronte e uno alle spalle, vedendosi bloccato davanti e di dietro, da uomo di guerra esperto di grandi battaglie, partì di notte e si mise in marcia verso Roma con tutto l'esercito.
>
> E poco mancò che piombasse sulla città mentre era incustodita; si fermò a dieci stadi dalla Porta Collina, accampandosi presso la città, pieno di orgoglio e di superbe speranze per aver gabbato generali tanto numerosi e abili. All'alba, quando i più illustri giovani uscirono a cavallo contro di lui, ne uccise molti, tra cui anche Appio Claudio, uomo nobile e valoroso.
>
> Com'è naturale, in città ci fu confusione, con grida di donne e fuggi-fuggi, come per un violento assalto; per primo videro arrivare Balbo, che, inviato da Silla, avanzava a briglia sciolta con settecento cavalieri. Si fermò quanto bastava per far asciugare il sudore dei cavalli, e di nuovo li fece imbrigliare, per poi lanciarsi rapidamente contro i nemici. Nel frattempo appariva anche Silla; fece subito mangiare i primi arrivati e li schierò in ordine di battaglia. Dolabella e Torquato lo pregavano con insistenza di aspettare e di non giocarsi il risultato finale, ora che i suoi uomini eran stanchi (sì, perché non si trattava più di combattere con Carbone o con Mario, ma con i Sanniti e i Lucani, i peggiori nemici di Roma, le genti più bellicose); egli li mandò via e ordinò che le trombe suonassero il segnale d'inizio dell'assalto, anche se il giorno volgeva ormai all'ora decima. Ci fu un combatti-

mento quale non mai e l'ala destra di Crasso vinse brillantemente.

All'ala sinistra, affaticata e nei guai, Silla corse in aiuto su un cavallo bianco impetuoso e velocissimo. E due nemici, che lo riconobbero da questo, si prepararono a scagliargli contro le loro lance; egli non se ne accorse, ma lo scudiero frustò il suo cavallo e li prevenne, facendolo passare più in là di quanto bastò perché le punte cadessero vicino alla coda del cavallo e si conficcassero al suolo. Si dice che avesse con sé una statuetta d'oro di Apollo presa a Delfi; la portava sul petto a ogni battaglia, ma questa volta la baciò addirittura e le disse così: «O Apollo Pizio, che in tante lotte hai innalzato a gloria e grandezza il Fortunato Cornelio Silla, lo abbandonerai proprio ora che lo hai fatto giungere alle porte della patria e lo farai morire con i suoi concittadini nel modo più turpe?». Si narra che, dopo aver così invocato il dio, si rivolse ai suoi soldati, in parte con suppliche e in parte con minacce, e ad alcuni mise le mani addosso; ma, alla fine, persa l'ala sinistra, cercò riparo nell'accampamento insieme ai fuggitivi. Era stato privato di molti compagni e molti conoscenti; morirono calpestati anche tanti di quelli che erano usciti dalla città per andare a vedere la battaglia. Così si pensava che la città fosse perduta e per poco Mario non fu liberato dall'assedio: molti, che dopo la ritirata si erano spinti fin là, chiedevano a Lucrezio Ofella, preposto all'assedio, di togliere il campo velocemente, perché Silla era morto e Roma era nelle mani dei nemici.

Era ormai notte fonda quando all'accampamento di Silla giunsero dei messaggeri di Crasso e gli chiesero cibo per lui e per i suoi soldati; avevano vinto i nemici e li avevano inseguiti fino ad Antemne, dove si erano accampati. Con questo aveva saputo anche che i nemici erano stati uccisi quasi tutti; sul far del giorno era ad Antemne e, a tremila nemici, che gli mandarono dei legati, promise che, se fossero venuti da lui dopo aver compiuto qualche azione a danno degli altri suoi nemici, avrebbe loro concesso l'incolumità.

Confidando nella sua parola, essi attaccarono gli altri e ci fu una grande strage da ambedue le parti. Nonostante ciò, Silla radunò nell'ippodromo loro e quanti degli altri erano sopravvissuti, circa seimila uomini, e convocò il Senato nel tempio di Bellona. Nel momento esatto in cui iniziava a parlare, i suoi incaricati uccidevano i seimila; come è naturale, tanti uomini massacrati in uno spazio stretto lanciarono un grido che sconvolse anche i senatori. Silla, con la stessa calma e la stessa espressione tranquilla con cui aveva iniziato a parlare, li pregò di stare attenti al discorso e non a quello che accadeva fuori, perché si trattava di qualche delinquente che veniva ammonito per suo stesso ordine.

Questo fece pensare anche al più tardo dei Romani che il fatto rappresentava un cambiamento di tirannide, non una liberazione[41]".

La seguente è la versione degli eventi data da Velleio Patercolo.

"Ponzio Telesino capo dei Sanniti, valente in pace e in guerra e profondamente ostile a Roma, messi insieme circa quarantamila giovani valorosis-

---

[41]Plut. Sulla 29-30.

simi e ostinati a non deporre le armi, circa centonove anni fa sotto il consolato di Carbone e Mario si scontrò con Silla presso la porta Collina, mettendo a rischio mortale e il generale e la Repubblica, la quale quando aveva visto Annibale accampato a meno di tre miglia dalla città non aveva corso maggior pericolo di quel giorno in cui Telesino, trascorrendo da una all'altra schiera, andava dicendo che era giunto per i Romani l'ultimo giorno, e gridava a gran voce che la città doveva essere diroccata e distrutta. E aggiungeva che sarebbero sempre esistiti i lupi rapaci dell'italica libertà, se non si fosse abbattuta la selva loro abituale rifugio.

Solo dopo la prima ora di notte l'esercito romano poté riaversi, mentre il nemico indietreggiava. All'indomani Telesino fu trovato semivivo, con sul volto l'espressione da vincitore piuttosto che da morente; e Silla dispose che il suo capo mozzato fosse infisso su una lancia e portato intorno a Preneste.

Allora finalmente il giovane Gaio Mario, disperando della situazione, mentre tentava di porsi in salvo passando per certe gallerie che, predisposte con ammirevole maestria, immettevano in diverse parti della campagna, proprio mentre riemergeva da uno sbocco fuori terra venne ucciso da soldati appostati per sorprenderlo.

Altri tramandano che si sia ucciso di sua mano, altri ancora che sia caduto duellando con il fratello minore di Telesino, suo compagno nell'assedio e nella fuga. Comunque sia caduto, la sua memoria non è stata ancora oscurata da quella pur grande del padre. È facile sapere, del resto, che concetto di questo giovane avesse Silla, che assunse il titolo di Felice solo dopo l'uccisione di quello: titolo che gli sarebbe spettato a buon diritto, se con la sua guerra vittoriosa fosse finita anche la sua vita.

L'assedio contro Mario in Preneste era stato diretto da Lucrezio Ofella, passato agli ordini di Silla dopo essere stato pretore nel partito mariano. Volle Silla che il fausto giorno della cacciata dei Sanniti e di Telesino fosse ricordato da ininterrotta tradizione di ludi del circo, che infatti ancor oggi si celebrano sotto il nome di Vittoria Sillana[42]".

Strabone è ancora più esplicito nel narrare la repressione sillana contro i Sanniti, che a detta del geografo greco era dovuta ad un vero e proprio odio da parte del dittatore:

"Silla, dittatore romano (...) dopo aver represso con numerose battaglie la rivoluzione degli Italici, allorché vide che i Sanniti, sebbene rimasti isolati, resistevano addirittura attaccando la stessa Roma, li aggredì in uno scontro presso le mura durante il quale alcuni furono ammazzati per non farli prigionieri. Molti altri, si dice tremila o quattromila, furono imprigionati e condotti alla villa Pubblica a Campo Marzio. Tre giorni dopo fece tagliare la gola ai soldati che aveva imprigionato e sospese le proscrizioni solo dopo aver ammazzato o espulso dall'Italia tutti coloro che si definivano Sanniti.

A tutti coloro che gli rimproveravano l'incapacità a controllare la sua collera rispondeva che la storia insegnava che nessun Romano avrebbe potuto vivere

---

[42]*Storie,* II, 27,L

tranquillo finché i Sanniti avessero continuato ad avere una propria autonomia organizzativa[43]."

Dopo lunghe e complesse vicende, alla fine, nell'82 a.C. i Romani dovettero cedere: concessero l'amnistia generale a tutti i partecipanti alla rivolta, gli italici furono distribuiti equamente e proporzionalmente fra le varie tribù. C'è da dire, comunque, che per votare di quei tempi occorreva andare personalmente fino a Roma, cosa che fra gli abitanti delle povere contrade d'Appennino, ben pochi potevano permettersi.
La soluzione che Roma diede alla guerra sociale fu politica e non militare: le *leges* Julia, Calpurnia e la stessa Plautia¬Papiria sono frutto della mentalità giuridica romana, che supera l'elemento etnico, cioè la *consanguineitas*, ed estende il suo diritto di cittadinanza anche a popoli etnicamente differenziati, come si verifica nel caso degli Etruschi e dei Greci dell'Italia meridionale.
I Romani con la *civitas* offrono l'integrazione in uno stato che supera i confini dell'*urbs* e prescinde dal carattere etnico, che costituisce, invece, il principio vitale della unità italica; il diritto di cittadinanza romana è estensibile solo come partecipazione al *nomen Romanum* e ad una unità basata sul *mos*, cioè sulla comunanza di ideologia, mentalità, costumi.
Quanto a quella che era stata la potenza sannita, Floro nel II secolo dopo Cristo scriveva così:"

> "In cinquanta anni (Roma), grazie ai Fabii ed ai Papiri ed ai loro padri, sottomise e domò popoli liberi, distrusse a tal punto le stesse rovine delle città, che, se oggi si voglia cercare *Samnium* nel Sannio stesso, difficilmente si troverà qualcosa che giustifichi la celebrazione di ventiquattro trionfi[44]".

---

[43] Sreab. *Geog.*, V, 11.
[44] Hos tamen quinquaginta annis per Fabios ac Papirios patresque eorum liberos subegit ac domuit, ita ruinas ipsas urbium diruit, ut hodie Samnium in ipso Sannio requiratur nec facile appareat materia quattuor et viginti triumphorum. Floro, *Epitome* I, 11.8.

Statuetta bronzea sannita raffigurante prob. il dio Mamers,
ritratto con corazza trilobata ed elmo attico, seconda metà del IV sec, a. C.
(Museo del Louvre, Parigi)

Guerrieri sanniti o lucani, pittura funeraria dalla tomba del Guerriero, Paestum

Dipinto funerario sannita con scena di battaglia forse contro i Romani. la figura stante è stata identificata con il defunto o con Mamers- Marte davanti alla falange sannita. Si è ipotizzato possa rappresentare la battaglia di *Bovianum*.

Cavaliere, dalla tomba della Granata, necropoli del Gaudo, Paestum. Più che rappresentazioni di combattenti a cavallo, in queste scene è raffigurato l'ingresso del defunto nell'aldilà.

Combattimento tra guerrieri, entambi con almo attico. Il primo sulla sinistra indossa una corazza trilobata. Paestum necropoli del Gaudo

Cavaliere sannita con elmo attico e corazza trilobata.(375-370 a.C.)
Tomba 12. Paestum.

Cavaliere sannita con elmo di tipo montefortino ornato da grandi corna lunate ricollegabili al culto di Mamers- Marte, probabilmente insegna di grado. Quella di ds è argentata, l'altra lunata., da lla necropoli di Nola.

Elmo montefortino con corna del medesimo tipo raffigurato nell'affresco di Nola dalla necropoli di Pulica (Fosdinovo, MS)

Guerriero sannita con elmo attico e corazza trilobata contro un nemico, forse un romano o un alleato latino. Pittura vascolare da un cratere del Pittore della Libagione, tomba 1005 di *Caudium*, IV secolo a.C.

Guerrieri latini, da una cista prenestina del IV secolo a.C. oggi all'Hermitage di S. Pietroburgo,. inv. B 619. L'armamento è lo stesso del vaso sopra riprodotto, e corrisponde a quanto scritto nell'*Ineditum Vaticanum* circa l'uso da perte dei Romani dello scudo rotondo e dell'*hasta* nelle guerre sannitiche.

Opliti latini, dalla tomba Barberini di Palestrina, IV sec. a.C.
. I due opliti indossano una corazza anatomica (*thorax*), gli schinieri e l'elmo attico e sono equipaggiati di *hasta* e di *clipaeum* rotondo. L'adozione del pilum e dello *scutum* si ebbe solo durante o dopo la Seconda guerra sannitica.(Museo Nazionale Etrusco di Villa Giulia, Roma).

Placca ossea del IV secolodalla tomba Barberini di Palestrina, con gli dei *Mercurius*, *Hercules*, *Minerva* e *Mars* (Berlino *Staatliche Museen*).
Hercules e Mars indossano una corazza anatomica, e Mars anche schinieri e *hasta*. Il dio porta anche un mantello militare chiuso da una fibula, come Mercurius, il quale è armato con un giavellotto (*telum*) come i membri della fanteria leggera (*rorarii*)

Corredo funerario del Guerriero di *Lunuvium*, fine V- inizio IV secolo a.C.; si tratta dell'esempio più completo di armamento arcaico latino giunto sino ad oggi, indicativo delle armi indossate dagli ufficiali romani e dei *socii* nella Prima guerra sannitica. Si notino l'elmo di tipo Negau particolarmente elaborato, la corazza anatomica e la *falcata*, o *kopis*, una delle armi favorite nel mondo italico. Le punte di tre giavellottiindicano che il Guerriero di *Lanuvium* fosse un cavaliere, probabilmente un ufficiale di alto rango. (Da Lunuvio, Roma, Museo Nazionale Romano)

Elmo del Guerriero di *Lanuvium*. La forma dell'elmo da parata è una variante del tipo Negau largamente diffuso in Italia centrale a partire dal VI sec. a.C.
Il tipo di lavorazione dell'esemplare di Lanuvio si avvicina ad alcune produzioni etrusche, in particolare quelle di Vulci. L'elmo in antico era completato da una cresta centrale, sorretta da due cavalli marini in argento; due elementi laterali contrapposti ospitavano i pennacchi laterali.

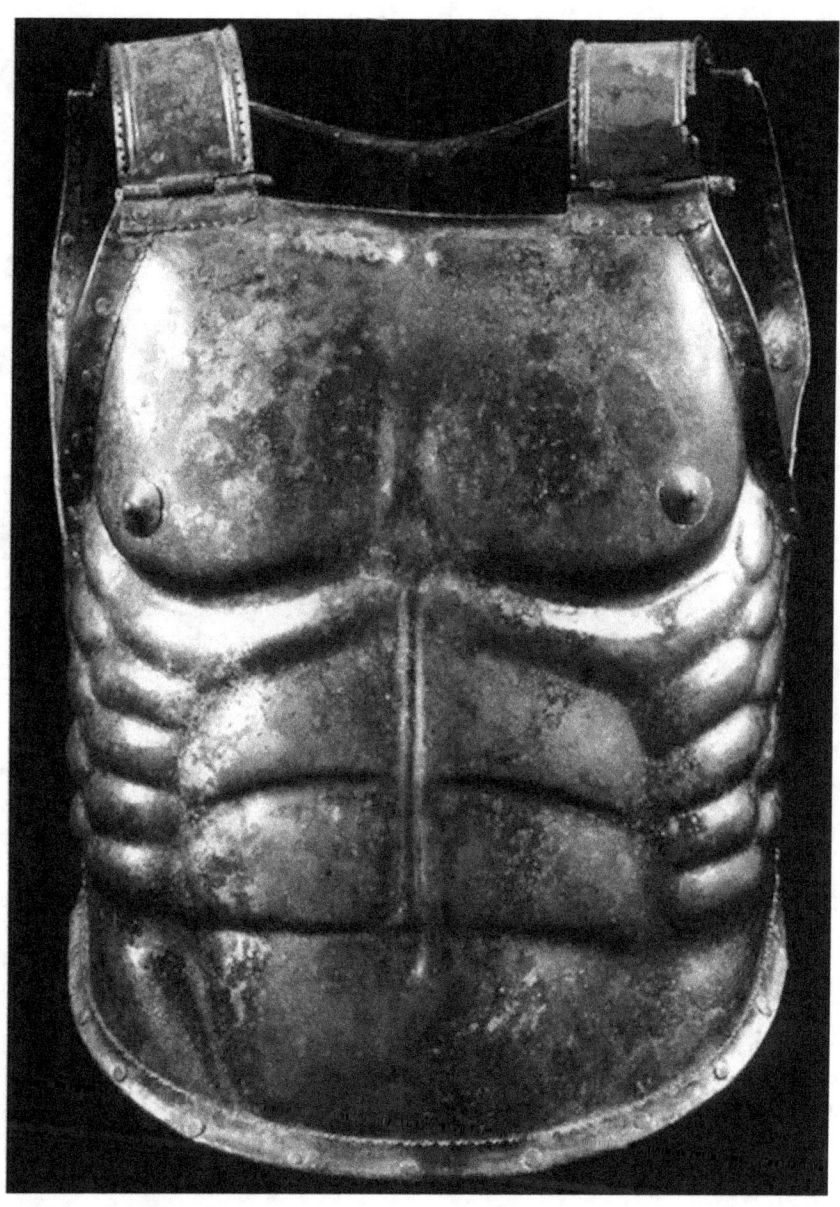

Corazza anatomica del Guerriero di *Lanuvium*: è il più antico esemplare rinvenuto in Italia. E' ricavata da una sottile lamina lavorata a sbalzo; le due valve della corazza unite da spallacci sono asimmetriche e la posteriore risulta più corta per favorire la posizione seduta, assecondando i movimenti del cavaliere sul cavallo. All'interno furono rinvenute tracce di sostanze organiche pertinenti all'imbottitura in cuoio e lino. Si tratta di un esemplare di eccellente fattura, ottimamente conservato, privo di scalfitture e per queste ragioni, esattamente come per l'elmo, potrebbe trattarsi di un oggetto da parata. che richiama le raffigurazini prenestine di guerrieri con corazze anatomiche analoghe.

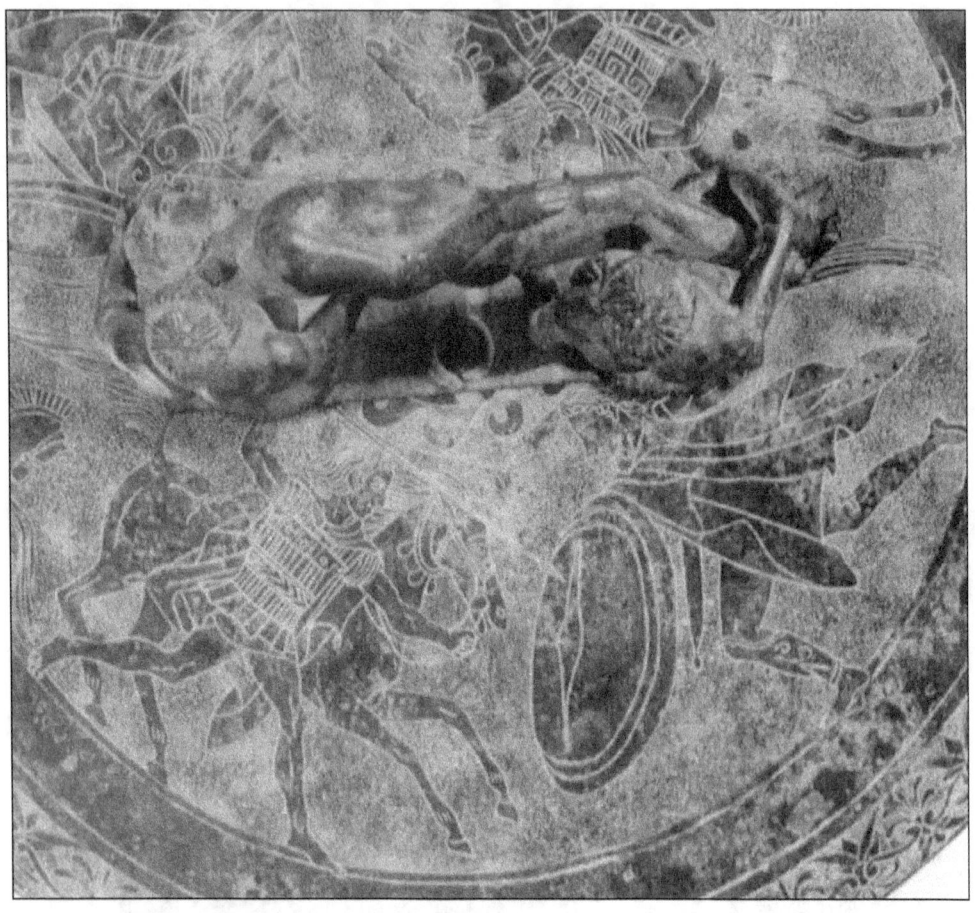

Coperchio di cista prenestina in bronzo, IV secolo a.C.
In basso, è rappresentato un guerriero sannita con *saunion*, spada e *scutum* che attacca un cavaliere latino sceso da cavallo, che indossa una corazza a lamine di bronzo di tipo ben noto in ambito etrusco italico; il Sannita indossa un unico schiniere sulla gamba sinistra, confermando il passo liviano sull'armamento sannitico; nella parte superiore sulla sin. si intravvede un altro guerriero sannita con un *thorax* anatomico ed uno scudo rotondo
(Berlino, *Staatliche Museen*)

Moneta romana con scena di patto (*foedum*) di pace tra Romani e Sabini, con sacrificio di un maiale; una scena analoga in un mosaico forse copia di una pittura del III sec. a.C. con tre sacerdoti che percuotono ritualmente un cinghiale davanti ad una statua di Marte. La formula invitava il dio a colpire chi infrangesse il *foedum* come veniva colpito il maiale (Museo Borghese, Roma).

Affresco dalla Tomba dei Fabii sull'Esquilino (Roma), forse copia di un affresco di Fabio Pittore nel tempio di *Salus* (304a.C.). Il generale sannita M[arco] Fan[nio] stringe la mano a Q[uinto] Fabio [Rulliano o Gurges ?]. La scena potrebbe rappresentare la resa di una città sannita. Il generale sannita indossa un elmo Montefortino con penne, un mantello in pelle di capra. lo *scutum* e due schinieri; Fabio porta una lunga *hasta* come insegna di grado e indossa il *paludamentum*. (Roma, Centrale Montemartini)..

Riproduzione al tratto dell'affresco della Tomba dei Fabii, eseguito all'epoca della scoperta quando i dettagli erano assai più visibili.
Si noti la città fortificata sannita difesa da mura merlate; si notino i guerrieri sanniti nell'ultimo registro, uno dei quali con un elmo attico con protomi alate ben documentate archeologicamente

Sepolcro dei Fabii, particolare: un generale sannita (prob. si tratta sempre di Marco Fan[nio] si arrende a Quinto Fabio [Rulliano o Gurges?], raffigurati nel registro inferiore. Rispetto al disegno al tratto il dipinto è assai deteriorato (Roma, Centrale Montemartini).

Elmo attico con una testa di grifone e due ali in bronzo da una tomba sannita, IV secolo a.C.

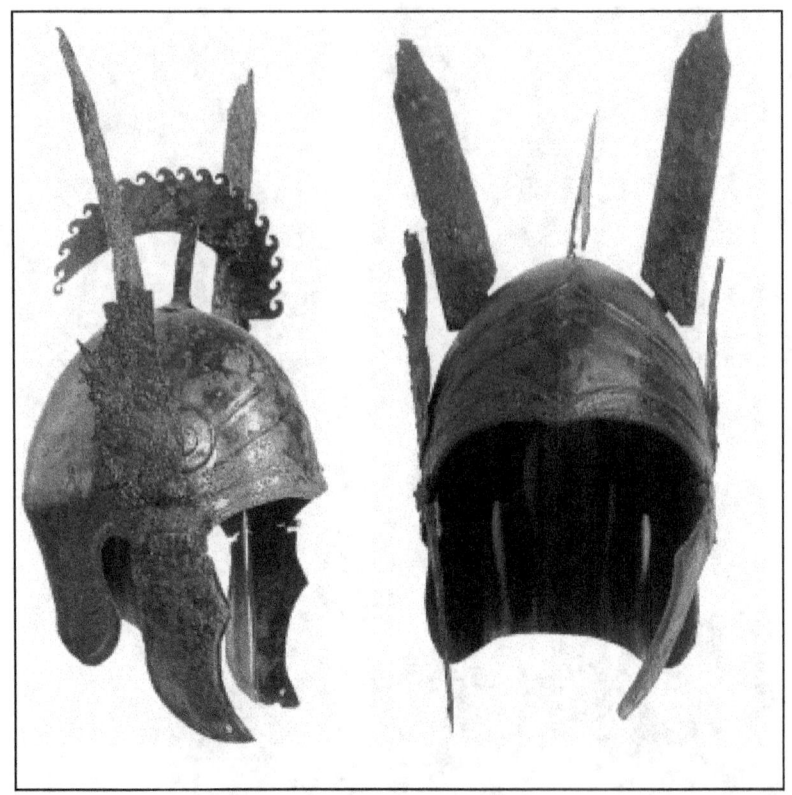

Elmo attico in bronzo proveniente da una tomba di Lavello, IV secolo a.C. (Museo Archeologico del Vulture e del Melfese).
L'elmo, rinvenuto in una tomba a grotticella apparteneva ad un guerriero sannita, sepolto con la sua armatura della quale si conservano la lamina in bronzo del cinturone e l' elmo composto da paragnatidi mobili, *lophos* centrale, penne e ali in lamina di bronzo.

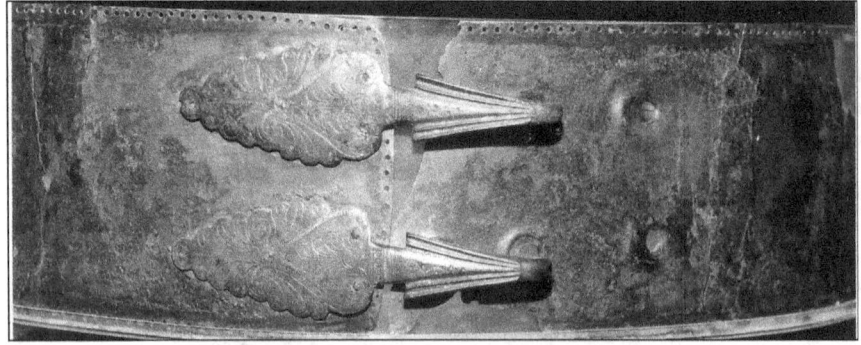

Cinturone sannita da S. Biagio Saracinisco (Frosinone), IV sec. a.C.
Il nome della località è una distorsione dal nome della *tribus* sannita dei *Carecini*

Elmo sannita di tipo calcidese con gorgiera a protezione del collo
(dal mercato antiquario, provenienza sconosciuta)

Panoplia sannitica con elmo italo- calcidese, corazza trilobata e schinieri, da una tomba di Paestum (Paestum, Museo Archeologico Nazionale)

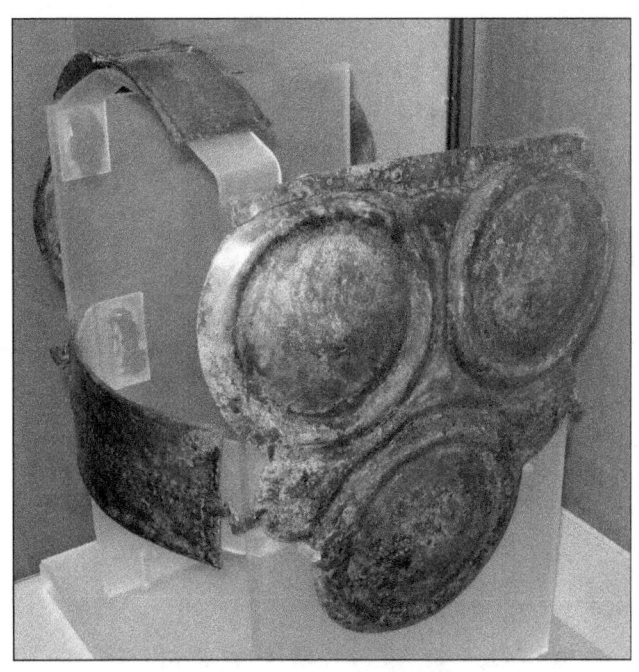

Corazze sannite: trilobata e *kardiophylax* del tipo definito *spongia* da Livio (sotto).

Signum militare (?) sannita raffigurante un gallo, forse collegato a Mamers- Marte, da Pietrabbondante

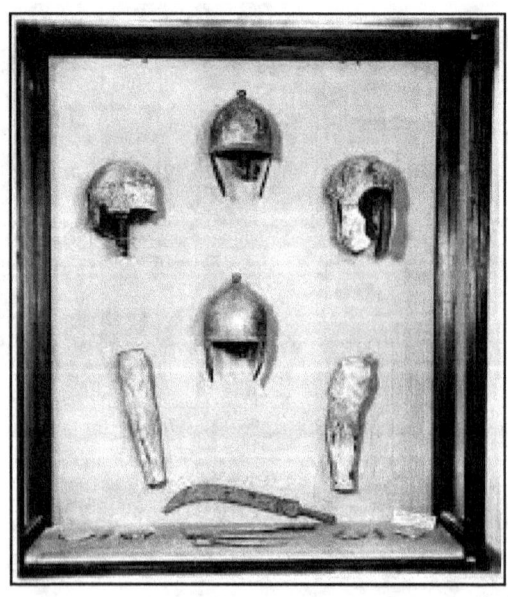

Armi catturate dai Sanniti ed offerte agli dei nel Tempio A del Calcatello a Pietrabbondante. Si tratta di un rarissimo esempio di armamento romano della prima repubblica giunto sino ad oggi (Napoli, Museo Archeologico Nazionale, allestimento del XIX secolo)

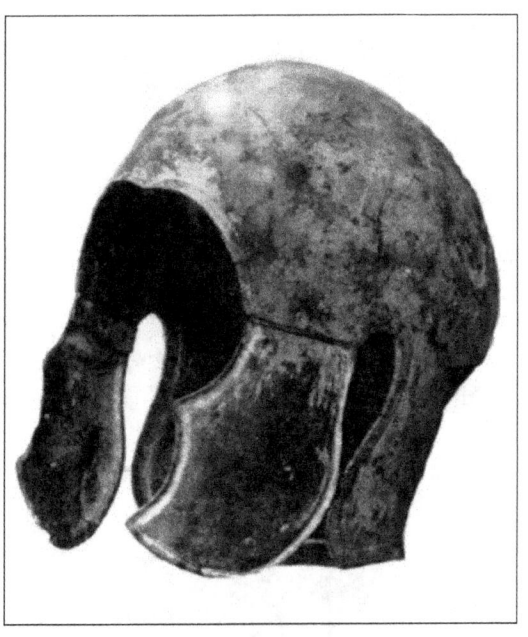

Elmo di tipo sud-italico calcidese, catturato ai Romani od ai loro alleati ed offerto come *ex voto*, dal Tempio A del Calcatello (Pietrabbondante).

Frammento di lorica e paragnatide lavorata di un elmo romano del tipo Montefortino dal Tempio A del Calcatello. Si noti il buco del chiodo con il quale l'elmo era appeso ad una trave (Pierabbondante)

Elmi romani di tipo Montefortino catturati ed offerti nel Tempio A del Calcatello, Pietrabbondante

Puntale di insegna militare in bronzo, catturato a Socii campani o oschi dei Romani ed offero nel Tempio A , Pietrabbondante.IV sec. a.C.

Frammenti di corazze celtiche in bronzo (da La Regina 2018, sopra) e paragnatide trilobata da un elmo Montefortino di fattura gallica (sotto), dal Tempio A di Pietrabbondante, IV secolo a.C. Secondo A. La Regina 2018 i trofei provengono sicuramente da una vittoria ottenuta dai Sanniti contro i Senoni, forse in Apulia, dove gruppi di mercenari celtici operavano autonomamente o come mercenari per Siracusa o per le *poleis* italiote della Magna Grecia

Pietrabbondante (*Bovianum Vetus*?), il Tempio A (sopra) ed il "teatro", probabilmente luogo di riunione del senato (*Kombennios*) dei Pentri.

Pietrabbondante (*Bovianum Vetus*?).
Ricostruzione del Tempio B di Campitello e del "teatro".

Santuario sannita (Tempio B) del Calcatello a Pietrabbondante.

Gli scavi della città sannita di Monte Vairano, distrutta dai Romani; il sito è stato identificato con Aquilonia, teatro della battaglia decisiva del 293.

Pallanum (Monte Pallano, Chieti),
porta del Piano, esempio dell'architettura megalitica di un *hocres* sannita.

Corazza trilobata rinvenuta a Qous es Saf, probabilmente appartenuta ad un veterano osco-sannita dell'esercito di Annibale.

Lamina bronzea con dedica alla dea Vittoria [*Vikturrai*], da Pietrabbondante. L'iscrizione riale agli anni della Guerra sociale (91-88 a.C.)

MARAS STAIUS [FIGLIO] DI BANTIUS
LUCIUS DECITIUS F[IGLIO] DI MARAS
DEDICARONO [QUESTO] DONO ALLA VITTORIA.

La Vittoria incorona un guerriero sannita.
Anfora del Pittore di Capua (Museo di Baranello),

Il toro sannita schiaccia la lupa romana in un denario dell'*Embratur* Papio Mutilo, il cui nome compare in caratteri oschi.

L'ostilità tra Sanniti e Romani continuò anche dopo la conclusione delle tre guerre sannitiche: i Sanniti appoggiarono Pirro ed Annibale e furono tra i più duri avversari di Roma nella guerra sociale (91-88 a.C.) e nelle guerre tra Mario e Silla, fino all'annientamento delle truppe di Ponzio Telesino nella battaglia di Porta Collina dell'82 a.C.

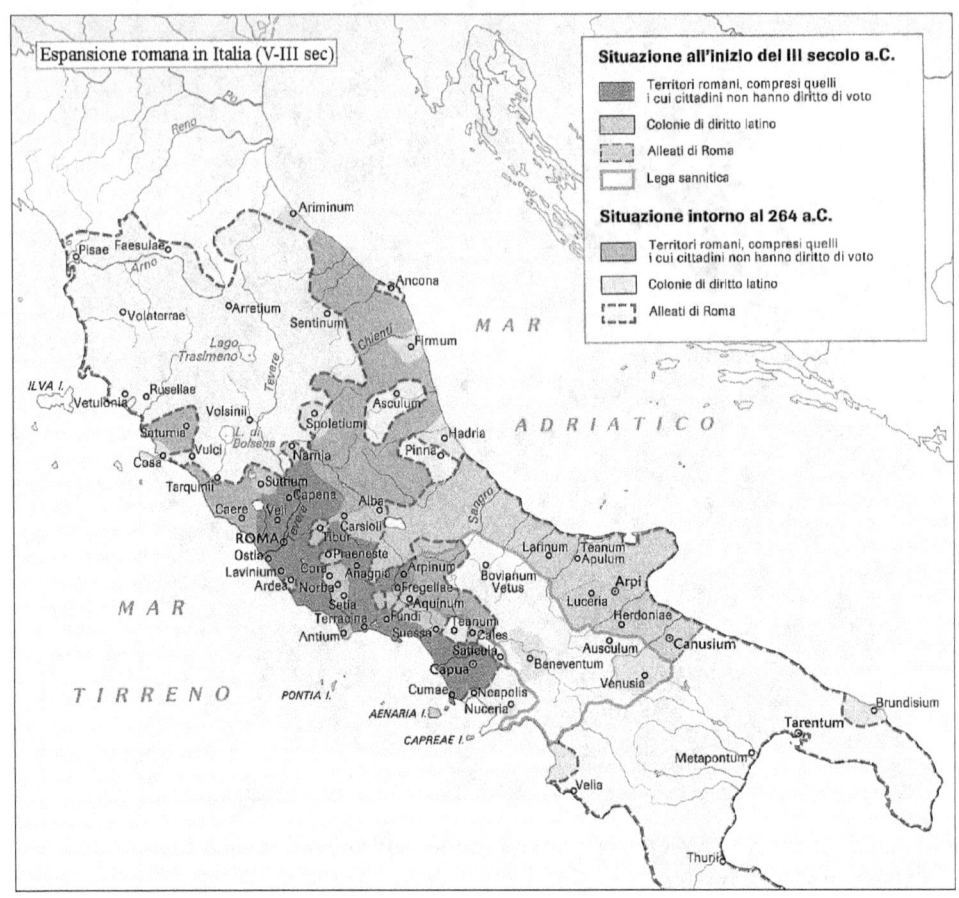

L'espansione romana in Italia dal V al III secolo a.C.

APPENDICI

FASTI CONSULARES AC TRIUMPHALES
(350- 272 a.C.)

Il calendario ufficiale romano era di solito accompagnato dalla lista dei magistrati eponimi, per cui si affermò l'uso di indicare con il nome di *Fasti Consulares* le liste dei consoli; in seguito la consuetudine fu estesa alle liste dei trionfi dei generali (*Fasti Triumphales*), che indicavano il nome del trionfatore ed il popolo sconfitto e la data della celebrazione del trionfo.
I Fasti consolari e trionfali erano incisi sui piloni dell'arco di Augusto nel Foro Romano votato nel 31 a.C. dopo il trionfo aziaco, o anche sull'arco eretto negli anni 18-17 a.C. dopo il trionfo partico. frammenti delle tavole dei Fasti rinvenuti nel 1546 e ricomposti nel palazzo dei Conservatori in Campidoglio sono indicati con il nome di Fasti capitolini: quelli consolari registrano la serie dei consoli dall'inizio dell'età repubblicana al 13 d.C.; quelli trionfali vanno da Romolo sino a Lucio Cornelio Balbo (19 a.C.). Base per la loro redazione furono probabilmente gli *Annales maximi* compilati raccogliendo le notizie della cronaca che i pontefici massimi redigevano anno per anno fissandovi il ricordo degli avvenimenti più significativi.
Abbiamo inclusi tutti i trionfi celebrati sui Sanniti dal 404 Ab Urbe Condita (350 a.C.) anche oltre la conclusione delle tre guerre sannitiche, giungendo al duplice trionfo celebrato *de Tarentineis, Samnitibus et Lucaneis et Brutteis* nel 481 AUC (272 a.C). dai consoli Spurio Carvilio e Lucio Papirio Cursore II, ultimi due in cui compaiano i Sanniti.
Abbiamo riportato per chiarezza anche i fatti salienti dell'anno relativamente alle guerre contro i Sanniti; i *Fasti Triumphales* sono in riportati in *corsivo*.
Le date riportate sono quella *Ab Urbe Condita* (AUC) e quella volgare, tra parentesi. Per comodità le cifre romane sono trascritte in numeri "arabi".

404 AUC (350 a.C.)
- *Consules* M. Popillius Laenas et L. Cornelius Scipio
- L. Furius Camillus - *Dictator*
- P. Cornelius Scipio - *Magister Equitum*
- P. Valerius Poplicola - *Praetor*

405 AUC (349)
- *Consules* per primi L. Furius Camillus et Appius Claudius Crassus Inregillensis, poi M. Aemelius et T. Quinctius
- T. Manlius Torquatus Imperiosus - *Dictator*
- A. Cornelius Cossus Arvina - Magister *Equitum*

406 AUC (348)
- *Consules* M. Valerius Corvus II et M. Popillius Laenas

407 AUC (347)
- *Consules* C. Plautius Venno (o Venox) et T. Manlius Imperiosus Torquatus

408 AUC (346)
- *Consules* M. Valerius Corvus II et C. Poetelius Libo Visolus

409 AUC (345)
- *Consules* M. Fabius Dorsuo et S. Sulpicius Camerinus Rufus
- L. Furius Camillus - *Dictator*
- Q. Fabius Ambustus - *Magister Equitum*

410 AUC (344)
- *Consules* C. Marcius Rutilus et T. Manlius Imperiosus Torquatus
- P. Valerius Poplicola - *Dictator*
- Q. Fabius Ambustus - *Magister Equitum*

411 AUC (343)
- *Consules* M. Valerius Corvus II et A. Cornelius Cossus Arvina
- *Roma stipula l'alleanza con i Falerii*
- *I Latini attacccano i Paeligni*
- *I Sanniti attaccano i Sidicini ed i Campani*
- ***Inizio della Prima guerra sannitica***
- *Capua chiede aiuto a Roma*
- *Roma occupa Capua*
- *Arvina sconfigge i Sanniti a* Saticula
- *Corvus II sconfigge i Sanniti sul monte Gauro ed a Suessula*

Trionfo decretato a M. Valerius Corvus II (de Samnitibus, X K. Oct.)
Trionfo decretato a A. Cornelius Cossus Arvina (de Samnitibus, VIIII K. Oct.)

412 AUC (342)
- *Consules* Q. Servilius Ahala et C. Marcius Rutilus
- L. Genucius - *Tribunus Militum*
- L. Aemilius Mamercinus Privernas - *Magister Equitum*

413 AUC (341)
- *Consules* C. Plautius Venno (Venox) et L. Aemilius Mamercinus Privernas
- T. Aemilius Mamercinus - *Praetor*
- *Plautius conduce la campagna contro Privernum ed i Volsci*
- *Aemlius combatte i Sanniti*
- *Fine della prima Guerra Sannita e stipula del trattato di pace dove il fiume Liri costituirà il confine tra i due popoli.*
- *I Sidicini ed i Campani si alleano con i Latini ed i Volsci*

414 AUC (340)
- *Consules* T. Manlius Imperiosus Torquatus et P. Decius Mus

- L. Cornelius Scipio et P. Cornelius Scipio - *Censores*
- L. Papirius Crassus - *Dictator*
- L. Papirius Cursor - *Magister Equitum*

- **Inizio della Guerra Latina che vede alleati i Romani con i Sanniti.**

415 AUC (339)
- *Consules* T. Aemilius Mamercinus et Q. Publilius Philo
- Q. Publilius Philo - *Dictator*
- D. Iunius Brutus Scaeva - *Magister Equitum*

- *Publilius trionfa sui Latini*

416 AUC (338)
- *Consules* L. Furius Camillus et C. Maenius Nepos

- *Roma ed i Sanniti vincono la Guerra Latina*
- *La Lega Latina viene sciolta*
- Lanuvium, Aricia, Nomentum, Pedum, *e* Rusculum *ricevono la piena cittadinanza romana*
- Fundi, Formiae, Cumae, Capua, *e* Suessula *diventan*o "civitas sine suffragio"

417 AUC (337)
- *Consules* C. Sulpicius Longus et P. Aelius Paetus
- C. Claudius Crassus Inregillensis - *Dictator*
- C. Claudius Hortator - *Magister Equitum*

- *Sulpicius e Aelius conducono la guerra contro i Sidicini, gli Aurunci, ed i Volsci*

418 AUC (336)
- *Consules* L. Papirius Crassus et K. Duilius

- *Q. Publilius Philo prim*o Praetor *plebeo*
- *Papirius Crassus e Duillius combattono contro gli Ausonii ed i Sidicini*
- *Conquistata Teanum Sidicinum*

419 AUC (335)
- *Consules* M. Atilius Regulus Calenus et M. Valerius Corvus

420 AUC (334)
- *Consules* Sp. Postumius Albinus Caudinus et T. Veturius Calvinus

- *Accordi con Alessandro I il Molosso re dell'Epiro*

421 AUC (333)
- P. Cornelius Rufinus - *Dictator*
- M. Antonius - *Magister Equitum*

422 AUC (332)
- *Consules* Cn. Domitius Calvinus et A. Cornelius Cossus Arvina

423 AUC (331)
- *Consules* C. Valerius Potitus et M. Claudius Marcellus

424 AUC (330)
- *Consules* L. Papirius Crassus et L. Plautius Venno (Venox)

425 AUC (329)
- *Consules* L. Aemilius Mamercinus Privernas et C. Plautius Decianus

426 AUC (328)
- *Consules* C. Plautius Decianus (or Proculus) et P. Cornelius Scapula (o Scipio Barbatus?)

Fondazione della colonia di Fregellae.

427 AUC (327)
- *Consules* L. Cornelius Lentulus et Q. Publilius Philo

- *Insurrezione filoromana a* Neapolis *e fuga dei Sanniti dalla città.*

428 AUC (326)
- *Consules* C. Poetelius Libo Visolus et L. Papirius Cursor

- **Inizio della Seconda guerra sannitica**

Trionfo decretato a Q. Publilius Philo (de Samnitibus et Palaepolitaneis, K. Mai.)

429 AUC (325)
- *Consules* L. Furius Camillus et D. Iunius Brutus Scaeva

430 AUC (324)
- L. Papirius Cursor - *Dictator*
- Q. Fabius Maximus Rullianus - *Magister Equitum*

Trionfo decretato a L. Papirius Cursor (de Samnitibus, III Non. Mar.)

431 AUC (323)
- *Consules* C. Sulpicius Longus et Q. Aulius Cerretanus

432 AUC (322)
- *Consules* Q. Fabius Maximus Rullianus et L. Fulvius Curvus

Trionfo decretato a L. Fulvius Curvus (de Samnitibus, Quirinalibus)

433 AUC (321)
- *Consules* T. Veturius Calvinus et Sp. Postumius Albinus (Caudinus)

- *Roma sconfitta dai Sanniti alle Forche Caudine.*

434 AUC (320)
- *Consules* L. Papirius Cursor II et Q. Publilius Philo

435 AUC (319)
- *Consules* L. Papirius Cursor II et Q. Aulius Cerretanus

Trionfo decretato a L. Papirius Cursor II (de Samnitibus, X Kal. Sept.)

436 AUC (318)
- *Consules* M. Folius Flaccinator et L. Plautius Venno (Venox)

437 AUC (317)
- *Consules* C. Iunius Bubulcus Brutus et Q. Aemilius Barbula

438 AUC (316)
- *Consules* Sp. Nautius Rutilus et M. Popillius Laenas

439 AUC (315)
- *Consules* L. Papirius Cursor et Q. Publilius Philo

- I *Sanniti di Gavius Pontius vincono a* Lautulae *contro le truppe di Q. Fabius Maximus Rullianus e del suo* Magister Equitum *Q. Aulius Cerretanus che muore in battaglia.*

440 AUC (314)
- *Consules* M. Poetelius Libo et C. Sulpicius Longus

Trionfo decretato a C. Sulpicius Lungus (de Samnitibus, K. Quint.)

441 AUC (313)
- *Consules* L. Papirius Cursor et C. Iunius Bubulcus Brutus

442 AUC (312)
- *Consules* M. Valerius Maximus Corrinus et P. Decius Mus
- Appius Claudius Caecus - *Censor*

- *Costruzione della Via Appia e dell'acquedotto Appio*

*Trionfo celebrato a M. Valerius Maximus Corrinus (*de Samnitibus Soraneisque, Idibus Sext.)
Trionfo decretato a P. Decius Mus (de Samnitibus, Idibus Sext.)

443 AUC (311)
- *Consules* C. Iunius Bubulcus Brutus et Q. Aemilius Barbula

Trionfo decretato a C. Iunius Bubulcus Brutus (de Samnitibus, Nonis Sext.)

444 AUC (310)
- Consules Q. Fabius Maximus Rullianus et C. Marcius Rutilus Censorinus

445 AUC (309)
- L. Papirius Cursor III - *Dictator*
- C. Iunius Bubulcus Brutus - *Magister Equitum*

Trionfo decretato a L. Papirius Cursor III (de Samnitibus, Idibus Oct.)

446 AUC (308)
- *Consules* P. Decius Mus et Q. Fabius Maximus Rullianus

447 AUC (307
- *Consules* App. Claudius Caecus et L. Volumnius Flamma Violens

448 AUC (306)
- *Consules* Q. Marcius Tremulus et P. Cornelius Arvina

- *Il capo sannita Stazio Gellio riconquista Calatia et Nola*

449 AUC (305)
- *Consules* L. Postumius Megellus e Ti. Minucius Augurinus

- *M. Fulvius Curvus Paetinus subentra come console alla morte in battaglia di Minucius Augurinus*

Trionfo decretato a M. Fulvius Curvus Paetinus (de Samnitibus, III. Non. Oct.)

450 AUC (304)
- *Consules* P. Sempronius Sophus et P. Sulpicius Saverius
- Q. Fabius Maximus Rullianus - *Censor*

- **Fine della Seconda guerra sannitica**

Trionfo decretato a P. Sulpicius Saverrio (de Samnitibus, III. Kal. Nov.)

451 AUC (303)
- *Consules* Ser. Cornelius Lentulus et L. Genucius Aventinensis

452 AUC (302)
- *Consules* M. Livius Denter et M. Aemilius Paullus

453 AUC (301)
- M. Valerius Maximus Corvus - *Dictator*
- Q. Fabius Maximus Rullianusis - *Magister Equitum*
- M. Aemilius Paullus - *Magister Equitum*

454 AUC (300)
- *Consules* M. Valerius Maximus Corvus et Q. Appuleius Pansa

455 AUC (299)
- *Consules* T. Manlius Torquatus et M. Fulvius Paetinus

Trionfo decretato a M. Fulvius Paetinus (de Samnitibus Nequinatibusque, VII Kal. Oct.)

456 AUC (298)
- *Consules* L. Cornelius Scipio Barbatus et Cn. Fulvius Maximus Centumalus

- *Inizio della Terza guerra sannitica*

Trionfo decretato a Cn. Fulvius Maximus Centumalus (de Samnitibus Etrusceisque, Idibus Nov.)

457 AUC (297)
- *Consules* Q. Fabius Maximus Rullianus III et P. Decius Mus

458 AUC (296)
- *Consules* App. Claudius Caecus et L. Volumnius Flamma

459 AUC (295)
- *Consules* Q. Fabius Maximus Rullianus III et P. Decius Mus

- *Decius Mus muore in battaglia a* Sentinum

Trionfo decretato a Q. Fabius Rullianus III (de Samnitibus et Etrusceis, Galleis, Prid. Non. Sept.)

460 AUC (294)
- *Consules* L. Postumius Megellus et M. Atilius Regulus

Trionfo decretato a M. Atilius Regulus (de Volsinibus et Samnitibus, VI Kal. Apr.)
Trionfo decretato a L. Postumius Megellus (de Samnitibus et Etrusceis, V Kal. Apr.)

461 AUC (293)
- *Consules* Sp. Carvilius Maximus et L. Papirius Cursor

- *Conquista delle roccaforti sannite di* Cominium *ed* Aquilonia

Trionfo decretato a Sp. Carvilius Maximus (de Samnitibus, Idib. Ian.)
Trionfo decretato a L. Papirius Cursor (de Samnitibus, Idib. Feb.)

462 AUC (292)
- *Consules* Q. Fabius Maximus Gurges et Decimus Junius Brutus Scaeva

- *Morte di Gavius Pontius, decapitato a Roma*

Trionfo decretato a Q. Fabius Maximus Gurges (de Samnitibus, Kal. Sext.)

463 AUC (291)
- *Consules* L. Postumius Megellus II et C. Junius Brutus Bubulcus

Trionfo decretato a L. Postumius Megellus II (de Samnitibus et Appulis, data ignota)

464 AUC (290)
- *Consules* P. Cornelius Rufinus et M. Curius Dentatus

- ***Fine della Terza guerra sannitica***

Trionfo decretato a P. Cornelius Rufinus (de Samnitibus, data ignota)
Trionfo decretato a M. Curius Dentatus (de Samnitibus, data ignota)

465 AUC (289)
- *Consules* M. Valerius Maximus Corvinus et Q. Caedicius Noctua

466 AUC (288)
- *Consules* P. Cornelius Arvina et Q. Marcius Tremulus

467 AUC (287)
- *Consules* M. Claudius Marcellus et C. Nautius Rutilus

468 AUC (286)
- *Consules* M. Valerius Maximus Corvinus et C. Aelius Paetus

469 AUC (285)
- *Consules* M. Aemilius Lepidus et C. Claudius Canina

470 AUC (284)
- *Consules* C. Servilius Tucca et L. Caecilius Metellus Denter

471 AUC (283)
- *Consules* P. Cornelius Dolabella et Cn. Domitius Calvinus Maximus

472 AUC (282)

- *Consules* Q. Aemilius Papus et C. Fabricius Luscinus

- ***Inizio del conflitto con* Tarentum**

Trionfo decretato a C. Fabrizius Luscinus (de Samnitibus Lucaneis, Tarentineis, Bruttieisque, Idibus Dec.)

473 AUC (281)
- *Consules* L. Aemilius Barbula et Q. Marcius Philippus

474 AUC (280)
- *Consules* P. Valerius Laevinus et Ti. Coruncanius
- L. Cornelius Scipio Barbatus - *Censor*
- Cn. Domitius Calvinus Maximus - *Censor*

- ***Guerra contro Pirro re dell'Epiro recatosi in aiuto di* Tarentum.**
Battaglia di Heraclea *, dove gli Epiroti utilizzarono per la prima volta gli elefanti in battaglia contro i Romani*

Trionfo decretato a L. Aemilius Barbula (de Tarentineis, Samnitibus et Sallentineis, VI Id. Quint.)

475 AUC (279)
- *Consules* P. Sulpicius Saverrio et P. Decius Mus *in proel. occ. est.*[45]

Battaglia di Ascoli Satriano e morte di P. Decio Mure.

476 AUC (278)
- *Consules* C. Fabricius Luscinus et Q. Aimilius Papo

-*Pirro in Sicila.*

Trionfo decretato a C. Fabricius Luscinus (de Lucaneis, Brutteis, Tarentineis, Samnitibusque, Idibus Dec.).

477 AUC (277)
- *Consules* P. Cornelius Rufinus II. et C. Iunius Brutus Bubulcus II.

478 AUC (276)
- *Consules* Q. Fabius. Maximus Gurges II. et C. Genucius Clepsina.
- P. - Cornelius P. f. Rufinus *Dictator*

Trionfo decretato a Q. Fabius Maximus Gurges II (de Samnitibus, Lucanei et Brutteis, Quirinalibus)

479 AUC (275)

---

[45] E' ucciso in battaglia.

- *Consules* M'. Curius .Dentatus II. L. Cornelius et L. Cornelius.Lentulus.
-C. Fabricius Luscinus *Censor*

- *Pirro sconfitto* a Maloentum, *ribattezzata* Beneventum.

Trionfo decretato a M. Curius Dentatus II (de Samnitibus et Rege Pyrro.[K.?]Feb.)
Trionfo decretato a L. Cornelius Lentulus Caudinus (de Samnitibus et Lucaneis, K. Mar.)

479 AUC (274)
- *Consules* M. Curius Dentatus III. et Ser. Cornelius Merenda.

480 AUC (273)
- *Consules* C. Fabius Dorso Licinus. - (morto, sostituito da C. Fabricius Luscimus III.) et C. Claudius Canina II.

Trionfo decretato a C. Claudius Canina *II* (de Lucaneis, Samnitibus et Brutteis, Quirinalibus)

481 AUC (272)
- *Consules* L. Papirius Cursor II. et Sp. Carvilius Maximus II. -
- M. Curius M'. f. M'. n. Dentatus. *Censor*

Trionfo decretato a Sp. Carvilius Maximus .II (de Samnitibus, Lucaneis, Brutteis et Tarantineis, data ignota)
Trionfo decretato a L. Papirius Cursor II (de Tarantineis, Samnitibus. Lucaneis, et-Brutteis, data ignota)

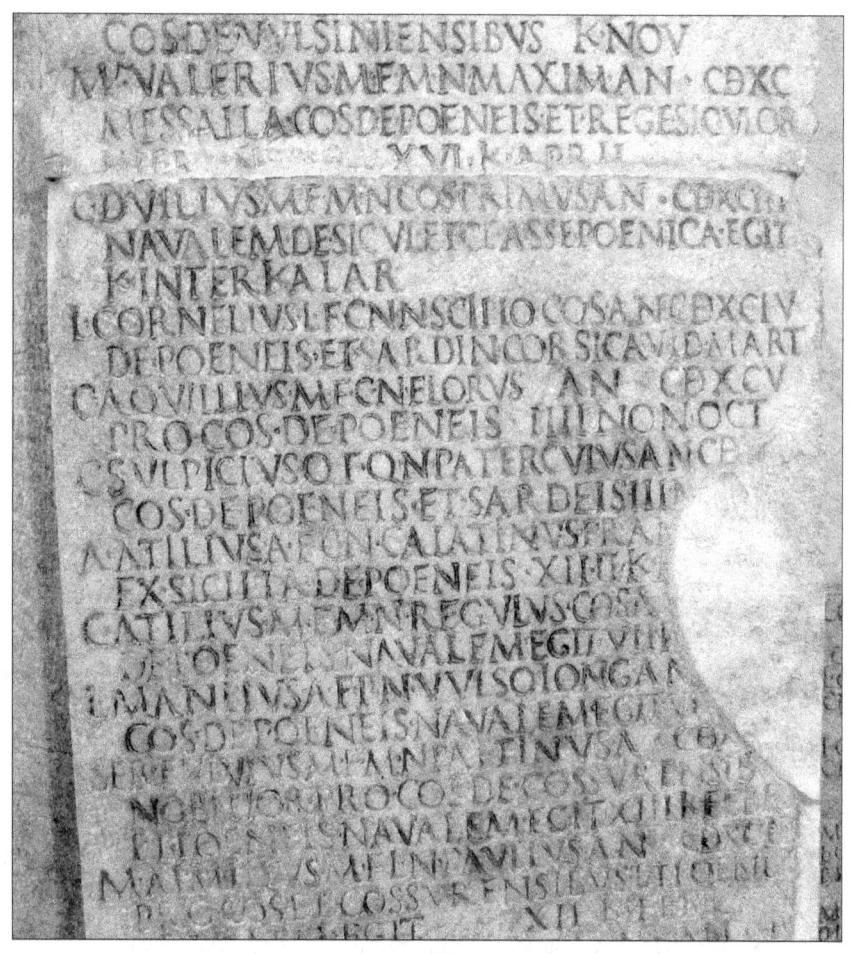

Particolare dei *Fasti Triumphales* dall'Arco di Ottaviano Augusto sulla *Sacra Via* I sec- a.C., (/Musei Capitolini, Roma)

Sarcofago di Cornelio Scipione Barbato (337-270 a.C.), pontefice massimo nel 304 e console nel 298 a.C. allo scoppio della Terza guerra sannita. L'*elogium*- forse tratto dalla *laudatio* funebre in versi- ricorda le vittorie sui Sanniti a Taurasia Cisauna e nella Loucana di cui ricorda di aver conquistata ogni fortezza. Va sottolineato come Scipione Barbato commemori le vittorie sui Sanniti e non quelle sugli Etruschi ricordate da Livio. Dal Sepolcro degli Scipioni sulla via Appia (Musei Vaticani, Roma).

CORNELIVS·LVCIVS·SCIPIO·BARBATVS·GNAIVOD·PATRE
PROGNATVS·FORTIS·VIR·SAPIENSQVE
QVOIVS·FORMA·VIRTVTEI·PARISVMA
FVIT
CONSOL CENSOR·AIDILIS·QVEI·FVIT·APVD·VOS
TAVRASIA·CISAVNA
SAMNIO·CEPIT SVBIGIT·OMNE·LOVCANA·OPSIDESQVE·ABDOVCIT

CORNELIO LUCIO SCIPIONE BARBATO, DA GNEO SUO PADRE
GENERATO, UOMO FORTE E SAGGIO,
LA CUI BELLEZZA FU PARI ALLA SUA VIRTÙ,
IL QUALE FU CONSOLE, CENSORE E EDILE FRA VOI -
CATTURÒ TAURASIA CISAUNA NEL SANNIO
SOGGIOGÒ OGNI FORTEZZA DELLA LOUCANA[46] E NE PRELEVÒ OSTAGGI.[47]

---

[46] O Lucana, regione situata sul versante destro del Sangro, ai confini settentrionali del Sannio, a volte indicata come nazione lucanate.
[47] CIL VI, 1282.

I SANNITI DESCRITTI DA STRABONE
Geographikà V, 11, 12.

11. Fanno ancora parte della Campania, oltre le città prima descritte, quelle di cui abbiamo parlato sopra, cioè Cales e *Teanum Sidicinum*. Il confine fra i rispettivi territori è segnato da due statue della Fortuna che sono poste sull'uno e sull'altro lato della via Latina. Fanno poi parte *Suessula*, Atella, Nola, *Nuceria*, Acerra, Abella e altri villaggi ancora più piccoli di queste, alcuni dei quali sono considerate come facenti parte del Sannio.

I Sanniti in un primo momento tentarono di conquistare quella parte del territorio latino che è nelle vicinanze di Ardea; poi, avendo preso la Campania, erano divenuti molto potenti: infatti i Campani, poiché già avevano subito il dominio di altri padroni, immediatamente si assoggettarono al loro potere; poi sono stati annientati da altri dominatori ed infine da Silla, dittatore romano, che, dopo aver represso con numerose battaglie la rivoluzione degli Italici, allorché vide che i Sanniti, sebbene rimasti isolati, resistevano addirittura attaccando la stessa Roma, li aggredì in uno scontro presso le mura durante il quale alcuni furono ammazzati per non farli prigionieri.

Molti altri, si dice tremila o quattromila, furono imprigionati e condotti alla villa Pubblica a Campo Marzio. Tre giorni dopo fece tagliare la gola ai soldati che aveva imprigionato e sospese le proscrizioni solo dopo aver ammazzato o espulso dall'Italia tutti coloro che si definivano Sanniti. A tutti coloro che gli rimproveravano l'incapacità a controllare la sua collera rispondeva che la storia insegnava che nessun Romano avrebbe potuto vivere tranquillo finché i Sanniti avessero continuato ad avere una propria autonomia organizzativa. Per effetto di ciò le antiche città dei Sanniti sono ridotte a villaggi, anzi, alcune sono scomparse come Bovianum, Aesernia, Panna, Telesia vicina a Venafrum, ed altre che non meritano più la definizione di città; noi entriamo nei particolari di questi avvenimenti perché riguardano la gloria e la potenza dell'Italia.

Beneventum e *Venusia* conservano ancora la loro importanza.

12. Un'altra leggenda che riguarda i Sanniti riporta che i Sabini, secondo una tradizione che appartiene ai popoli greci, essendo da lungo tempo in guerra con gli Umbri, avevano stabilito di consacrare tutti i prodotti dell'anno e, avendo ottenuto la vittoria, sacrificarono una parte del raccolto offrendo la parte rimanente alle divinità. Essendo sopravvenuta una carestia qualcuno fece il voto di consacrare anche i figli. Così fu fatto, dedicando ad Ares i figli nati in quell'anno. Quando questi divennero adulti, furono inviati fuori della loro terra guidati da un toro. Il toro si fermò per riposarsi nella terra degli Opici che vivevano in villaggi sparsi. Essi, dopo averli attaccati, si posero in quel territorio e sacrificarono il toro di Ares che li aveva guidati, secondo quanto avevano stabilito gli indovini. E' da ritenere che l'appellativo di Sabelli derivi dal nome dei loro progenitori.

Il nome Sanniti, in greco *Saunitai*, ha invece una origine diversa. Alcuni riferiscono che siano stati filellenici perché ad essi si sarebbero uniti coloni Laconici, mentre altri ritengono che si chiamassero Pitanati.

Pare che questa ipotesi sia stata inventata dai Tarentini che volevano accattivarsi i loro vicini assai forti per il fatto di essere in grado di comporre un esercito di 80.000 fanti e 8.000 cavalieri. Si racconta che presso i Sanniti vi siano delle tradizioni che li sollecita alla virtù: infatti non è lecito dare in matrimonio le giovani donne a chiunque le chieda, ma ogni anno vengono le migliori dieci ragazze ed i migliori dieci ragazzi: al primo dei maschi viene data la prima delle femmine, al secondo la seconda e così di seguito. Se colui al quale era stata assegnata la donna successivamente diventa disonesto, gli vengono tolti gli onori e la sposa. Vengono appresso gli Irpini, anchh'essi Sanniti, che prendono il nome dal lupo che li guidava. E tanto basta per ciò che riguarda i Sanniti.

Moneta sannita con Atena e i Dioscuri.

APPIANO ALESSANDRINO: FRAMMENTI DEL III LIBRO (ΣΑΥΝΙΤΙΚΗ) DELLA STORIA ROMANA (ΡΩΜΑΙΚΑ)

Lo storico greco Appiano, nato ad Alessandria 95 d.C. ca.). Al tempo di Adriano ebbe in Roma la cittadinanza romana, sotto Marco Aurelio e Lucio Vero fu avvocato del fisco.; compose verso il 160 la *Storia romana* (Ρομαικα) che, con altre opere minori relative all'età imperiale, costituiva un *corpus* di 24 libri, comprendenti la storia di Roma dalla fondazione alla morte di Traiano. Ne sono conservati, oltre a estratti, fatti in età bizantina, 11 libri, e cioè la *Guerra iberica*, la *Guerra annibalica*, la *Guerra libica*, la *Guerra illirica*, la *Guerra siriaca*, la *Guerra mitridatica* e (in 5 libri) le *Guerre civili*.

Frammentaria è la prima parte dell'opera, La materia è raggruppata in gran parte secondo un criterio etnografico. Il primo libro narra le gesta dei sette re, e perciò è intitolato Βασιλική (epoca regia); il secondo contiene il periodo della conquista sino al cozzo con le genti sabelliche, ed è intitolato Ἰταλική (storia italica); il terzo libro, Σαυνιτική, comprende il periodo delle guerre sannitiche e la conquista degli altri popoli ad essi alleati, nonché delle città greche d'Italia. Gli altri libri sono intitolati secondo il loro contenuto: Κελτική, cioè la storia delle relazioni tra Roma e i popoli della Gallia, nel lungo periodo tra le invasioni dei Celti in Italia e la conquista della Gallia compiuta da Giulio Cesare; Σεικελική, in cui manca uno sguardo retrospettivo dalle origini in poi, che forse è andato perduto, e in cui molto doveva essere sviluppata la narrazione della prima guerra punica e la ribellione di Siracusa sotto Ieronimo, nepote di Ierone; Ἰβηρική, cioè la storia della Spagna dalle origini fino alla conquista romana; Ἀννιβαϊκή, l'impresa di Annibale sino al suo ritorno a Cartagine, richiamato per l'invasione di Scipione; Λιβυκή, dalle origini di Cartagine sino alla sua distruzione; Νομαδική, la guerra combattuta dai Romani contro Giugurta; Μακεδονική, le guerre dei Romani con Filippo di Macedonia e gli avvenimenti che seguirono fino alla totale distruzione del regno di Macedonia; Ἰλλυρική, dalle origini dei popoli illirici sino alla definitiva conquista romana delle popolazioni illiriche dalmate e tracie, e specialmente la spedizione contro i Mesi e Traci, ribelli, operata da Tiberio (19-26 a. C.); Συριακή, dalla guerra contro Antioco III sino alla conquista di Pompeo, ove forse non mancava qualche cenno dell'origine del popolo siriaco; Μιθριδάτειος, lo sviluppo del regno del Ponto a danno delle altre monarchie dell'Asia Minore sino alla spedizione di Cesare contro Farnace.

Per completare l'esposizione delle Guerre sannitiche fatta da Livio, riteniamo utile riportare in questa appendice la riproduzione dei frammenti del III libro dedicati ai Sanniti, nella traduzione di Appiano compiuta da Marco Mastrofini ed uscita a Milano nel 1829[48].

---

[48] *Le storie romane di Appiano Alessandrino volgarizzate dall'Ab. Marco Mastrofini*. Volume 1, pei tipi di A. Sonzogno, Milano 1829, pp. 29 segg.

FRAMMENTI
DEI PRIMI CINQUE LIBRI
DELLE ISTORIE ROMANE

LIBRO TERZO

LE GUERRE DEI ROMANI CO' SANNITI

I. *Estratto su la virtù e su' vizj.*

Cornelio e Corvino duci romani, e Decio un del popolo (1), dopo vinti i Sanniti lasciarono tra' Campani de' presidj a proteggerli dalle incursioni de' vinti. Or convivendo que' presidiarj tra' Campani abbondanziosi e deliziosi, ne furon corrotti, presi dalla invidia del loro ben essere, essi tanto meschini e premuti dal debito in Roma. Da ultimo macchinarono di uccider gli ospiti loro, e di appropriarsene i beni e le mogli. E forse adempivano lo scelerato disegno se Mamerco, l'uno de' consoli, nell'andare contro a' Sanniti nol

(1) An. 411 di Roma.

penetrava (1). Or questi occultando ciò che era, tolse alle armi e congedò come invalidi parecchi de' soldati, ordinando che i più turbolenti marciassero, come per certo bisogno a Roma con un tribuno, incaricato di sopravvegliarli tacitamente. Venuti però gli uni e gli altri in sospetto che fossero le trame loro state scoperte presso di Anxur (2) si ribellarono dal tribuno, e sciolti quanti erano vincolati ne' campi pe' lavori, ed armatili come poterono, marciarono su Roma in numero di venti mila.

II. E standone ancora lontani di una marcia, uscì loro incontro Corvino: e posto il campo ne' monti Albani vi si tenea, considerando ciò che era da fare, essendo arduissimo combattere co' disperati. Mescendosi intanto occultamente i soldati d'ambe le parti, quei presidiarj davan lamento e lagrime, come tra' famigliari ed amici, confessando di avere mancato, ma pe' debiti a quali soggiacevano in Roma. Informatone Corvino, schivo altronde da tanta civil strage, suggerì a' senatori che i debiti si dimettesser di questi; esagerando il cimento a poter vincere tanti, aizzati a combattere per disperazione: aggiungea che gli eran sospetti que' congressi e que' colloquj; perocchè nemmeno i soldati suoi gli erano in tutto fedeli, per essere parenti, e queruli nommeno degli altri in sul debito. Si aggraverebbe, se egli perdeva, il pericolo; e se vincea, funestissima ne sarebbe in città la vittoria su tanti

---

(1) An. 412. Questo Mamerco par Marcio Rutilo.
(2) L'odierna Terracina.

cittadini. Mosso da tali ragioni il senato decretò rescissioni di debiti a tutti i Romani, e perdono ai ribelli; e così questi, deposte le armi, in città ritornarono.

II. *Estratto su la virtù e su' vizj.*

Manlio Torquato il console fu di questa virtù (1): Egli s'avea un padre men liberale, e niente sollecito di lui; tanto che lo tenea ne' campi tra' lavori e 'l vitto de' servi. Ora Pomponio tribuno volendo citare presso del popolo un tal padre per molti capi di accusa, tra quali inchiuderebbe pur quello dell' indegno trattamento del figlio; esso figlio Manlio venne con occulto pugnale cercando parlare a lui da solo, come di cose utilissime per l'accusa (2). Ricevuto, e fattosi a parlare chiuse le porte, traendo il pugnale minaccia al tribuno di ucciderlo se non giurava che desisterebbe dall' accusa. E quegli giurandone desistette, e ne disse al popolo ciò che era. Manlio da tal fatto divenne insigne, celebratone che tale si dimostrasse verso un tal padre.

III. *Da Suida* (3).

Costui lo sfidava con ingiurie a duello: sen contenne l'altro per qualche tempo, ma poi più non potendone sprona il cavallo (4).

(1) An. 414 di Roma.
(2) An. 392 di Roma.
(3) Alla voce ἐρίθισμα.
(4) Manlio figlio del console.

IV. *Estratto intorno le ambascerie.*

I Sanniti, fattavi incursione, depredarono i campi de' Fregellani (1): ma li Romani occuparono ottantuno villaggio de' Sanniti, e de' Dauni, e vi uccisero ventun migliaio di uomini, e così richiamarono quelli da Fregella. Allora i Sanniti spedirono nuovi oratori a Roma, fin coi corpi degli autori della guerra, uccisi da loro per tale cagione, e coll' oro della confisca raccolto dei beni loro. Or di là concludendo il senato che fossero in tutto sfiniti, ne presagiva che in tanto male cederebbono pur sul comando (2). Nondimeno quegli ricevereno alquante condizioni, ma non senza contradire, o supplicarono a dispensarneli, o sen rimisero alle città loro; ma quanto al comando non sostennero pur di ascoltarne, dicendo non essere eglino venuti a sottomettere le patrie loro, ma per unirle di amicizia con essi. Pertanto redimendo degli schiavi coll' oro che aveano, partirono esasperati e certificati che la lotta era sul principato. In opposito i Romani decretarono di non ammettere più legazioni de' Sanniti, ma di portar loro, e senza intimarla, guerra implacabile, finchè a forza li soggiogassero.

II. Ma Dio punì su tale arroganza i Romani, vinti alfine, anzi mandati sotto giogo da' Sanniti (3). Impe-

(1) An. 432 di Roma.
(2) An. 432 di Roma.
(3) An. 433 di Roma.

rocchè questi con Ponzio loro capitano, ristrettili in angustissimo luogo, e premendoveli con la fame, i consoli spedirono a Ponzio, esortandolo a farsi coi Romani un merito, quale non molte circostanze occasionano: ma quegli rispose, che non era da mandare ambasciadori, se non cedean le armi, e sestessi. Adunque sorsene lutto, come se la città fosse presa: nondimeno i consoli indugiarono ancora alcun giorno, inflessibili a far cose non degne di Roma. Ma perciocchè nè mezzo appariva di salvezza, e la fame li consumava, e l'esercito essendo in cinquanta migliaia (1), parea durissimo trascurarne la rovina; infine cederono sestessi a Ponzio, pregandolo a non fare ingiuria su' corpi degl'infelici, sia che li voglia uccidere, sia che vendere, sia che al riscatto serbarli.

Ponzio ne tenne consiglio col padre, fattolo venire, annoso com'era, da Caudio su di un carro. Ed il vecchio a lui disse: « Figlio hai tu del pari in tue mani i
» rimedj per le grandi inimicizie, la insigne beneficenza
» o l'insigne vendetta. Stordiscono, costernano gli alti
» gastighi, ma le beneficenze ravvicinano. Intendi codesta tua prima vittoria: sappi tesoreggiarne l'alta
» tua prosperità: rilasciali senza pena, senza ingiuria,
» intatti tutti in tutto: onde immacolata sia la grandezza del tuo benefizio. Questi per quanto ascolto,
» amantissimi sono di onori. Sopraffatti da te colla
» sola beneficenza, gareggeranno a contraccambiartene:

(1) Dionigi (Fram. del lib. xvi delle Antich. R.) scrive « Ed eran quasi quaranta mila. »

» sicchè puoi prendere la tua beneficenza come saldo
» pegno di pace immortale. Ma se in ciò non ti appa-
» ghi; uccidili tutti ugualmente senza lasciare nemmeno
» chi narri l'evento. E quel primo consiglio, come il
» consiglio tel do che io scerrei. Ma se questo riesci;
» l'altro ti è necessario, perocchè li Romani comunque
» li affronti si vendicheranno. E se la vendetta sono
» per fare, ve li inabilita prima; or non troverai per
» essi danno maggiore della occisione di cinquanta mila
» giovani insieme.

IV. Così costui disse, e replicavagli il figlio: « Che
» tu abbi proposto cose infra loro contrariissime, non
» dee far maraviglia: perciocchè premettevi che diresti
» *il non più oltre* sia dell'uno sia dell'altro partito
» da prendere. Io però non ucciderò tante migliaia,
» timido della vendetta de' numi, e della malevolenza
» degli uomini, nè con irreparabile colpo distruggerò
» le speranze dell'uno su l'altro dei due popoli. Quanto
» a ciò che vuoi su la dimissione, nemmen questo mi
» appaga. Ne han fatto i Romani le tante e tante aspre
» cose, ritenendo co'nostri campi fin le nostre città,
» e questi Romani, questi venutici nelle mani, s'avreb-
» bono illesi da rilasciare? Non già, non già: che una
» beneficenza fuori di ragione ella è stupidezza, non
» beneficenza. Ma da me, o padre, va col guardo su
» gli altri. Que' Sanniti de' quali i figli, i padri, i fra-
» telli furono uccisi da' Romani, e che de' poderi e
» dell'oro furono spogliati, questi aspettano di essere
» consolati. È superbioso chi vince, nè tiene l'occhio
» che all'utile. Chi dunque comporterà me, se non farò

» questi nè ucciderli, nè vendere, nè multare, ma invio-
» lati li rimando quasi benefattori? Pertanto lasciamo
» tali estremi, che l'uno da me non dipende, e non
» ho cuore per l'altro, come troppo disumano. Ma per
» circoncidere alquanto del fasto romano, nè averne
» censura dagli altri, torrò ad essi le armi, che sempre
» le usarono contro di noi, e torrò li danari, perocchè
» da noi se li hanno pur questi, li passerò ma salvi
» sotto il giogo, ciò che pur essi fecero ad altri, e poi
» condizionerò la pace fra le due genti, e riterrommi i
» più scelti de' cavalieri per ostaggio de' patti, finchè
» il popolo abbiali tutti ratificati. Con questo tempe-
» ramento pensomi che la farò da vincitore insieme
» e da umano. Avran caro i Romani per sè ciò che
» fecer più volte per altri, essi che la virtù dicon
» seguire.

V. Al dir di Ponzio diè lagrime il vecchio, e salito
sul carro a Caudio si ricondusse. Ponzio chiamati gli
oratori dimandò se avessero fra loro alcun feciale: nè
lo aveano; perchè nè intimata fu quella guerra, nè
intrapresa con vista di conciliazioni. Comandò dunque
a' legati di rapportare ai consoli, agli altri capi della
milizia, anzi a tutta la milizia in tal modo: « Noi
» avevam pattovito pace sempiterna co' Romani, e voi
» la finiste, postivi compagni di guerra co' Sidicini,
» nostri nemici. Restituitasi questa pace moveste guerra
» ai Napoletani nostri vicini. Nè già non vedevamo,
» che eran questi gli apparecchiamenti vostri alla Signo-
» ria di tutta l'Italia. Vincitori nelle prime battaglie per
» la imperizia de' nostri capitani, non serbaste misura

" alcuna verso di noi. Non contenti di aver depredato
" le nostre campagne, di ritenervi gli altrui castelli e
" città, di mandarvi delle colonie, v' aveste due volte
" i nostri ambasciadori, e per cedere non poco delle
" cose nostre. E voi v' aggiugneste l' oltraggiosissima
" dimanda ancora che cedessimo in tutto al comando
" e v' obbedissimo, non come pattovendo con voi, ma
" come già vinti. Dopo ciò decretaste la guerra presente
" nè intimata nè conciliabile contro uomini, amici
" vostri un tempo, e provenienti da' Sabini coabitanti
" Roma con voi. Per tanta vostra ambizione si conver-
" rebbe che nemmeno da noi si udisser trattati. Ma io
" temendo (e voi temetela ancora) la giustizia vendi-
" catrice de' Numi e l' amicizia e il parentado che un
" tempo avemmo; io vi concedo, che passando sotto il
" giogo, ve ne andiate, illesi tutti, e vestiti qual siete,
" purchè giuriate di rendere a noi la terra nostra e tutti
" gli abitati, richiamando le colonie dalle nostre città,
" senza fare più guerra ai Sanniti.

VI. A tale annunzio fu lungo tempo il campo tutto querele e gemiti. Conciossiachè tenean più grave della morte lo andar sotto il giogo; e posciachè udirono de' cavalieri rinnovellarono i gemiti per lungo tempo ancora. Ma non sapendo come espedirsi accettarono: Ponzio giurò pe' Volsci, e pe' Romani i due consoli Postumio e Veturio, due questori, quattro legati, dodici tribuni, quanti ne sopravanzavano. Compiuti i giuramenti, Ponzio disfatta una parte di vallo, vi piantò su la terra due aste soprapponendone ad esse un'altra per

DELLE ISTORIE ROMANE.

obliquo: indi fe'uscire tra queste ciascun de'Romani (1). Diè loro alcuni giumenti per gl'infermi, e vettovaglia da ricondursi a Roma. La forma di tal dimissione, *sotto al giogo*, come ivi chiamano, ha, secondo che a me sembra, la forza di vilipendere chi vi passa, come preso in guerra.

VII. Uditasi la sciagura in Roma ne furono ululati e pianti come in pubblico lutto: imperocchè le donne piangeano come estinti gli uomini salvati con tanta ignominia. Il senato depose i suoi vestimenti con porpora, e per tutto quell'anno furon sospesi e sagrifizj e nozze e cose altrettali, finchè non ripararono la calamità. De' soldati così dimessi, altri per la vergogna si sbandarono per la campagna, ed altri entrarono la città fra la notte: i consoli, non potendo altrimenti, la entraron di giorno, e co' segni del comando. Del resto niente più fecero.

V. *Frammento da Suida* (2).

Mossi dalla virtù di lui seguivano (Curio) Dentato ottocento scelti, pronti a ciò che volesse. Il medesimo era grave al senato nelle concioni (3).

---

(1) Lo stesso Alicarnasseo (l. c.) aggiunge: « Dopo non molto anche Ponzio soffrì dai Romani altrettanto, e ne andò sotto il giogo esso e li suoi. » Ed il fatto vien confermato dalla autorità di L. Floro (lib. 1), e più diffusamente da Livio (lib. IX.)

(2) Alla voce Ζῆλος.

(3) An. 464 di Roma.

CRONOLOGIA DELLE GUERRE SANNITICHE
(344- 290 A.C.)

Prima guerra sannitica (344- 341 a.C.)

343 a.C. – Inizio della guerra
342 a.C. – Battaglia del Monte Gauro, vittoria romana.
341 a.C. – Roma esce dal conflitto con i Sanniti ed entra nella Guerra Latina a fianco dei Sanniti stessi.

Seconda guerra sannitica (326 - 304 a.C.)

327 a.C. – I Sanniti dichiarano guerra a Roma.
327 a.C. – I Romani assediano *Neapolis*.
326 a.C. – Presa romana di *Neapolis*.
325 a.C. – La terra dei Vestini viene saccheggiata e due sue città occupate dai Romani a causa dell'alleanza con i Sanniti.
324 a.C. – I Sanniti sconfitti chiedono la pace, ma ottengono solo una tregua di un anno
324 a.C. – I Romani in Daunia
321 a.C. – Sconfitta romana alle Forche caudine
320 a.C. – I Sanniti distruggono *Fregellae*.
320 a.C. – I Romani occupano *Luceria*
319 a.C. – I Romani conquistano *Satricum*
318 a.C. – I Sanniti chiedono la pace al Senato romano che rifiuta.
318 a.C. – *Teanum* e *Canusium* si sottomettono a Roma.
317 a.C. – I Romani assediano *Nerulum* in Lucania.
316 a.C. – I Romani assediano *Saticula*.
316 a.C. – I Sanniti assediano *Plistica*.
315 a.C. – I Sanniti occupano *Plistica*.
315 a.C. – Battaglia di *Lautulae*
313 a.C. – I Romani prendono Nola
314 a.C. – I Romani distruggono le città di *Ausona*, *Minturnae* e *Vescia*.
314 a.C. – I Romani sconfiggono i Sanniti presso Capua
314 a.C. – I Romani occupano Sora
313 a.C. – I Romani stabiliscono colonie a *Suessa Aurunca*, *Interamna Sucasina* e sull'isola di Ponza.
313 a.C. – I Sanniti occupano la fortezza romana di *Cluvius*, I Romani la riconquistano
313 a.C. – I Romani saccheggiano *Bovianum Undecumanorum*
311 a.C. – I Romani sconfiggono i Sanniti in una località imprecisata del Sannio
311 a.C. – Inizio della guerra in Etruria.
310 a.C. – Sanniti combattono contro il console Gaio Marcio

309 a.C. – Roma rifiuta la pace offerta da *Nuceria Alfaterna* e se ne impadronisce.
309 a.C. – I Romani sconfiggono Marsi e Peligni, alleati dei Sanniti
306 a.C. – I Romani combattono contro i Salentini
306 a.C. – I Sanniti sconfitti ad *Allifae*
305 a.C. – Sconfitte di Ernici e Sanniti
305 a.C. – Battaglia di *Tifenum* . Sconfitta romana (?)
305 a.C. – I Romani sconfiggono i Sanniti in una località non precisata nel Sannio
305 a.C. – I Romani assediano *Bovianum*.
304 a.C. – I Sanniti chiedono la pace; fine della guerra.

Terza guerra sannitica (298-290 a.C.)

298 a.C. – Inizio della guerra.
298 a.C. – Battaglia di *Volaterrae* vinta da Scipione Barbato.
298 a.C. – I Romani conquistano le città sannite di *Bovianum* e *Aufidena* e, forse, *Taurasia* e *Cisauna*
297 a.C. – Quinto Fabio Massimo Rulliano sconfigge i Sanniti a Tifernum
296 a.C. – Publio Decio Mure conquista Murgantia, Romulea e Ferentium
295 a.C. – Battaglia di *Sentinum*.
294 a.C. – I Sanniti assaltano un accampamento consolare ma vengono respinti (località ignota)
294 a.C. – Lucio Postumio conquista *Milionia* e *Feritrum*, due città sannite non identificate, e sconfigge *Volsinii* (Orvieto) in Etruria
294 a.C. – Marco Atilio Regolo viene sconfitto a *Luceria*, ma sconfigge a sua volta i Sanniti il giorno successivo; poi sconfigge i Sanniti che tentavano di assediare *Interamna*
293 a.C. – Lucio Papirio conquista Aquilonia e *Saepinum*
293 a.C. – Spurio Carvilio occupa *Cominium*, Velia, *Palumbinum* e *Herculaneum*
293 a.C. – Spurio Carvilio occupa *Troilum* nel Sannio e cinque fortezze in Etruria
292 a.C. – Quinto Fabio Massimo *Gurges* viene sconfitto dai Caudini, ma li sconfigge poi a sua volta con l'aiuto del padre Quinto Fabio Massimo Rulliano
291 a.C. – Quinto Fabio Massimo *Gurges* occupa *Cominium Ocritum*, fortezza dei Sanniti Pentri
291 a.C. – Lucio Postimio Megello prende *Venusia*, la capitale degli Hirpini
290 a.C. – I Romani eliminano le ultime sacche di resistenza sannita; fine della guerra .

BIBLIOGRAFIA

AA. VV., *Sepino, Archeologia e continuità*, Campobasso 1979
AA VV. *Sannio Pentri e Frentani dal VI al I sec. a. C.,*, Isernia, Museo Nazionale, Catalogo della Mostra, Roma 1980
AA. VV., *Sannio Pentri e Frentani dal VI al I sec. a. C., Campobasso, Atti del Convegno 10-11 novembre 1980*, Matrice 1984
AA.VV., *Guerre et societé en Italie aux V et IV siècles avant J.C. Les indices fournis par l'armement et le tecniques de combat. Table ronde École Normale Supérieure, 5 mai 1984*, Paris, 1986.
AA.VV., *Italia Omnium Terrarum Alumna*, Milano, 1988.
AA. VV., *La romanisation du Samnium aux II et I siècles av. J.C., Actes du Colloque organisé par le Centre Jean Berard* (Naples 4-5 nov. 1988), Napoli 1991
AA. VV. *Popoli dell'Italia Antica. Gentes fortissimae Italiae. Samnium, Latium et Campania. Storia, Archeologia e Numismatica, Atti 1° Convegno (Atina, 29 ottobre 2000)*, Cassino 2000
A.-M.
Adam, "Evolution de l'armement et des techniques de combat aux IVe et IIIe siècles, d'après les sources historiques et archéologiques", E.Caire − S.Pittia (eds.), *Guerre et diplomatie romaines (IVe -IIIe siècles). Pour un réexamen des sources, Actes du Colloque International, Aix-en-Provence, 20-22 janvier 2005*, Aix-en-Provence, 2006
M. Astracedi, U. Barlozzetti, *Sentinum, 295 a.C. La battaglia delle Nazioni*, Ancona 2006
J. Beloch, "I duci dei Sanniti nelle guerre contro Roma", *Studi storici per l'antichità classica*, I, Pisa 1908
J. Beloch, *Römische Geschichte*, Berlino 1926
P. Binneboessel, *Untersuchungen über Quellen und Geschichte des zweiten Samniterkrieges von Caudium bis zum Frieden 405 u. c.*, Halle 1893
A.von Blumenthal, "Volkstum und Schicksal der Samnitem", *Die Welt als Geschichte*, II (1936)
L. L. Brice (ed.), *Warfare in the Roman Republic: from the Etruscan Wars to the Battle of Actium*, Oxford 2014
D. Briquel, "La tradition sur les emprunts d'armes samnites", in: A.-M.Adam, − A. Rouveret (edd.), *Guerres et sociétés en Italie aux Ve et IVe siècles avant J.-C. Les indices fournis par l'armement et les techniques de combat, Table-ronde E.N.S. Paris, 5 mai 1984*, Paris 1986
G. Brizzi, *Storia di Roma. 1. Dalle origini ad Azio*, Bologna 1997
G. Brizzi, *Il guerriero, l'oplita, il legionario. Gli eserciti nel mondo classico*, Bologna 2002
G. Brizzi, *IRibelli contro Roma. Gli schiavi, Spartaco, l'altra Italia*, Bologna 2017
B. Bruno, "La terza guerra sannitica", in J. Beloch (cur.), *Studi di storia antica*, VI, Roma 1906
C. P. Bürger, *Der Kampf zwischen Rom und Samnium*, Amsterdam 1898

S. Capini, G. De Benedettis, *Pietrabbondante*, Campobasso 2000.

S. Capini, "Il santuario di Pietrabbondante", *Samnium. Archeologia del Molise*, Roma 1991

L. Cappelletti, "Il giuramento degli Italici sulle monete del 90 a.C.", ZPE 127, 1999

G. Cascarino, *L'esercito romano. Armamento e organizzazionene, I, Dalle origini alla fine della repubblica*, Rimini 2007

V. Cianfarani, *Santuari nel Sannio*, Pescara,1960.

V. Cianfarani, *Culture adriatiche antiche di Abruzzo e di Molise*, Roma 1978

V.Cianfarani, L. Franchi Dell'Orto, A. La Regina *Culture adriatiche antiche di Abruzzo e di Molise*, Roma 1978

F. Coarelli, *"Legio linteata. L'iniziazione militare nel Sannio"*, in L.Del Tutto Palma (ed.), *La tavola di Agnone nel contesto italico, Convegno di Studio, Agnone, 13-15 aprile 1994*, Firenze 1996

G.Colonna,"Alla ricerca della «metropoli» dei Sanniti", in: G.Maetzke (ed.), *Identità e civiltà dei Sabini, Atti del XVIII Convegno nazionale di studi etruschi ed italici, Rieti-Magliano Sabina, 30 maggio-3 giugno 1993*, Firenze 1996

P. Connolly, *Hannibal and the Enemies of Rome*, London 1978

P. Connolly, *Greece and Rome at War*, London 2008

T. J. Cornell, *The Beginnings of Rome – Italy and Rome from the Bronze Age to the Punic Wars (c. 1000–264 BC)*, New York, 1995

R. H. Cowan, *Roman Conquests. Italy,* London 2012

R. H. Cowan,*The Caudine Forks 321 BC: Rome's most humiliating defeat* , Oxford, in corso di publicazione

O.De Cazanove, "Sacrifier les bêtes, consacrer les hommes. Le printemps sacré italique", in: S.Verger (ed.), *Rites et espaces en pays celte et méditerranéen. Étude comparée à partir du sanctuaire d'Acy-Romance* , Ardennes, France, Roma 2000

O.de Cazanove, "Il recinto coperto del campo di Aquilonia: santuario sannita o praetorium romano?", in: X.Dupré Raventós, S.Ribichini, S.Verger (curr.), *Saturnia Tellus. Definizioni dello spazio consacrato in ambiente etrusco, italico, fenicio-punico, iberico, celtico, Atti del Convegno Internazionale di Studi, Roma, 10-12 novembre 2004*, Roma 2008

B. d'Agostino, "Pietrabbondante. Le paragnatidi dal nuovo scavo", in AA.VV. *Sannio. Pentri e Frentani dal VI al I sec. a.C.*, Roma, 1980.

G. De Benedettis, *"Bovianum* ed il suo territorio: primi appunti di topografia storica"*, Documenti di Antichità Italiche e Romane*, vol. VII, Salerno, 1977

M. Del Mar Gabaldón Martínez, *Ritos de armas en la Edad del Hierro: armamento y lugares de culto en el antiguo Mediterráneo y el mundo celta*, Madrid 2004,

E. Dench, *From Barbarians to New Men. Greek, Roman, and Modern Perceptions of Peoples from the Central Apennines*, Oxford 1995

G. De Sanctis, *Storia dei Romani*, I, Torino 1907

G. De Sanctis,"I più antichi generali sanniti", *Rivista di filologia*, XXXVI (1908)

G. Devoto, *Gli antichi Italici*, Firenze 1934;

A. Di Iorio, *Bovianum Vetus oggi Pietrabbondante*, Roma 1974

A. Di Iorio, *Rinvenimenti monetari di scavi di Bovianum Vetus*, Roma 1991

A.Di Iorio, *La cinta fortificata di Bovianum Vetus*, Roma 1992

J. Drogo Montagu, *Battles of the Greek & Roman World*, London 2000

G. Esposito, *I guerrieri dell'Italia antica*, Gorizia 2018

zione, "Atti del Convegno di Camerino - Sassoferrato, 10-13 Giugno 1998", Roma, 2002.

G.Prachner,"Bemerkungen zu den erbeuteten «signa militaria» der Samnitenkriege", MGM 53, 1994

M. Roses, *Rome's Third Samnite War,298- 290 Bc: The Last Stand of the Linen Legion*, London 2020

P. Sabin, *Lost Battles. Reconstructing the Great Clashes of the Ancient World*, London- New York 2007

M. M. Sage, *The Republican Roman Army, a Sourcebook*, New York 2008

V. Saladino, *Der Sarkophag des Lucius Cornelius Scipio Barbatus*, Wurzburg 1970

E. T. Salmon, *l Sannio e i Sanniti,* tr.it.Torino, 1995.

E.T. Salmon, *Roman Colonization Under the Republic*, London 1969.

E.T. Salmon,, *The Making of Roman Italy,* London 1982.

Ch. Saulnier, *L'armée et la guerre dans le monde étrusco-romain*, Paris 1980

Ch. Saulnier, *L'armée et la guerre chez les peuples samnités*, Paris, 1983.

M. Scardigli, *La lancia, il gladio, il cavallo. Uomini, armi e idee nelle battaglie dell'Italia antica*, Milano 2010

G. Schneider-Herrmann, *The Samnites of the Fourth Century BC as depicted on Campanian Vases and Other Sources*, London 1996

R. Scopacasa, "Building Communities in Ancient Samnium: Cult, Ethnicity and Nested Identities", OJA 33, 2014

N. Sekunda, *Early Roman Armies,* Oxford 1997

P. Sommella,"Antichi campi di battaglia in Italia", in *Quaderni dell'Istituto di topografia antica dell'Università di Roma*, III, Roma 1967

M. Sordi, *Roma e i Sanniti*, Bologna 1969

M. Sordi, "Il giuramento della legio linteata e la guerra sociale", in: M.Sordi (ed.), *I canali della propaganda nel mondo antico*, CISA 4, 1976

M. J. Strazzulla, *Il santuario sannitico di Pietrabbondante*, Roma 1971

G. Tagliamonte, *I Sanniti, Caudini, Irpini, Pentri, Carricini, Frentani*, Milano,1997

G. Tagliamonte, "Dediche di armi nei santuari sannitici", CuPAUAM 28-29, 2002-2003

G. Tagliamonte, "Arma Samnitium", *Melanges de l'école français de Rome*, Rome 2009

N. Valenza Mele, "Una nuova tomba dipinta a Cuma e la *Legio Linteata*", in: L.Breglia Pulci Doria (ed.), *L'incidenza dell'antico. Studi in memoria di E.Lepore, Atti del Convegno Internazionale, Anacapri, 24-28 marzo 1991*, Napoli 1995, 325-360

A. Frediani, *Le grandi guerre di Roma. L'età repubblicana: dalla guerra di Veio alle guerre galliche, dalle guerre puniche alle guerre partiche*, Roma 2018

G. Grasso, *Cenno sulla questione delle Aquilonie*, Ariano 1893

L. Grossmann, *Roms Samnitenkriege. Historische und historiographische Untersuchungen zu den Jahren 327 bis 290 v. Chr.*, Düsseldorf 2009.

D. Head, *Armies of Macedonian and Punic Wars, 359 bC to 146 bC*, Goring- by-Sea 1982

M. Jacobelli, "Dov'era la *Cominium* distrutta nel 293 av. C. dai Romani?", in *Bullettino della Commissione Archeologica Comunale di Roma*, LXXI (1943-1945)

M. Jacobelli, "Resti archeologici dell'Allifae sannitica", *Annuario ASSA* 1968, Capua 1968

M. Jacobelli, *Ritrovate le città di Aquilonia e Cominum*, Atina 1965

W. Johannowsky, "Il Sannio", in AA. VV. *Italici in Magna Grecia. Lingua, insediamenti e strutture*, Venosa 1990

W. Johannowsky, *"L'Irpinia,", Studi sull'Italia dei Sanniti*, Roma 2000

H. Jones, Howard, *Samnium: Settlement and Cultural Change: the Proceedings of the Third E. Togo Salmon Conference On Roman Studies*. Providence, RI, 2004

A. La Regina, *Il centro italico di Pietrabbondante*, Chieti 1961.

A. La Regina, *Le iscrizioni osche di Pietrabbondante e la questione di Bovianum Vetus, Rheinisches Museum für Philologie*, Köln 1966.

Adriano La Regina, "I territori sabellici e sanniti", *Dialoghi di Archeologia*, vol. IV-V, Roma, 1970-1971.

A. La Regina, "Il Sannio, in *Hellenismus in Mittelitalien*, Göttingen, 1976

A. La Regina.,"Dalle guerre sannitiche alla romanizzazione", in AA.VV., *Sannio, Pentri e Frentani dal VI al I sec. a. C.*,Catalogo della Mostra, Roma 1980

A. La Regina, "I Sanniti," in C. Ampolo (cur.) *Italia omnium terrarum parens*, Milano 1989

A. La Regina,"Safinim. Dal conflitto con Roma alla tota Italia", in: N.Paone (ed.), *Molise. Arte, cultura, paesaggi*, Roma 1990

A. La Regina, "Le armi nel santuario di Pietrabbondante", in R. Graells i Fabregat, F. Longo (curr.), *Armi votive in Magna Grecia, RGZM- Tagungen*, B. 36, Mainz 2018

J.Matthews, *Atlante del mondo romano*, tr.it. Novara,1982

D. Musti, "La nozione storica di Sanniti nelle fontI greche e romane", in: *Sannio. Pentri e Frentani dal IV al I secolo a. C., Atti del Convegno, Isernia, 10-11 novembre 1980*, Matrice 1984,

H. Nissen, *Italische Landeskunde*, II, Berlin 1902

S. P. Oakley, *A Commentary on Livy Books VI–X, I: Introduction and Book VI*, Oxford, , 1997,

S. P. Oakley, *A Commentary on Livy Books VI–X, II: Books VII–VIII*, Oxford, 1998

R. F. Paget, *Central Italy: An Archaeological Guide; the Prehistoric, Villanovan, Etruscan, Samnite, Italic, and Roman Remains, and the Ancient Road Systems*. Park Ridge, NJ, 1973.

A. Piganiol, *Le conquiste dei Romani*, tr.it. Milano 1989

J. Patterson, *Sanniti, Liguri e Romani - Samnites, Ligurians and Romans*, Circello 1988

D. Poli (cur.), *La battaglia del Sentino. Scontro fra nazioni e incontri in una na-*

TITOLI PUBBLICATI - ALREADY PUBLISHING